은혜의 선택

은혜의 선택

바울이 전하는 365일 보고, 듣고, 말하기(하루 1분 양식: 로마서 편)

초판 1쇄 발행 2025년 12월 31일

지은이 김은혜
펴낸이 장길수
펴낸곳 지식과감성#
출판등록 제2012-000081호

교정 김지원
디자인 김희영
편집 김희영
검수 주경민, 이현
마케팅 김윤길

주소 서울시 금천구 벚꽃로298 대륭포스트타워6차 1212호
전화 070-4651-3730~4
팩스 070-4325-7006
이메일 ksbookup@naver.com
홈페이지 www.knsbookup.com

ISBN 979-11-392-3043-7(03230)
값 19,000원

지식과감성#
홈페이지 바로가기

은혜의 선택

김은혜 지음

바울이 전하는 365일 보고, 듣고, 말하기
(하루 1분 양식 : 로마서 편)

지식과감성#

서언

하나님께서 허락해 주시는 1년, 365일이라는 시간은 그리스도인 누구에게나 동일하게 주어진 은혜의 분량입니다. 그러나 영생을 깨닫고 진리로 인도함을 받기에 턱없이 짧고 부족한 시간입니다. 저에게 하루는, 그 짧음이 더없이 절실하게 다가옵니다.

우리는 예수 그리스도를 믿음으로, 삼위일체 하나님께서 우리를 부르신 날부터 오늘에 이르기까지 수없이 많은 날들 동안 성경을 보고 들었습니다. 선진들에게 보이신 그 말씀들은, 이제 스스로에게 비추시는 하나님의 편지가 되었습니다. 평생토록 한없이 보고 들었지만, 여전히 하나님의 사랑의 너비와 길이와 높이와 깊이는 이루 다 헤아릴 수 없습니다.

그 가운데, 로마서의 편지는 제게 신앙의 많은 부분들을 다시 세우는 시간으로 다가왔습니다. 성령을 통해 바울의 마음으로 읽어 내려간 말씀 속에서, 그 양식을 내가 먹음으로 삼위일체 하나님의 본심을 조금이나마 알 수 있었습니다. 은혜의 선택에 따라 나를 부르신 그 음성을 듣고, 이제 혀 밑에 머문 이 양식을 한 편 한 편 정성껏 담아내려 합니다.

이 글은 제가 교회 청년 사역을 맡아, 소망교회에서 증거되는 주일 오후예배를 통해 전한 말씀을 녹취하고 교정하여 묶은 것입니다. 주신 편지를 읽고, 깨달음을 전하고, 다시 마음을 드리는 찬송의 기도문으로 엮었습니다.

삶은 곧 예배입니다. 성령께서 하신 말씀을 보고 듣고, 다시 영광을 돌리는 하루가 우리에게는 매일 있어야 하기에 이 글을 씁니다.

이 글은 한 편의 일기처럼, 같은 본문이라도 때마다 다르게 들려오는 주님의 음성을 담고 있습니다. 성경이라는 특성상 반복되는 내용이 있을 수 있으나, 단숨에 읽어내기보다는 그날 그날 주신 말씀에 집중하여, 예배하는 마음으로 귀 기울여 주시기를 바랍니다.

가능한 한 원어 해석이나 학문적 논리에 치우치지 않고, 성경 속에서 짝을 이루는 말씀에 집중하여 전하였습니다. 성경 구절은 『성경전서 개역한글판』을 인용하였습니다.

우리의 삶 속 대화가 부탁과 감사로 이루어지듯, 하나님과의 대화 역시 진리 안에서의 '부탁'과 주께 드리는 헌신의 '감사'만으로 채워집니다. 이 책을 읽는 모든 분들이 하나님의 사람으로 온전히 구비되고, 하나님 아버지와의 화목을 이루게 되기를 바라며, 조심스럽게 펜을 내려놓습니다. '은혜의 선택(롬11:5)'에 따른 당신에게 예비된 영광을 반드시 발견하는 존귀한 시간이 되기를 기도합니다.

끝으로, 모든 것을 주관하신 삼위일체 하나님께 무한한 영광을 올려 드립니다. 한평생 그리스도와 온전한 연합 안에서, "우리가 살아도 주를 위하여 살고 죽어도 주를 위하여 죽나니 그러므로 사나 죽으나 우리가 주의 것이로라"(롬14:8)

이 강력한 신앙의 정절을 몸소 보이신 소망교회 담임목사님께, 성령으로 말씀을 깨닫게 하신 은혜에 한없는 감사를 드립니다. 그리고 함께 신앙의 길을 걸어온 소망교회 모든 지체들에게, 감사와 사랑을 진심으로 전합니다.

여는 기도

홀로 지혜로우신 영광의 아버지여, 영광을 받으소서.

성령께서 바울을 통해 로마서를 기록하게 하심에 감사합니다. 이 시대 교회를 바로 세우시기 위해 그 편지를 다시 들려주심에 더욱 주를 찬양합니다.

하나님의 의는 예수 그리스도를 믿는 믿음으로 이루어지나니, 아브라함의 믿음을 본받아 예수 그리스도 안의 구속을 통해 값없이 의롭다 하심을 굳게 확신하게 하소서.

바울의 말씀과 성도들의 기도로 마음이 온전히 새로워져, 그리스도 예수 안에 있는 생명의 성령의 법으로 살아가게 하소서.

화목제물이신 예수로 인해 남은 자의 구원도 이루어짐을 믿으며, 제 몸을 오직 의의 병기로 사용하게 하소서.

성경을 보고, 듣고, 말하기까지 성령 안에서 합력하여 선을 이루시고, 모든 육적인 모습을 덮으소서. 혀 밑에 오직 파수꾼의 강건함을 두시고, 오직 살리는 영이 되게 하소서.

하나님의 복음(롬1:1)이, 그리스도의 복음의 충만한 복(롬15:29 - 구원, 은혜, 영광의 복음)으로 더해져, 마침내 그리스도의 신부(롬7:4)의 자리로 이끄시는 권세만이 우리의 혀를 주장하게 하소서.

우리 몸이 하나님께서 기뻐하시는 산 제물(롬12:1) 되게 하시는 우리 주 예수 그리스도 이름으로 감사하며 기도드립니다. 아멘.

차 례

3장

모든 사람은 하나님 앞에서 다 죄인이다

4장

믿음으로 말미암는 의

7장

율법으로부터 해방: 여전히 죄로 인한 갈등

8장

그리스도 예수 안에 있는 생명의 성령의 법

9장

동족 유대인에 대한 구원

10장

전도와 선교의 원리

11장

구원론의 완성

12장

헌신에 대한 권면 및 성도의 행함

16장

문안과 인사

불경건과 불의에 대한 하나님의 진노가 계시

1장

· 바울의 인사말과 로마 교인들에게 예수 그리스도의 부르심을 전하다.(롬1:7)

· 바울이 로마 방문을 간절히 원하며, 계획 중이라는 것을 알리다.(롬1:15)

· 복음은 믿는 모든 사람을 구원하는 하나님의 능력(롬1:16) – 먼저는 유대인, 헬라인

· 하나님의 신성을 만물에게 보이셨으나(롬1:18), 진리를 거슬러 불경건한 자들은 하나님을 알되 하나님의 진리를 거짓으로 바꾸어 피조물을 창조주보다 더 경배하고 섬긴다. 그런 자들은 죄악 된 길에 내버려두신다.(롬1:24, 28)

· 하나님과 단절된 이유로 하나님의 심판이 있다.(롬1:29-32)

1일 그리스도의 종, 복음의 사도

주신 편지 롬1:1-2

1예수 그리스도의 종 바울은 사도로 부르심을 받아 하나님의 복음을 위하여 택정함을
입었으니 2이 복음은 하나님이 선지자들로 말미암아 그의 아들에 관하여 성경에 미리
약속하신 것이라

바울이 로마 교회 성도들에게 편지를 쓰며 먼저 자신의 정체성을 밝힌다. 그는 스스로를 "예수 그리스도의 종 바울"이라 칭하며, 예수 그리스도의 소유임을 선언한다. 바울은 주인이신 예수 그리스도께서 이끄시는 대로 행하며, 복음을 따라 성령 안에서 하나님의 약속을 굳게 믿음으로써 영광과 고난을 함께 받을 종으로 살아간다.

사도행전 9장 15절에서 주님은 "이 사람은 내 이름을 이방인과 임금들과 이스라엘 자손들 앞에 전하기 위하여 택한 나의 그릇"이라 하셨고, 바울은 갈라디아서 1장 15-16절에서 "내 어머니의 태로부터 나를 택정하시고 은혜로 나를 부르신 이가 그 아들을 이방에 전하기 위하여 그를 내 속에 나타내시기를 기뻐하실 때에"라고 고백한다. 율법에 열심이던 사울이 이제 복음을 전하는 바울로 성별된 것은, 유대인이 이방인을 위해 세워지는 역설적 섭리다.

하나님의 복음은 구약에서 이미 약속된 예수 그리스도 안에 성취되었다. 성령으로 잉태되신 그분의 탄생에서 시작하여, 십자가 죽음과 부활, 승천

과 재림에 이르는 복된 소식이 복음의 본질이다. 바울은 이 복음을 위해 부름받은 증인이며, 교회는 이 복음을 통해 유대인과 이방인이 한 몸 되어 성령 안에서 하나님께 나아가도록 세워졌다. 바울은 이러한 약속의 수신자이자 증인이다. 그의 첫 언어는, 마치 얼었던 겨울의 숨결을 뚫고 바울의 입술을 타고 따뜻한 봄처럼 다가오는 듯하다.

로마서는 이 복음을 드러내는 서신이다. 불의 가운데 빠지지 않도록 경고하며, '믿음에서 믿음으로 이르게 하는 하나님의 의'를 밝힌다.(롬1:17) "의인은 믿음으로 살리라"라는 말씀은 결국 흰 세마포를 입는 성도의 의(계19:8-9)로 이어져 하나님의 나라, 곧 의와 화평과 기쁨이 충만한 교회를 선포한다.(롬15:17)

예언자들의 입술을 타고

살아계신 하나님,
주의 손에 붙들린 자의 찬양을 받으소서.

주께서는 유대인들에게는
심장에 새겨진 약속의 복음을 들려주셨고,

이방인들에게는 예언자들의 입술을 타고
하나님 나라가 전파되게 하셨나이다.

또한 우리 곁에 영광 가운데 계시며,
남종과 여종까지 세우시려(행2:18),
다시금 예언하게 하는 말씀을 허락하셨나이다.

예수 그리스도의 이름으로 기도드립니다. 아멘.

2일 다윗의 자손, 하나님의 아들

주신 편지 롬1:3-4

3이 아들로 말하면 육신으로는 다윗의 혈통에서 나셨고 4성결의 영으로는 죽은 가운데
서 부활하여 능력으로 하나님의 아들로 인정되셨으니 곧 우리 주 예수 그리스도시니라

하나님의 복음은 하나님의 아들, 우리 예수 그리스도에 관한 말씀이다. 이 복음은 그 핵심에서 예수 그리스도의 인성과 신성을 동시에 드러낸다. 예수 그리스도는 육신으로는 다윗의 씨로 태어나 구약의 약속(시132:11)을 성취하셨으며, 이는 그분이 그리스도, 곧 메시아이심을 확증하는 증거이다. 하나님의 아들은 말씀을 입고 육체로 오셨으며(요1:14), 성령께서 처녀 마리아에게 잉태케 하심으로 여인의 후손으로 오셨다.

그분은 나실 때부터 거룩하셨고, 생애 내내 완전한 거룩함을 지키셨으며, 죽으신 후에도 썩음을 보지 않으신 거룩한 영이시다. 참으로 완전한 사람으로 이 땅에 오신 것이다. 그러나 아담의 후손은 본래 거룩한 영이 아니며, 죄가 유전되므로 스스로 거룩해질 수 없다.

예수님의 신성은 부활을 통해 확증된다. 그는 '되신' 것이 아니라, 본래부터 '선포되신' 하나님의 아들이시다. 부활이라는 영원한 새벽 속에서 그분의 본질이 온 세계에 드러났다.(행2:31-32) 또한 요한복음 17장 19절에서 "또 저희를 위하여 내가 나를 거룩하게 하오니 이는 저희도 진리로 거룩함을 얻게 하려 함이니이다"라고 말씀하셨다. 육신으로 오셨으나 아담의 후손이 아니시며,

거룩한 영으로 부활하셔서 성령의 능력으로 하나님의 아들로 선포되셨다.

그분이 아들이심은 요한복음 16장 10절에도 분명히 드러난다. "의에 대하여라 함은 내가 아버지께로 가니 너희가 다시 나를 보지 못함이요"라는 말씀처럼, 예수님께서 아버지께 다시 돌아가신 사실은 그분이 하나님의 아들이심을 확실히 증명한다.

또한 죄에 대하여는, 사람들이 하나님의 아들을 믿지 않는다는 것이 죄임을 밝히셨고, 심판에 대하여는 하나님께서 이 세상의 통치자, 곧 아담의 죄로 스스로 권리를 넘겨받은 마귀를 심판하실 것을 선언하셨다.

부활의 능력으로

할렐루야!
다윗의 혈통으로 오신 주여,
시간의 한계를 넘어 영원한 계획 속에서
거룩한 영으로 부활의 생명을 펼치시고
승리하셨나이다.

하나님의 아들이심이 그 능력 가운데 감추어졌던 빛이
영광의 때에 번개처럼 선포되었나이다.

예수 그리스도의 이름으로
찬양하며 기도드립니다. 아멘.

3일 바울과 성도들을 향한 부르심과 축복

주신 편지 롬1:5-7

5그로 말미암아 우리가 은혜와 사도의 직분을 받아 그 이름을 위하여 모든 이방인 중
에서 믿어 순종케 하나니 6너희도 그들 중에 있어 예수 그리스도의 것으로 부르심을
입은 자니라 7로마에 있어 하나님의 사랑하심을 입고 성도로 부르심을 입은 모든 자
에게 하나님 우리 아버지와 주 예수 그리스도로 좇아 은혜와 평강이 있기를 원하노라

바울은 예수 그리스도로 말미암아 사도로 부르심을 받아, 이방인들에게 믿음의 순종을 이루게 하는 사명을 맡았다. 이 사명은 전적으로 하나님의 사랑과 은혜로 주어진 것이다.

복음은 우리가 그리스도께 속한 성도임을 깨닫게 한다. 부르심은 마치 영혼에 새겨진 하나님의 인장과 같으며, 로마의 성도들은 창세 전부터 마음에 간직된 노래처럼 그 부르심을 받았다. 그들은 복음 안에서, 자신들이 예수 그리스도의 이름과 하나님의 영광을 위해 부르심을 받았음을 다시금 깨닫는다.

이 복음은 유대인뿐 아니라 모든 민족에게 전해져야 하며, 믿음은 단순한 고백이 아니라 순종하는 삶으로 나타나야 한다. 부르심과 믿음은 모두 하나님의 은혜와 사랑으로 이루어졌으며, 바울과 로마 성도 모두 하나님의 세밀한 계획과 여정을 따라 이 편지를 받았다. 바울은 직접 만나지 못했지만, 아버지와 주 예수 그리스도의 은혜와 평강이 그들에게 덧입혀지기를 바라는 마음으로 글을 기록했다.

지금도 부르심을 받은 우리에게 동일한 사랑과 평강이 전해진다. 하나님은 은혜로 우리를 부르시고, 사명의 불꽃을 우리의 가슴 속에 심고 계신다.

살아 있는 그리스도의 편지

하나님 아버지,
바울은 주의 이름을 위하여
민족의 경계를 허물고,
언어의 장벽을 넘어
광야의 외침이 되었나이다.

우리 또한 예수 그리스도의 것으로
부르심을 받은 자들입니다.

은혜를 더하시고,
평강의 옷을 입은 채
굳건히 나아가게 하옵소서.

아버지의 영광을 위한
살아 있는 그리스도의 편지로
우리 삶에 새겨지게 하옵소서.(고후3:3)

예수 그리스도의 이름으로
순종하며 기도드립니다. 아멘.

4일 복음이 온 세상에 전파됨에 대한 감사

주신 편지 롬1:8-10

[8]첫째는 내가 예수 그리스도로 말미암아 너희 모든 사람을 인하여 내 하나님께 감사함
은 너희 믿음이 온 세상에 전파됨이로다 [9]내가 그의 아들의 복음 안에서 내 심령으로 섬
기는 하나님이 나의 증인이 되시거니와 항상 내 기도에 쉬지 않고 너희를 말하며 [10]어떠
하든지 이제 하나님의 뜻 안에서 너희에게로 나아갈 좋은 길 얻기를 구하노라

바울은 복음이 로마를 비롯해 온 세상에 퍼져가고 있다는 소식을 듣고 하나님께 감사했다. AD 57년 당시 로마는 세계 최강국으로 정치·경제·문화의 중심지였으나, 풍요와 방종 속에 영적으로 부패한 상태였다. 이후 네로 황제(AD 65년경)의 박해로 교회는 큰 환란을 겪었으나, 오히려 믿음은 더욱 간절해졌고 복음은 전 세계로 퍼졌다.

"내 하나님께 감사함"이라는 고백은 로마 교회가 복음의 씨앗이 되었음을 보여 준다. 또한 "내 심령으로 섬기는 하나님이 나의 증인"이라는 표현으로, 바울이 온 마음으로 하나님을 섬기며 성도들을 위해 끊임없이 기도했음을 증언한다.

그는 결박당할 것을 알면서도(행21:11) 로마에서 증거해야 함을 확신했고(행23:11), 이방인들을 제물로 드리는 사명(롬15:16)이 형통하기를 간구했다. 직접 방문하지 못한 아쉬움 속에서도, 바울은 서신을 통해 마치 곁에서 전하듯 복음을 논리정연하게 기록했다. 그러나 실제 그의 로마 방문은 죄수

의 몸으로 재판을 받기 위해서였다.

끝내 그는 하나님의 뜻을 따라 믿음으로 걸어간 '순례자 바울'이었으며, 기다림 속에서도 사랑은 여전히 뜨겁게 타올랐다.

어떠한 여정 속에서도

삼위일체 하나님이시여!
아들의 복음 안에서 선진들을 통하여
말씀을 허락하심에 감사드리나이다.

그리스도에 결박된 자들은
어떠한 여정 속에서도
그 길이 형통함임을 깨달을 때
심장이 뛰나이다.

하나님은 저의 증인이시니
골짜기에 길을 내신 주께 기도로 의지한
제 마음을 헤아려 주소서.

하나님의 아들,
예수 그리스도 이름으로 기도드립니다. 아멘.

5일 빚진 자의 소명

주신 편지 롬1:11-14

11내가 너희 보기를 심히 원하는 것은 무슨 신령한 은사를 너희에게 나눠 주어 너희
를 견고케 하려함이니 12이는 곧 내가 너희 가운데서 너희와 나의 믿음을 인하여 피
차 안위함을 얻으려 함이라 13형제들아 내가 여러번 너희에게 가고자 한것을 너희가
모르기를 원치 아니하노니 이는 너희 중에서도 다른 이방인 중에서와 같이 열매를 맺
게 하려 함이로되 지금까지 길이 막혔도다 14헬라인이나 야만이나 지혜 있는 자나 어
리석은 자에게 다 내가 빚진 자라

이 편지는 깊은 애정을 담고 있다. 바울은 말씀의 지혜와 지식의 은사를 로마 성도들에게 나누어 주어, 복음과 진리로 그들을 굳게 세우고 믿음으로 서로 위로받기를 소망한다. 무엇보다 그는 로마 성도들을 만나 보기를 간절히 원한다는 사실을 밝힌다. 마음은 이미 앞서 있으나 현실은 길을 막았다. 그럼에도 소망은 식지 않았고, 열매에 대한 갈망은 여전히 생생하다.

당시 빚은 갚지 못하면 노예가 되거나 생명을 잃을 만큼 무거운 짐이었다. 바울이 자신을 "빚진 자"라 한 것은, 하나님의 종으로서 헬라인이나 야만인, 지혜 있는 자나 어리석은 자 누구에게든 복음을 전해야 한다는 책임을 드러낸 말이다. 그는 이 빚을 반드시 갚으려는 결심으로, 그들에게 복음의 열매를 맺게 하려 했다. 여기서 우리는 바울의 고백을 따라, 빚진 자로서 사랑으로 그 빚을 갚아야 할 우리의 소명을 깨닫게 된다.

믿음이 자라나는

소원을 아시는 주님,
기다리는 이들에게 은혜의 선물을 나누게 하소서.

믿음 안에서 서로를 위로하며
믿음이 자라나는 아름다운 정원이 되게 하소서.

입술이 머뭇거리지 않게 하시고
누구에게든 복음을 전할 용기와 지혜를 주옵소서.

바울의 기도가 나의 기도가 되기를 바라오니
이 땅의 교회를 위해 무릎 꿇나이다.

영적인 은사로
복음과 진리 위에 바로 서게 하시고,

사랑의 빚을 기꺼이 감당하게 하시는
예수 그리스도 이름으로 기도드립니다.
아멘.

6일 의인은 믿음으로 말미암아 살리라

주신 편지 롬1:15-17

15그러므로 나는 할 수 있는대로 로마에 있는 너희에게도 복음 전하기를 원하노라 16내
가 복음을 부끄러워하지 아니하노니 이 복음은 모든 믿는 자에게 구원을 주시는 하나
님의 능력이 됨이라 첫째는 유대인에게요 또한 헬라인에게로다 17복음에는 하나님의
의가 나타나서 믿음으로 믿음에 이르게 하나니 기록된바 오직 의인은 믿음으로 말미
암아 살리라 함과 같으니라

"로마도 보아야 하리라"(행19:21)라는 말씀처럼, 성령의 인도하심을 받은 바울은 복음을 전할 만반의 준비가 되어 있었다. 그가 자신의 삶을 돌아보며, 구원이 오직 하나님의 능력으로 이루어짐을 알았기에, 복음을 부끄러워하지 않았다.

바울은 유대인이었으나, 이방인에게까지 복음을 전하게 하신 하나님의 능력을 경험했다. 복음이 부끄럽지 않은 이유는 믿음에서 믿음으로 이어지는 하나님의 의가 모든 이에게 계시되었기 때문이다. 이는 한 믿음이 또 다른 믿음을 낳아, 삶 전체를 감싸는 여정과 같다.

하나님의 의는 예수를 믿어 죄 사함을 얻는 구원(롬3:22)으로 시작되고, 성화의 삶을 통해 점차 완성된다. 그 결과 우리는 예수와 같이 화목제물로 드려지며 그분의 장성한 분량에 이르게 된다. 바울은 빌립보서 2장 12절에서 "항상 복종하여 두렵고 떨림으로 너희 구원을 이루라"고 권면한다. 이

는 믿음이 삶 속에서 성숙해 가는 원동력이다. 믿음은 점이 아니라, 샘에서 강으로, 강에서 대해로 흘러가는 생명의 물줄기와 같다.

로마서는 "의인은 믿음으로 말미암아 살리라"라는 대주제를 중심으로, 구약(합2:4)과 신약의 복음을 잇는다. 이를 통해 로마 교회의 유대인과 이방인 신자들을 하나님의 의 안에서 묶으며, 믿음으로 존재하는 하나님의 나라를 선포한다.

입술 위에, 목숨까지도

믿음의 주 하나님,
하나님의 의로 저는 의인으로 살아가나이다.

입술 위에, 손끝에, 눈빛에,
심지어 목숨까지도
그 영광을 담고자 하옵나이다.

구원을 사모하는 사람들에게
하나님의 능력으로 증거하게 하옵소서.

예수 그리스도 이름으로
간절히 기도드리나이다. 아멘.

7일

불의와 경건치 않음에 대한 하나님의 진노

주신 편지 롬1:18-19

[18]하나님의 진노가 불의로 진리를 막는 사람들의 모든 경건치 않음과 불의에 대하여
하늘로 좇아 나타나나니 [19]이는 하나님을 알만한 것이 저희 속에 보임이라 하나님께
서 이를 저희에게 보이셨느니라

진리를 아는 사람들이 하나님을 알고도 무시하며, 그분의 진리를 거역하는 모습을 우리는 본다. 이는 마치 하늘의 법정이 열리고, 고요한 대지 위로 천상의 진노가 우레처럼 쏟아지는 차가운 빛과 같다. 이것은 곧 "진리를 막는 자들"에게 합당한 응답이다.

하나님을 인식하면서도 부인하고 죄를 정당화하는 자에게 하나님은 말씀하신다. 하나님의 의를 믿음으로 받아들인 자는 의롭다 인정받고, 예수의 형상에 이르기까지 오직 그 의로 살아간다.

그 믿음은 영의 구원에서 시작하여 성령 안에서 성숙하며, 마침내 예수와 같이 화목제물로 드려지기까지 이어진다.

그러나 진리를 거부하는 자들과 예수를 믿는다 하면서도 불경건과 불의에 빠진 자들은 하나님께서 엄숭히 책망하신다. 이미 증거를 받았음에도 불순종한 자에게는 진노와 심판이 따른다.

그럼에도 하나님은 진리를 거부하는 자들에게조차 자신을 알만한 증거를 보이신다. 우리는 본래 '하나님을 알도록' 지음받은 존재이며, 그 알림은 하나님 자신이 친히 드러내신 증거다.

구약의 심판 사건들은 이를 증언한다. 노아의 홍수와 소돔과 고모라의 멸망은 불경건한 자들의 끝을 보여 준다. 백 년 동안 경고와 방주의 증거가 주어졌으나 사람들은 듣지 않았고, 결국 노아와 그의 가족만이 구원을 얻었다.

오늘날에도 종말론적 심판은 요한계시록 16장을 통해 계시된다. 그 진노는 단순한 두려움이 아니라, 하나님의 자녀를 깨우는 단호한 언어다.

깊은 내면의 흔적으로

하늘의 주, 우리 아버지시여,
아버지의 진노가 두려움이 아니라
거룩한 부르심으로 들리게 하옵소서.

창조주의 손길을 잊으려 하는 자들을 향한 진노를
우리 깊은 내면의 흔적으로 깨닫게 하셨나이다.

아버지를 알 만한 것들을 보여 주실 때
오직 믿음으로 하나님의 계시를 선포하게 하소서.

예수 그리스도의 이름으로
회개하며 기도드립니다. 아멘.

8일 하나님의 신성과 능력의 증거

주신 편지 롬1:20

창세로부터 그의 보이지 아니하는 것들 곧 그의 영원하신 능력과 신성이 그 만드신 만물에 분명히 보여 알게 되나니 그러므로 저희가 핑계치 못할찌니라

창조물 속에서 하나님은 분명히 드러나셨다. 그러므로 하나님을 알지 못한다고 주장하는 것은 사실상 불가능하다. 비록 신성은 눈에 보이지 않지만, 하나님께서 만드신 모든 것을 통해 그 존재와 성품이 나타난다. 모든 피조물은 하나님의 영원한 능력과 신성을 증언하므로, 우리는 믿지 못한다고 변명할 수 없다. 즉, 모든 피조물은 하나님을 가리키는 증언서이다.

마태복음 11장 27절에서 주께서 말씀하신다.

"내 아버지께서 모든 것을 내게 주셨으니 … 아들과 아들의 소원대로 계시를 받는 자 외에는 아버지를 아는 자가 없느니라."

곧, 아들이신 말씀이 계시해야만 하나님을 알 수 있다. 이는 창세기 1장 1절의 "태초에 하나님이 천지를 창조하시니라"는 말씀과 연결된다. 하나님은 말씀으로 빛을 창조하시고, 그 빛 안에서 자신을 드러내셨다. 따라서 우리는 피조물을 통해 하나님이 창조주이심을, 말씀을 통해 존재하심을 깨닫는다.

정리하면,

1. 하나님의 능력과 신격은 피조물을 통해 드러난다.
2. 아들의 계시된 말씀을 믿을 때, 그것이 생명이며 구원이다.

마가복음 4장의 씨 뿌리는 비유처럼, 하나님 나라는 씨를 심는 것과 같다. 하나님은 우리를 세상에 심으시고 성령으로 거듭나게 하시며, 낮에는 열매로, 밤에는 연단으로 성숙을 이루신다. 마침내 성도들은 성령 안에서 자라, 성숙한 아들의 영광에 이른다. 하나님은 만물을 통해 자신을 나타내시고, 말씀으로 생명이 되어 우리에게 드러나신다.

하늘과 땅에 선명히 새기신

하나님 자신을 알리신 창조주 하나님,
하늘과 땅에 선명히 새기신 그 능력을 찬양하옵나이다.

피조물을 통해 자신을 드러내실 때에도,
말씀으로 생명을 나타내실 때에도,
또한 저를 통해 자신을 보이실 때에도,
누구도 변명하지 못하도록
합당히 응답하는 증인이 되게 하소서.

굳게 믿사오며
예수 그리스도의 이름으로 기도드립니다. 아멘.

9일 하나님을 알되 어리석게 되어

주신 편지 롬1:21-22

[21]하나님을 알되 하나님으로 영화롭게도 아니하며 감사치도 아니하고 오히려 그 생각이 허망하여지며 미련한 마음이 어두워졌나니 [22]스스로 지혜 있다 하나 우준하게 되어

"하나님을 알되"라는 첫 문장은, 진리를 알면서도 그것을 외면하는 인간의 역설을 드러낸다. 여기서 '알되'는 존재의 근원을 뜻하지만, 인간은 그 지식을 행동으로 옮기지 않는다. 하나님은 피조물과 말씀을 통해 자신을 나타내시고 생명을 충만케 하셨으나, 여전히 하나님께 영광을 돌리지 않음을 책망하신다.

결국 인간은 진리를 거절한 채 스스로 현명하다고 여기지만, 그 지혜는 무의미하며 세상의 어리석음 속에 빠진다. 더 나아가 어리석음의 깊은 곳에서도 자기 자신을 가장 높이 두려 한다. 로마서를 받던 당시 유대인의 종교 지도자들과 이방의 권세자들이 그러하였다. 그들은 스스로 지혜가 있다고 하나, 예수를 조롱하고 핍박하며, 실상은 하나님을 알지도 믿지도 못한 어리석은 자들이었다.

이는 곧 신의 왕관을 쓴 채 지혜를 잃은 우리의 불의한 모습을 보여준다.

한 번 더 기회를 주소서

생명의 하나님,
온 땅에 영광이 가득하나이다.

창세 전에 성자를 낳으신 아버지께서(시2:7)
우리 또한 낳으셨나이다.(히2:11)
참되신 아버지는 오직 한 분이시옵니다.

허나 감사드리는 마음은 시들고
스스로 지혜롭다 하나
어둠이 머무는 때가 많나이다.

진리의 빛을 거두지 마시고,
한 번 더 기회를 주소서.

돌 같은 마음에
생수의 샘물이 스며들게 하시며,
예수 그리스도 이름으로 간절히 기도드립니다.
아멘.

10일 썩어지지 아니하는 하나님의 영광

주신 편지 롬1:23

썩어지지 아니하는 하나님의 영광을 썩어질 사람과 금수와 버러지 형상의 우상으로 바꾸었느니라

썩어지지 아니하는 하나님의 영광은 보이지 않는 신성과 동일하다. 그러나 하나님을 배도하는 자는 이를 썩어질 사람의 형상과 레위기 11장의 더럽고 가증한 것들의 형상으로 바꾸어, 보이지 않는 신성을 보이는 형상으로 전락시킨다.

하나님을 믿는 자 가운데서도 때로 우상을 숭배하는 자가 나다닌다. 그들은 하나님 대신 창조물을 섬기며, 눈에 보이는 것에 마음을 두고 썩어질 형상에게 경배한다. 썩어질 것들을 신이라 부르고, 영원하신 하나님을 등진 채 거짓 형상을 높이는 그 길 끝에는 파멸만이 남는다.

그들은 하나님의 형상을 사람의 형상으로 바꾸어 놓은 적그리스도(요일 2:18)를 섬기며, 많은 그리스도인들을 속인다. 그러나 적그리스도에게 경배하지 않는 자는 하나님 안에서 환란 속에서도 승리할 수 있다. 우리는 오직 하나님 아버지를 향한 정절을 지키며, 영과 진리로 구세주만을 믿어야 한다.

레위기 11장의 더럽고 가증한 짐승과 새는 배신자를 상징한다. 썩어질 사람의 형상은 하나님을 폄하하는 짐승의 인격이며, 우리는 결코 그들에게

절해서는 안 된다. 이는 다니엘과 세 친구가 느브갓네살의 금 형상에게 경배하지 않고 풀무불에 던져진 던져진 사건과 같은 원리다. 그들은 오직 지극히 높으신 살아계신 하나님만을 섬기며 믿음을 지켰다. 하나님께서 보여주신 믿음의 귀감이다.

본래의 영광으로

오 주여,
썩어질 것들에 마음을 빼앗겨
주의 자리를 낮은 곳으로 옮기었음을 고백하나이다.

다니엘처럼 살아계신 하나님의 성호를 지극히 높여
예배할 수 있음을 감사하나이다.

보이는 피조물을 경이롭게 여기되,
보이지 않는 창조주를 다시 새기게 하시고
그 본래의 영광으로 돌이켜 누리게 하소서.

하나님의 형상이신 예수 그리스도의 이름으로
기도드립니다. 아멘.

11일 창조주는 영원히 찬송받으실 분

주신 편지 롬1:24-25

24그러므로 하나님께서 저희를 마음의 정욕대로 더러움에 내어 버려두사 저희 몸을
서로 욕되게 하셨으니 25이는 저희가 하나님의 진리를 거짓 것으로 바꾸어 피조물을
조물주보다 더 경배하고 섬김이라 주는 곧 영원히 찬송할 이시로다 아멘

하나님은 인간의 죄와 타락을 그대로 두신다. 자신을 인정하지 않고 욕망에 빠진 자들을 억지로 막지 않으시며, 그 더러움에 스스로 내버려두신다. 마음의 정욕은 결국 몸을 통해 욕되게 드러난다.

오래 참으시는 하나님은, 깨닫지 못하는 자들을 그대로 두어 죄가 더욱 분명히 드러나도록 하심으로 자신의 공의를 빛나게 하신다. 인간은 창조주보다 피조물을 높이며 진리를 왜곡하고, 그 결과 하나님의 진노를 쌓는다. 진리의 빛을 거부한 마음은 욕망의 길을 열어 영혼을 어둠 속에 묶고 자기 파괴로 이끈다.

그러므로 우리는 하나님의 진리로 돌아와 오직 그분만을 온전히 경배해야 한다. 하나님이 지으신 모든 피조물과 그 능력 속에서, 아들 예수께서 나타내신 생명의 빛을 알게 되며, 그 빛 안에서 영원한 생명을 깨닫고 충만함을 누린다.

하나님의 진리를 전하는 첫 번째 증거는 아버지의 생명이 내 안에 있음

을 깨닫는 것이며, 두 번째는 하늘나라에 예비된 영원한 복과 영광을 알게 되는 것이다. 하나님은 그 영광을 주시려는 뜻을 품고 계신다.

침묵으로 응답하시나이다

하늘에 계신 아버지를 송축하나이다.
생명으로 우리를 낳으시고,
아들의 영에 육체를 입혀
성령의 살아 있는 영혼(고전15:45)으로 살게 하셨나이다.

우리가 정욕으로 치닫을 때에는
자유의 포로가 되게 하시며,
피조물을 창조주보다 높이 올리고
우상을 삼는 자에게는 침묵으로 응답하시나이다.

아, 거룩하신 창조주여,
주의 왕좌를 찬란히 모시게 하옵소서.

예수 그리스도의 이름으로
찬송하며 기도드리나이다. 아멘.

12일 상실한 마음대로 내어 버려두사

주신 편지 롬1:26-28

26이를 인하여 하나님께서 저희를 부끄러운 욕심에 내어 버려 두셨으니 곧 저희 여인
들도 순리대로 쓸 것을 바꾸어 역리로 쓰며 27이와 같이 남자들도 순리대로 여인 쓰
기를 버리고 서로 향하여 음욕이 불 일듯 하매 남자가 남자로 더불어 부끄러운 일을
행하여 저희의 그릇됨에 상당한 보응을 그 자신에 받았느니라 28또한 저희가 마음에
하나님 두기를 싫어하매 하나님께서 저희를 그 상실한 마음대로 내어 버려두사 합당
치 못한 일을 하게 하셨으니

진리를 알았던 자들이 하나님을 두려워하지 않을 때, 붙잡지 않는 아찔한 비극이 찾아온다. 하늘의 빛을 거절한 심령은 자유라는 이름 아래 혼돈으로 달려가고, 욕망을 좇으며 결국 죄로 인한 고통을 받는다. 이는 우리가 죄에 빠지지 않도록 권면하시고, 하나님과의 관계 회복을 촉구하시는 가르침이다.

오늘날 일부 사람들의 욕망, 예컨대 성적 정체성과 관련된 갈등은 단순한 육적 쾌락의 문제가 아닐 수 있다. 그 안에는 불안과 외로움, 사회적 소외, 자기 정체성의 혼란이 깔려 있다. 그러나 이러한 내면의 아픔을 이해한다 해도, 창조의 질서와 하나님의 말씀을 무시하거나 왜곡하는 일은 정당화될 수 없다. **인권 보호와 하나님의 뜻은 구별**되어야 하며, 복음을 흐리게 하는 시도는 인간과 하나님 사이의 참된 관계를 왜곡할 수 있다.

복음을 부끄러워하는 자들은 하나님과 멀어지고, 불의와 불경건에 빠진다. 하나님께서는 그 선택의 결과가 드러나도록 내버려두신다. 반대로, 하

나님의 의 안에 거하며 예수 그리스도를 의지하는 자는 복음을 부끄러워하지 않고, 삶의 모든 영역에서 자유와 확신 속에 굳건히 선다.

복음은 단순한 윤리나 사회적 규범이 아니라, 인간의 심령을 회복하고 참된 자유로 인도하는 능력이다. 예수 그리스도의 이름으로만 구원이 있음을 믿고(행4:12), 자신의 연약함을 인정하며 하나님께 나아갈 때, 우리는 참된 자유와 평강을 경험하며 세상의 혼돈 속에서도 선한 길을 걷게 된다.

성령의 전인 우리가

하나님의 법과 질서로 인도하시는 주여,
죄로 가려진 진리 속에서도
타락의 길로 나아갈 때
무뎌진 양심에 불을 지펴 정결케 하심에 감사합니다.

오늘이라는 이날,
성전에서 주의 위로만을 하염없이 기다리던
시므온과 안나처럼(눅2:25, 36),
성령의 전(고전6:19)이신 우리 안에서
주님을 기쁘게 영접하게 하소서.

주께서 다시 오실 그 성소까지
우리의 마음과 삶을 붙드소서.

예수 그리스도 이름으로 간절히 기도드립니다. 아멘.

13일 하나님의 정하심을 알고도

주신 편지 롬1:29-32

[29]곧 모든 불의, 추악, 탐욕, 악의가 가득한 자요 시기, 살인, 분쟁, 사기, 악독이 가득
한 자요 수군수군하는 자요 [30]비방하는 자요 하나님의 미워하시는 자요 능욕하는 자
요 교만한 자요 자랑하는 자요 악을 도모하는 자요 부모를 거역하는 자요 [31]우매한
자요 배약하는 자요 무정한 자요 무자비한 자라 [32]저희가 이같은 일을 행하는 자는
사형에 해당하다고 하나님의 정하심을 알고도 자기들만 행할 뿐 아니라 또한 그 일을
행하는 자를 옳다 하느니라

하나님을 알면서도 그 뜻을 거부한 사람들의 모습이 여기 묘사된다. 앞으로 언급되는 23가지 죄는 28절의 전제를 바탕으로 나열되며, 하나님을 잃고 그분을 싫어하는 마음으로 깊이 타락한 상태를 나타낸다.

'불의'란 하나님의 의(롬3:22 - 곧 예수 그리스도를 믿는 믿음)가 아닌 모든 것을 뜻한다. 진리를 믿지 않는 불의한 자들은 하나님과 단절되어 가장 악한 자리로 떨어진다. 고린도전서 6장 9절은 불의한 자가 하나님의 나라를 상속받지 못한다고 일깨우며, 하나님은 불의를 미워하시고 진리를 따르지 않는 자에게 진노를 나타내신다.

그러나 요한일서 1장 9절은 소망을 준다.

"만일 우리가 우리 죄를 자백하면 그는 미쁘시고 의로우사 우리 죄를 사하시며 모든 불의에서 우리를 깨끗케 하실 것이요."

하나님께서는 예수를 보시고 의인으로 칭하시며, 그 믿음으로 살게 하셨

다. 그러나 예수를 배반하면 죄가 우리 안에 머물고, 다시 진리를 저버리면 불의한 상태로 남는다.

골로새서 3장 5절은 경고한다.

"그러므로 땅에 있는 지체를 죽이라 곧 음란과 부정과 사욕과 악한 정욕과 탐심이니 탐심은 우상 숭배니라."

하나님을 떠난 영혼은 불의와 음행, 탐욕과 악의, 시기와 살인, 분쟁과 사기로 가득 차며, 자기 의에 사로잡혀 죄를 즐긴다.

성경은 말씀한다. 죄를 범한 자뿐 아니라, 그 죄를 묵인하거나 동조하는 자에게도 하나님의 심판이 임한다. 그러므로 우리는 드러난 죄뿐 아니라, 심판을 계시하지 않는 죄까지 물으시는 하나님의 음성에 귀 기울여야 한다.

하나님의 의로 강권하시는

하나님 아버지,
지난날을 애통하는 마음으로 주 앞에 아뢰옵나이다.

불의에 얽혀 진리에 온전히 서지 못하였고,
비방하는 혀로 하나님을 거스르며 형제를 모욕하였으며,
교만하여 스스로 자랑하기에 마음이 분주하였나이다.

또한 악을 꾀하는 자를 외면하였고,
주의 심판을 알리지 아니함으로 큰 죄를 범하였나이다.

하나님의 의로 강권하시는
예수 그리스도 이름으로 기도드리옵나이다. 아멘.

율법을 받은 유대인과 율법 없는 이방인에 대한 정죄와 심판 2장

• 다른 사람을 판단하는 것으로 네 스스로를 정죄함이니, 판단하는 너는 똑같은 일을 한다.(롬2:1)

• 진리대로 하나님의 심판이 있다.(롬2:2)

• 하나님은 차별 없이 모든 것을 행한 대로 갚아 주신다.(롬2:5-6)

• 율법이 없는 이방인도 양심과 이성이 마음에 기록된 율법의 행위가 된다.(롬2:14-15)

• 표면적 유대인과 할례가 아니요, 내면적 유대인이 유대인이요, 할례는 마음의 할례이다.(롬2:29)

14일

남을 판단하는 자는 곧 스스로를 정죄함이다

주신 편지 롬2:1-3

1그러므로 남을 판단하는 사람아 무론 누구든지 네가 핑계치 못할 것은 남을 판단하
는 것으로 네가 너를 정죄함이니 판단하는 네가 같은 일을 행함이니라 2이런 일을 행
하는 자에게 하나님의 판단이 진리대로 되는줄 우리가 아노라 3이런 일을 행하는 자
를 판단하고도 같은 일을 행하는 사람아 네가 하나님의 판단을 피할 줄로 생각하느냐

복음은 믿는 모든 사람, 즉 유대인과 이방인 중 하나님의 자녀를 구원에 이르게 하는 하나님의 능력(롬1:16)이다. 그러나 복음을 듣고도 구원을 거부하며, 진리를 방해하고 막는 자는 불의하고 불경건한 자라 하셨다.(롬1:18-32)

그 말씀에 따르면, 23가지 죄 중 하나만 범해도 하나님 앞에서는 모두 죄인이다. 바울은 '율법적으로 우월한 유대인'(롬2:17)에게 시선을 옮긴다. 그들은 스스로 '불의하고 불경건한 자들과 다르다'고 여겼지만, 결국 같은 죄를 행하며 자신이 더한 죄를 짓고 있었다.

남을 판단하는 일은 결국 자신도 죄 가운데 있게 한다. 따라서 사람의 판단이 아니라 하나님의 판단만 구해야 한다. 죄를 지으면서 남을 정죄하는 것은 위선이며, 그것만으로도 진리에 따른 하나님의 공의로운 심판을 피할 수 없다.

바울은 로마 성도와 오늘날 우리 모두에게 '심판하시는 하나님'을 보여준

다. 율법이 없던 이방인조차 양심에 새겨진 법에 따라 심판을 받으며, 불경건하고 불의한 자는 끝내 그 심판을 피할 수 없다.

스스로 어두움 안으로

진리의 하나님,
저는 어둠을 꾸짖으면서도
스스로 그 안으로 걸어 들어갔나이다.

말씀의 거울 앞에 서니
판단에 급급했던 제 영혼이
두려움 속에 떨고 있나이다.

참된 영적 유대인이라 불리기를 원했으나
남을 가늠하는 그 눈길로
제 영혼이 가려지지 않게 하소서.

하나님의 분노와 심판 앞에서
외면하지 않는
겸손한 자 되게 하옵소서.

심판자이신
예수 그리스도의 이름으로
기도드립니다. 아멘.

15일 그 행한 대로 보응하시되

주신 편지 롬2:4-6

[4]혹 네가 하나님의 인자하심이 너를 인도하여 회개케 하심을 알지 못하여 그의 인자
하심과 용납하심과 길이 참으심의 풍성함을 멸시하느뇨 [5]다만 네 고집과 회개치 아니
한 마음을 따라 진노의 날 곧 하나님의 의로우신 판단이 나타나는 그 날에 임할 진노
를 네게 쌓는도다 [6]하나님께서 각 사람에게 그 행한대로 보응하시되

하나님의 선하심과 공의로운 심판에 대한 말씀이다. 주님께서는 우리에게 보여주신 선하심과 관용, 오래 참으심을 함부로 여기지 말라고 책망하신다. 말씀으로 각 사람을 거울처럼 비추어 진리 가운데로 인도하시지만, 자칭 의인들은 완고함에서 돌이키지 않고 스스로 완전하다고 믿는다. 회개를 촉구하시는 하나님의 진노마저 외면한 채, 그 선하심을 경험하지 못한다.

하나님의 선하심은 동시에 회개하지 않는 자에게 공의로운 심판이 있음을 깨닫게 하신다. 죄가 쌓일수록 하나님의 진노도 쌓이며, 결국 심판을 피할 수 없음을 알게 하신다. 심판의 원칙은 각 사람에게 행한 대로 공정하게 갚으신다는 사실이다.

그러나 우리는 또한 상급을 받을 자로 부르시는 하나님의 음성을 들어야 한다. 요한계시록 22장 12절처럼 "보라 내가 속히 오리니 내가 줄 상이 내게 있어 각 사람에게 그의 일한대로 갚아 주리라"를 믿고, 예수 그리스도께서 재림하실 때 우리도 그 심판에 동참(마19:28, 계20:4)할 소망을 갖는다. 그

러므로 주께서 주시는 상급과 영광의 초청을 받아들이며 사모하는 마음으로 나아가야 한다.

그날

오! 주는 선하시며,
그 자비는 영원히 이어지나이다.(시107:1)

풍성한 선하심에 감격하며
끝없는 자비와 공의를 잊지 않게 하소서.

각 사람에게 행한 대로 갚으시는
주님을 경외하게 하소서.

시간은 거두어들이는 날을 향해 흐르나니,
회개를 서둘러 상급을 받을 자로서
믿음 안에서 장성한 자가 되게 하옵소서.

모든 것을 살피시는 그날,
거룩하고 흠 없이 주 앞에 함께 서게 하옵소서.

예수 그리스도의 이름으로
기도드립니다. 아멘.

16일 사람을 외모로 취하지 아니하심

주신 편지 롬2:7-11

7참고 선을 행하여 영광과 존귀와 썩지 아니함을 구하는 자에게는 영생으로 하시고 8오
직 당을 지어 진리를 좇지 아니하고 불의를 좇는 자에게는 노와 분으로 하시리라 9악을
행하는 각 사람의 영에게 환난과 곤고가 있으리니 첫째는 유대인에게요 또한 헬라인에
게며 10선을 행하는 각 사람에게는 영광과 존귀와 평강이 있으리니 첫째는 유대인에게
요 또한 헬라인에게라 11이는 하나님께서 외모로 사람을 취하지 아니하심이니라

선은 하나님(마19:17) 자체이다. 영원한 생명으로 이끄시는 하나님을 믿으면, 성령의 역사와 말씀의 주관하심에 따라 그리스도의 것(고전3:23)이 된다. 오직 성령으로 열매를(갈5:22-24) 맺음이 곧 선을 행하는 것이며, 영원한 생명으로 인해 육적 생명을 이기게 된다.

자신이 육적인 것을 구하지 않기에, 자신이 하나님의 도구임을 깨닫고 선을 행하며 하늘의 영광과 존귀와 평강을 누린다. 그러나 하나님을 알면서도 그리스도의 것이 되지 못한 자는 복음을 믿지 않고 다투며 불의한 길을 걷는다. 그 결과 겪는 환란과 곤고로 인해 하나님께서는 분개와 진노로 다스리신다. 이 원리는 유대인과 이방인 모두에게 동일하게 적용된다.

하나님은 사람을 외모로 보지 않으신다.(행10:34) 베드로를 통해 코넬료 가정의 이방인의 구원에서 그 원리가 드러나며, 하나님은 인간이 속되고 불결하다 여긴 것을 깨끗하게 하셨다.(행10:15) 이를 통해 유대인이 먼저 하나님을 알고 깨닫게 하신다.

선을 행하는 이에게 영광과 평강이

공평하신 하나님,
선을 행하며 영광과 존귀와 썩지 아니함을 구하는 이들에게
영원한 생명과 영광과 존귀, 평강을 허락하소서.

그러나 다투고 진리를 버리며
불의를 따르는 자들에게는
분개와 진노가 임하나이다.

사람을 외모로 취하지 아니하시고
주를 경외하며 의를 행하는 자를 받아 주시는 주여(행10:34-35),

선한 이에게는 상을,
악한 이에게는 심판을 베푸시는 주님,

그리스도 예수의 이름으로
간절히 기도드립니다. 아멘.

17일 율법과 양심 앞에서 드러나는 심판

주신 편지 롬2:12-16

12무릇 율법 없이 범죄한 자는 또한 율법 없이 망하고 무릇 율법이 있고 범죄한 자는
율법으로 말미암아 심판을 받으리라 13하나님 앞에서는 율법을 듣는 자가 의인이 아
니요 오직 율법을 행하는 자라야 의롭다 하심을 얻으리니 14(율법 없는 이방인이 본
성으로 율법의 일을 행할 때는 이 사람은 율법이 없어도 자기가 자기에게 율법이 되
나니 15이런 이들은 그 양심이 증거가 되어 그 생각들이 서로 혹은 송사하며 혹은 변
명하여 그 마음에 새긴 율법의 행위를 나타내느니라) 16곧 내 복음에 이른 바와 같이
하나님이 예수 그리스도로 말미암아 사람들의 은밀한 것을 심판하시는 그날이라

하나님의 심판은 율법을 가진 유대인과 율법 없는 이방인 모두에게 공평하게 적용된다. 심판의 기준에는 단순한 율법뿐 아니라 양심도 포함된다. 이방인은 양심에 따라, 유대인은 율법에 따라 심판을 받지만, 듣기만으로는 의로운 자가 될 수 없으며 삶 속에서 실천해야 한다.

율법이 없는 이방인도 양심에 따라 하나님께 순종할 수 있으며, 그 행위가 곧 그들의 '율법'이 된다. 노아와 에녹의 시대처럼, 복음이 전해지지 않았던 선조들조차 양심으로 하나님을 알 수 있었다. 후손 중 의롭다 칭함을 받은 자를 통해, 선조들도 하나님의 자녀였음을 알 수 있다.

하나님은 외적 행위가 아니라 마음과 내적 기준을 통해 사람을 심판하신다. 인간은 스스로 율법을 완전히 지킬 수 없기에, 하나님께서는 예수님을 보내어 우리가 회개하고 믿음으로 서게 하셨다. 예수님은 우리가 지킬 수

없는 율법을 대신 이루셨고, 이를 통해 우리는 의롭게 된다. 의인이라 함은 예수님을 통해 의를 이루게 된 사람을 뜻하며, 선과 악에 따라 심판이 있음도 기억해야 한다. 예수 그리스도를 통해 사람들의 마음과 행동까지 온전히 드러나 심판될 날이 반드시 올 것이다.

영혼의 깊은 속삭임까지도

하나님 아버지,
율법으로는 주의 뜻을 보이시고
제가 온전히 지켰다고 여기심을 감사합니다.

율법을 알든 모르든
주의 양심에 따라 심판받는다는 것을 깨닫게 하셨나이다.

영혼의 깊은 속삭임까지도
예수 그리스도 앞에 올려드리며,
그 이름으로 기도하나이다. 아멘.

18일 유대인이라 칭하는 네가

주신 편지 롬2:17-19

17유대인이라 칭하는 네가 율법을 의지하며 하나님을 자랑하며 18율법의 교훈을 받아
하나님의 뜻을 알고 지극히 선한 것을 좋게 여기며 19네가 율법에 있는 지식과 진리
의 규모를 가진 자로서 소경의 길을 인도하는 자요 어두움에 있는 자의 빛이요

"유대인이라 칭하는 네가"라는 표현은, 스스로 이방인과 구별되는 혈통임을 강조하는 자에게 부르시는 호칭이다. 유대인들은 율법 준수로 자신을 자랑하며 하나님의 뜻을 안다고 여기지만, 실제 행함은 따르지 않았다. 그들은 지식을 갖춘 자, 이방인을 하나님께 인도하는 안내자라 스스로 생각했으나, 정작 자신은 영적 소경으로 죄 가운데 있었다.

예수의 이름을 믿는 우리, 곧 영적 유대인은 하나님을 자랑하고 그의 뜻을 아는 자로서, 아직 진리 지식에 이르지 못한 자들을 친절히 인도해야 한다. 그러나 현실에서는 겉모양만 갖춘 자칭 그리스도인과 다를 바 없는 경우가 많다.

그리스도인이라 불리는 우리가 말씀을 받았음에도 오직 자신의 의를 드러내는 데 그친다면, 유대인 지도자들과 다를 바 없다. 진정한 믿음은 선한 행위로 나타나야 한다. 말씀을 단순 지식으로만 아는 것이 아니라, 마음과 영혼 속에서 실천할 때 비로소 참된 빛이 된다. 지식을 안다고 해서 스스로 의롭다고 할 수 없으며, 자신조차 율법을 완전히 지키지 못함을 깨달아야 한

다. 행동 없는 지식은 책임과 하나님의 심판의 근거가 됨을 명심해야 한다.

주님의 손에 이끌리는

태초에 말씀이신 하나님,
말씀이 육신이 되어 우리 가운데 계신 주님(요1:14),
영원토록 함께하소서.

주여, 주님을 자랑하며 뜻을 안다 하면서도
지식으로 교만하지 않게 책망하여 주옵소서.

스스로 인도자라 여기지 않고
주님의 손에 이끌리는 자 되게 하소서.

진리의 빛의 도구로 사용하시며
참유대인 되기를 원하시는 주님을 송축합니다.

생명의 빛을 주시는(요1:4)
예수 그리스도 이름으로 기도드립니다.
아멘.

19일 하나님의 이름이 모독을 받는도다

주신 편지 롬2:20-24

[20]어리석은 자의 훈도요 어린 아이의 선생이라고 스스로 믿으니 [21]그러면 다른 사람을
가르치는 네가 네 자신을 가르치지 아니하느냐 도적질 말라 반포하는 네가 도적질 하
느냐 [22]간음하지 말라 말하는 네가 간음하느냐 우상을 가증히 여기는 네가 신사 물건
을 도적질 하느냐 [23]율법을 자랑하는 네가 율법을 범함으로 하나님을 욕되게 하느냐 [24]
기록된 바와 같이 하나님의 이름이 너희로 인하여 이방인 중에서 모독을 받는도다

자신들만이 하나님의 특권을 가진 자라고 믿는 유대인들은, 구원이 오직 율법 준수로 이루어진다고 생각한다. 바울은 그들을 향해, 율법을 자랑하면서도 스스로 지키지 않음을 지적하며, 이것이 하나님의 이름을 욕되게 한다고 단언한다. 실제로 그들로 인해 하나님의 거룩함이 조롱받고 짓밟히고 있다.

새 계명 안에서 율법의 완성이 이루어졌음을 고려하면, 그들의 행위는 율법의 본뜻을 위배한다.(마5:17) 유대인들의 불순종으로 하나님의 이름이 이방인들 가운데서 모독을 당한다.

오늘날에도 그리스도인의 죄로 인해 하나님의 이름이 모독받는 경우가 있다.(사52:5) 여기에 믿지 않은 자를 실족시키는 죄까지 더해질 때, 그 죄의 심각성은 더욱 분명해진다.

세상은 나로 말미암아

진리의 빛으로 나를 구원하시는 주를 높이나이다.

스스로를 가르친다 자만하였으나
정작 내 어리석음을 보지 못함을 용서하소서.

"도둑질하지 말라" 외쳤으면서도
한 손에는 은밀히 금을 움켜쥔 적이 있었나이다.

"간음하지 말라" 책망하면서도
두 눈은 욕정으로 타올라 주체하지 못함을 발견하였나이다.

우상을 미워한다 하나
세상은 나로 말미암아 하나님을 판단하나이다.

내 입술과 손의 행실이 주를 높일 뿐 아니라
진리를 가리지 않도록 성령께서 인도하소서.

주 예수 그리스도의 이름으로
기도드리옵나이다. 아멘.

20일 이면적 유대인과 마음의 할례

주신 편지 롬2:25-29

25네가 율법을 행한즉 할례가 유익하나 만일 율법을 범한즉 네 할례가 무할례가 되었
느니라 26그런즉 무할례자가 율법의 제도를 지키면 그 무할례를 할례와 같이 여길것
이 아니냐 27또한 본래 무할례자가 율법을 온전히 지키면 의문과 할례를 가지고 율법
을 범하는 너를 판단치 아니하겠느냐 28대저 표면적 유대인이 유대인이 아니요 표면
적 육신의 할례가 할례가 아니라 29오직 이면적 유대인이 유대인이며 할례는 마음에
할찌니 신령에 있고 의문에 있지 아니한 것이라 그 칭찬이 사람에게서가 아니요 다만
하나님에게서니라

구약 시대의 할례는 하나님께서 아브라함에게 주신 언약의 증거이자, 선택받은 민족의 표시였다. 출생 후 8일 만에 남성 생식기 표피를 잘라내는 의식으로 행해졌으며, 그 의미는 신약 시대의 세례와 통한다.

그러나 유대인이 율법을 어기면 겉으로 할례를 받았다 하더라도 이방인과 다를 바 없으며, 반대로 이방인이 율법을 따르면 하나님께서 그를 진정한 할례받은 자로 여기신다. 오늘날 우리는 예수를 믿음으로 의의 법이 이루어지는 시대에 살며, 할례를 받지 않은 이방인이라도 예수를 믿으면 하나님께 의로운 자로 인정받는다. 하나님께서는 단순한 표면적 유대인이 아니라, 내면적으로 진정한 유대인이 되기를 원하신다.

골로새서 2장 11절은 말한다.
"또 그 안에서 너희가 손으로 하지 아니한 할례를 받았으니 곧 육적 몸을

벗는 것이요 그리스도의 할례니라."

세례를 통해 우리는 죄의 몸에서 벗어나 예수와 함께 죽고 부활함으로 새로운 존재가 된다. 하나님을 섬기는 참된 길은 외형적 규정이 아니라, 마음과 영으로 믿는 믿음에 기반한다. 진정한 그리스도인은 성령으로 내면이 변화된 자이며, 하나님께 영광을 드리는 믿음이 중요하다.

결국 중요한 것은 사람에게 보이는 믿음이 아니라, 하나님의 진정한 찬사가 있는 믿음이다.

하나님의 눈길 속에 빛나는

오 하나님,
믿음은 한낱 겉표지의 거룩함이 아니라,
마음 깊이 인침 받았음을 깨닫게 하옵소서.

예수 그리스도의 장성한 분량으로 우리를 채우사(엡4:13)
교만한 유대인이나 허망한 이방인과 같이
세상의 바람결에 흩날리지 않게 하옵소서.

믿음이 사람의 찬사가 아닌
하나님의 눈길 속에서 빛나게 하시기를
간절히 간구하나이다.

예수 그리스도 이름으로 기도드립니다. 아멘.

모든 사람은 하나님 앞에서 다 죄인이다

3장

- 유대인이 이방인보다 나은 것은 하나님의 말씀이 맡겨진 것이다.(롬3:2)
- 유대인이 이방인보다 나은 이유로 더 큰 정죄가 있다.(롬3:8)
- 의인은 하나도 없으며, 모두가 죄인이다.(롬3:10, 19)
- 하나님의 의는 예수 그리스도를 믿음으로 인한 것, 구속을 통해 은혜로 값없이 의롭게 되었다.(롬3:22, 24)
- 하나님께서 예수의 피를 믿는 믿음을 통해 화목제물로 세우심. 예수도 의롭게 되시고, 우리도 의롭다 하려 하심이다.(롬3:25-26)

21일 하나님의 말씀을 맡은 자

주신 편지 롬3:1-2

[1]그런즉 유대인의 나음이 무엇이며 할례의 유익이 무엇이뇨 [2]범사에 많으니 첫째는 저희가 하나님의 말씀을 맡았음이니라

로마서 2장에서 바울은 유대인이라는 이유만으로 의롭다고 여기지 않으시며, 율법을 가졌어도 온전히 행하지 않으면 심판을 피할 수 없다고 밝히신다. 그렇다면 유대인으로서의 특별한 위치가 과연 의미가 없는 것일까?

바울은 율법의 한계와 인간의 죄성을 지적하면서도, 유대인 존재의 의미를 상기시킨다. 때로는 그 특권을 무시하는 듯 보이지만, 그 속에서도 지울 수 없는 한 줄기 빛이 남아 있다. 유대인은 이방인보다 여러 면에서 나은 점이 있으며, 무엇보다 하나님의 말씀을 먼저 은혜로 받은 것이 중요하다. 율례와 법도, 예언서를 통해 죄를 깨닫고, 하나님의 계시이신 초림하시는 메시아를 맞이할 준비를 할 수 있었기 때문이다. 할례라는 표징 또한 언약의 일부로 주어져, 그들이 말씀에 순종하며 하나님을 섬기도록 인도하였다.

즉, 유대인의 특권은 완전히 부정되는 것이 아니라, 특별함에는 책임이 따른다는 사실을 상기시키는 의미가 있다. 더 나아가, 내면적 유대인인 우리에게 주어진 나은 점은 예언의 말씀을 맡아 때에 따른 양식으로 삼고, 마지막 나타날 구원을 위해 다시 오실 예수를 맞이할 준비를 할 수 있다는 점에서 참된 유익이 있다.

책임과 신비로움

사랑하는 하나님,
유대인처럼 말씀 안에서
책임과 신비로움을 깨닫게 하셨나이다.

말씀으로만 존재하시는 주여,
모든 것을 "예"로 확정하셨음을 찬양합니다.(고후1:20)
기름 부으사 더 큰 사랑 안에 녹아들게 하소서.

말씀의 청지기로 세우셨으니,
책임을 무겁게 여기되
신비에 취하더라도 교만하지 않게 하소서.

때에 따른 양식을 삼는 것이
참된 유익임을 알게 하시고,
신랑 예수님을 맞이하는 입술로
확신 있게 선포하게 하소서.

예수 그리스도 이름으로
감사와 찬송을 드립니다. 아멘.

22일 불의 앞에 참되심은 풍성하여

주신 편지 롬3:3-7

3어떤 자들이 믿지 아니하였으면 어찌하리요 그 믿지 아니함이 하나님의 미쁘심을 폐
하겠느뇨 4그럴 수 없느니라 사람은 다 거짓되되 오직 하나님은 참되시다 할찌어다
기록된바 주께서 주의 말씀에 의롭다 함을 얻으시고 판단 받으실 때에 이기려 하심이
라 함과 같으니라 5그러나 우리 불의가 하나님의 의를 드러나게 하면 무슨 말하리요
내가 사람의 말하는대로 말하노니 진노를 내리시는 하나님이 불의하시냐 6결코 그렇
지 아니하니라 만일 그러하면 하나님께서 어찌 세상을 심판하시리요 7그러나 나의 거
짓말로 하나님의 참되심이 더 풍성하여 그의 영광이 되었으면 어찌 나도 죄인처럼 심
판을 받으리요

하나님의 신실하심과 인간의 불의(불신앙)는 뚜렷이 대비된다. 유대인들은 하나님의 율법을 받았으나, 일부는 불신앙을 보였다. 그러나 그들의 불신앙이 하나님의 신실하심에 영향을 미치지 못한다. 바울은 하나님이 변함없이 신실하시고 의로우심을 증거하며, 인간의 죄를 정당화하려는 모든 논리를 단호히 거부한다.

하나님은 우리가 의롭든 불의하든 스스로 만족하시는 분이시다. 하나님의 말씀을 믿지 않는 이들이 있다고 해서 하나님의 신실하심(참되심)이 무효가 되지 않으며, 믿음으로 열매를 맺었다 해도 그것이 자기 의가 될 수는 없다. 하나님의 속성은 그 자체로 의롭고 선하시기에, 불의한 자가 영광을 돌린다고 해서 하나님의 속성이 높아지는 것은 아니다.

일부가 “우리의 불의가 하나님의 의를 드러낸다면, 죄를 지어도 괜찮지 않은가?”라고 생각할 수 있으나, 바울은 이를 단호히 거절하며 하나님은 의로우시기에 세상을 공의로 심판하신다고 전한다.(시51:4)

또 다른 생각인 “내 거짓말이 하나님의 진리를 풍성하게 만든다면, 나는 왜 심판을 받는가?”도 마찬가지다. 하나님은 진리로 풍성하게 하실 뿐 아니라, 공의로 구원의 열매를 온전히 맺게 하신다. 우리의 영광을 더하게 하시는 이유로, 하나님의 신실과 참되심은 더욱 드러난다.

영광을 더하시는

주여,
우리가 죄인이나 주의 의로우심은 더욱 빛나나이다.

빛을 빌려 죄를 정당화하지 않게 하시고,
내 부족함을 통해서라도
주께서 찬송받게 하소서.

앞뒤가 같으신 주의 신실함이
본받아야 할 거룩한 본질임을 가르치시나이다.

영광을 더하시는
예수 그리스도 이름으로 기도드립니다. 아멘.

23일 모든 사람은 죄 아래 있다

주신 편지 롬3:8-10

8또는 그러면 선을 이루기 위하여 악을 행하자 하지 않겠느냐 [어떤이들이 이렇게 비
방하여 우리가 이런 말을 한다고 하니] 저희가 정죄 받는 것이 옳으니라 9그러면 어
떠하뇨 우리는 나으뇨 결코 아니라 유대인이나 헬라인이나 다 죄 아래 있다고 우리가
이미 선언하였느니라 10기록한바 의인은 없나니 하나도 없으며

바울은 "선을 이루기 위해 악을 행하자"라는 궤변을 강하게 비판한다. 이 생각은, 하나님의 영광을 드러내기 위해 죄를 지어도 된다는 위험한 자기의의 논리와 같다. 바울은 이런 자들은 정죄받아 마땅하며, 어떤 핑계를 대더라도 죄는 결코 정당화될 수 없다고 단호히 경고한다.

이 편지를 받는 그리스도인들 중에는 유대인과 이방인이 모두 포함되어 있으며, 하나님 앞에서 의로운 사람은 한 명도 없다. 시편 14편 1-3절은 이를 여실히 보여준다.

"어리석은 자는 그 마음에 이르기를 하나님이 없다 하도다 저희는 부패하고 소행이 가증하여 선을 행하는 자가 없도다…"

아담의 후손으로서 우리는 모두 죄인이며, 한 사람의 범죄로 말미암아 사망에 이르게 되었기에 하나님 앞에서 스스로 의로울 수 없다. 그러나 **정죄는 끝이 아니라, 구원을 향한 서곡**이다.

시편 14편 5절의 "하나님이 의인의 세대에 계심이로다"라는 말씀은, 아직 죄 아래 있는 자들에게 믿음을 촉구함과 동시에, 믿음으로 의롭다 하심을 받은 자에게는 그 의를 확증한다. 이는 하나님의 탄식이자, 오직 예수 그리스도만이 구원의 길임을 밝히 드러내는 말씀이다.

주의 은혜는 더 깊이 흐름을

오, 하나님,
"의인은 없나니 하나도 없으며"라는 말씀 앞에
스스로를 높이던 마음을 내려놓고
겸손히 무릎 꿇나이다.

"선을 이루기 위하여 악을 행하자"는
거짓된 입술을 주께서 미워하시며,
공의의 빛으로 모든 것을 비추심을 믿나이다.

죄악이 깊을수록
주의 은혜가 더욱 깊이 흐름을 감사드리나이다.

가증스러운 길에서 벗어나
주님을 찾게 하시고,
하나님의 의를 세상에 밝히 드러내게 하옵소서.

예수 그리스도의 이름으로
간구드리나이다. 아멘.

24일 평강의 길을 알지 못하였고

주신 편지 롬3:11-18

11깨닫는 자도 없고 하나님을 찾는 자도 없고 12다 치우쳐 한가지로 무익하게 되고 선
을 행하는 자는 없나니 하나도 없도다 13저희 목구멍은 열린 무덤이요 그 혀로는 속
임을 베풀며 그 입술에는 독사의 독이 있고 14그 입에는 저주와 악독이 가득하고 15그
발은 피 흘리는데 빠른지라 16파멸과 고생이 그 길에 있어 17평강의 길을 알지 못하였
고 18저희 눈앞에 하나님을 두려워함이 없느니라 함과 같으니라

우리가 얼마나 하나님을 찾지 않고, 깊은 죄에 빠져 있는지를 보여준다. 죄성으로 타락한 인간은 스스로 선을 행할 능력이 없다. "하나님을 찾는 자도 없고"라는 단정은 하늘로부터 내리는 무거운 경고처럼 울리며, 영의 눈이 감겨 길을 잃었음을 드러낸다.

그들의 목구멍은 무덤처럼 부패하고, 혀는 자기 의를 구원의 근거로 삼아 '또 다른 예수'(고전11:4)를 만들어 낸다. 입술 아래는 옛 뱀과 같아 다른 이들을 미혹하여 하나님과 멀어지게 하고, 악한 길로 이끈다. 그들은 영을 죽이는 데에 빠른 발이 되어 스스로와 타인을 파멸로 몰아넣는다. 하나님의 평강과 두려움을 알지 못하며, 눈은 세상에만 고정되어, 바라는 것이 오직 이생뿐인 것(고전15:19)처럼 비참하게 살아간다.

인간은 스스로 의롭게 될 수 없으며, 오직 하나님을 찾고 예수 그리스도를 믿음으로 하나님의 의를 얻는다. 바울은 죄의 깊이를 드러내어 절망을 지나야만 은혜라는 참된 소망을 갈망하게 함을 강조한다.

파멸과 비참함에서 건져 주소서

평강의 하나님,
저를 돌아보오니, 스스로 주님을 찾을 능력도,
선을 행할 능력도 없음을 가차 없이 고백하나이다.

주를 부르되,
만일 이 땅의 삶을 위한 것이라면
예수님의 죽음도 우리의 삶도 헛됨을 아나이다.
부디 저를 파멸과 비참함에서 건져 주소서.

예수와 함께 천상에 앉힌 자로서(엡2:6),
부활하신 주님을 믿음으로 구원받음을
끊임없이 선포하게 하소서.

길이요, 진리요, 생명이신(요14:6)
예수 그리스도의 이름으로 기도드립니다. 아멘.

25일

율법 외에 하나님의 의가 나타났으니

주신 편지 롬3:19-21

[19]우리가 알거니와 무릇 율법이 말하는 바는 율법 아래 있는 자들에게 말하는 것이니
이는 모든 입을 막고 온 세상으로 하나님의 심판 아래 있게 하려 함이니라 [20]그러므
로 율법의 행위로 그의 앞에 의롭다 하심을 얻을 육체가 없나니 율법으로는 죄를 깨
달음이니라 [21]이제는 율법 외에 하나님의 한 의가 나타났으니 율법과 선지자들에게
증거를 받은 것이라

율법은 죄를 드러내는 거울이다. 인간은 거룩한 기준 앞에 설 때 스스로 의롭다 할 수 없음을 깨닫게 된다. 아무리 힘써도 하나님의 완전한 의에 도달할 수 없다는 사실이 드러난다. 율법은 결코 인간을 의롭게 하지 못한다. 그러나 그 한계는 오히려 우리로 하여금 다른 길, 곧 은혜의 길을 찾게 만든다.

"이제는"이라는 짧은 구절은 어둠을 가르는 빛과 같다. 율법 외에 하나님의 의, 곧 예수 그리스도를 통한 구원이 나타난 것이다. 그것은 인간의 행위가 아니라 믿음으로 주어지는 은혜이다. 율법이 절망을 드러냈다면, 복음은 소망을 열어 준다.

갈라디아서 3장 24절에서 율법은 그리스도께로 인도하는 몽학선생이라 불린다. 몽학선생은 아이를 보호하고 훈육하는 보조 교사이다. 이처럼 율법은 우리를 죄의 자각으로 이끌어 결국 그리스도의 품에 안기게 한다. 율

법은 끝이 아니라 길잡이다. 목적은 오직 그리스도께 있다.

그러므로 율법이 없는 이방인에게도 하나님은 이미 구약 시대 율법과 선지자들을 통해 예수 그리스도를 증거하셨다. 이는 새로운 것이 아니라, 오래전부터 예언된 구원의 계획이다.

우리의 삶에도 여전히 기준과 경계가 있다. 그것들은 우리를 억누르기 위한 것이 아니라, 더 큰 자유와 은혜로 이끌어 주는 몽학선생이다. 나는 오늘 율법의 무게에 눌려 있는가, 아니면 그것을 통해 그리스도의 은혜를 갈망하고 있는가?

섭리의 침묵으로

하나님,
율법으로는 의롭다 함을 얻을 수 없음을 깨닫게 하시며,
우리의 자만과 힘을 꺾으셨나이다.

모든 입을 막으사,
온 세상이 죄인임을 고백하게 하소서.

우리는 이 섭리의 침묵 속으로 들어가나이다.

율법과 선지자들이 증언한
구원의 길을 열어주심을 감사드리나이다.

영광을 사모하며,
우리도 다시 예언하게 하옵소서.

예수 그리스도 이름으로
잠잠히 기도드립니다. 아멘.

26일 값 없이 의롭다 하심

주신 편지 롬3:22-24

22곧 예수 그리스도를 믿음으로 말미암아 모든 믿는 자에게 미치는 하나님의 의니 차
별이 없느니라 23모든 사람이 죄를 범하였으매 하나님의 영광에 이르지 못하더니 24그
리스도 예수 안에 있는 구속으로 말미암아 하나님의 은혜로 값 없이 의롭다 하심을 얻
은 자 되었느니라

하나님의 의는 오직 예수 그리스도를 믿는 모든 사람에게 차별 없이 주어진다. 하나님의 자녀 안에서는 유대인과 이방인의 구별이 없다. 모든 사람은 죄로 인해 하나님의 영광에 이를 수 없으므로, 스스로의 힘으로는 구원을 얻을 수 없고 하나님의 은혜가 절대적으로 필요하다.

마태복음 1장 21절은 "예수는 자기 백성을 죄에서 구원하실 자"라 증언한다. 하나님께서 미리 아신 자(롬8:29), 곧 생명으로 낳으신 자를 구원하신다. 하나님은 죄인임을 깨달은 유대인과 이방인 모두를 예수 그리스도를 믿게 하심으로 의롭다 하신다. 이것이 곧 "믿음으로 의에 이른다"는 말씀의 의미이다.

예수 그리스도를 통해 우리의 죗값이 치러졌으며, 우리는 값없이 의롭다 하심을 받는다. '구속'이란 노예의 값을 치르고 자유케 하는 것인데, 주께서 우리의 값을 대신 치르셨기에 우리는 아무 대가 없이 하나님의 의를 소유한다. 이 은혜는 가장 값비싼 선물이자, 그리스도 안에서 믿음으로 붙드는 속죄의 구원이다.

의로움 안에 저를 숨기시고

아버지 하나님, 생명으로 저를 낳으신 주여,
한때 깨닫지 못하여 영광에 이르지 못하였나이다.

아담의 원죄로 주와 원수 되었으나,
그리스도 예수 안에서 구속의 은혜를 입었나이다.

의로움 안에 저를 숨기시고,
새로움을 향한 갈망으로 오늘도 살게 하소서.

아직 영광에 다다르지 못한 이들에게도
구속의 은총을 차별 없이 전하게 하시며,
믿음의 풍성함으로 충만케 하옵소서.

예수 그리스도 이름으로
간절히 기도드립니다. 아멘.

27일 예수를 화목 제물로 세우셨으니

주신 편지 롬3:25

이 예수를 하나님이 그의 피로 인하여 믿음으로 말미암는 화목 제물로 세우셨으니 이는 하나님께서 길이 참으시는 중에 전에 지은 죄를 간과하심으로 자기의 의로우심을 나타내려 하심이니

하나님께서 예수 그리스도를 화목제물로 세우셨다. 우리는 그의 피를 믿는 믿음을 통해 죄 사함을 받고 의롭다 하심을 얻어 아버지께 나아간다. 그리스도는 하늘과 땅 사이에서 무너진 다리를 잇는 화목의 제단이 되신 분이다.

우리의 죄로 끊이진 하나님과의 관계는 예수로 말미암아 회복되었다. 하나님 앞에 우리 대신 예수께서 제물이 되신 것이며, 이는 하나님께서 미리 계획하신 일이다. 우리는 오직 믿음으로 받아들인다.

"전에 지은 죄를 간과하심"은 개인적인 죄뿐 아니라 구약 시대부터 율법을 지키며 지은 죄까지 포함된다. **모든 것이 장차 오실 그리스도의 구원을 전제**로 하여 믿음을 갖게 하신 것이다. 하나님은 오래 참으시다가 때가 차매 예수를 보내시고, 그의 피를 보고 믿는 자들에게 구원의 길을 예비하셨다.

히브리서 9장 11-12절은 증언한다.

"그리스도께서 장래 좋은 일의 대제사장으로 오사 … 더 크고 온전한 장막으로 말미암아 염소와 송아지의 피로 아니하고 오직 자기 피로 영원한

속죄를 이루사 단번에 성소에 들어 가셨느니라"

또 15절과 25절에 기록되었다.

"그는 새 언약의 중보니 이는 첫 언약 때에 범한 죄를 속하려고 죽으사 부르심을 입은 자로 하여금 영원한 기업의 약속을 얻게 하려 하심이니라",

"대제사장이 해마다 다른 것의 피로 성소에 들어가는 것 같이 자주 자기를 드리려고 아니하실찌니"

결정적으로, 대제사장 되신 예수께서 단번에 죽으심으로 영원한 속죄와 구원이 완성되었다. 그리하여 예수가 오시기 전의 죄들까지도 즉시 심판하지 않고 기다리셨다가, 그의 피로 사하시는 하나님의 의가 드러난 것이다.

주의 의로움을 입히시며

거룩하신 생명의 빛이여,
예수 그리스도를 화목제물로 내어주신 그 피로
저를 감싸 주소서.

오래 참으심으로 주의 의로움을 입히시며,
거룩한 빛으로 저를 존재케 하셨나이다.

주께서 기뻐하시는 산 제물이 되게 하시고,
완전한 구원에 이르게 하시는
예수 그리스도의 이름으로 기도드립니다. 아멘.

28일 예수 믿는 자를 의롭다 하려 하심

주신 편지 롬3:26-28

[26]곧 이 때에 자기의 의로우심을 나타내사 자기도 의로우시며 또한 예수 믿는 자를
의롭다 하려 하심이니라 [27]그런즉 자랑할 데가 어디뇨 있을 수가 없느니라 무슨 법으
로냐 행위로냐 아니라 오직 믿음의 법으로니라 [28]그러므로 사람이 의롭다 하심을 얻
는 것은 율법의 행위에 있지 않고 믿음으로 되는줄 우리가 인정하노라

인간의 자력과 하나님의 타력 사이의 경계를 허무는 위대한 선언이 여기에 있다. 하나님은 공의로우시기에 죄를 그냥 넘어가시지 않으나, 동시에 믿는 자를 의롭다 하신다. 이를 위해 예수 그리스도를 십자가에 내어주사 우리의 죗값을 치르게 하셨고, 그로써 하나님의 의로우심이 온전히 드러났다.

첫 순교자 아벨의 피는 의로운 자의 증거가 되었다. 그의 순종은 불의와 악의 속에서도 하나님께 상달되었으며, 아벨의 희생은 하나님의 의와 긍휼이 교차하는 지점을 먼저 보여 주신 예표였다.

예수 그리스도께서 화목제물과 대제사장이 되신 순간, 그 예표가 완전히 실현되었다.

예수께서는 하늘 지성소에 들어가 자신과 믿는 자들을 위해 하나님 앞에 나타나셨다.(히9:24) 구약의 속죄제처럼, 그분은 자신과 믿는 자들을 의롭게 하셨다. 레위 계열의 제사장은 예수 그리스도의 그림자였으며, 멜기세덱의

계열에 따른 영원한 제사장(히7:17)인 예수께서는 우리와 하나님 사이를 잇는 화목제물로 그 실체를 드러내셨다.

아벨의 피와 예수 그리스도의 보혈은 한 맥락 안에 있다.

- 아벨의 순교는 믿음과 순종으로 하나님께 상달된 증거였고,
- 예수의 십자가와 하늘 지성소 입성은 그 증거가 온전히 성취된 사건이다.

이는 율법의 요구를 믿음으로 감당함으로 이루어진 일이며, 의로우신 하나님은 의롭지 않은 자까지 의롭다 선언하시는 거룩한 모순을 성취하셨다. 우리의 확신은 오직 믿음으로 의롭다 하시는 하나님의 선언 안에 있다.

아벨의 피가 첫 순교자의 의를 증거하듯, 예수의 보혈은 믿는 자의 구원을 완전하게 증거한다.

믿음의 법과 예수의 보혈

하나님 아버지,
믿음의 법은 예수의 순종으로 이루어졌사오니
그 이름을 높이 들어 찬양드립니다.

오직 믿음만이 아버지 마음을 감동케 하였나이다.
대제사장이신 예수님의 보혈을 의지하여
믿음의 법에서 흔들리지 않도록 붙들어 주소서.

믿음의 창시자요 완성자이신
예수 그리스도(히12:2)를 온전히 바라보며,
그 이름으로 기도드립니다. 아멘.

29일　유대인의 하나님, 이방인의 하나님

주신 편지 롬3:29

하나님은 홀로 유대인의 하나님 뿐이시뇨 또 이방인의 하나님은 아니시뇨 진실로 이방인의 하나님도 되시느니라

하나님은 유대인만의 하나님이 아니시다. 그분은 이방인의 하나님도 되신다. 유대인들은 율법을 가진 특별한 민족임을 자부했지만, 바울은 하나님께서 이방인에게도 은혜를 베푸심을 선포한다. 이는 독점적 사고를 넘어서는 사랑의 선언이다.

이사야 61장 1-4절은 예수님의 초림 사명을 증거한다.

"주 여호와의 신이 내게 임하셨으니 … 무릇 시온에서 슬퍼하는 자에게 화관을 주어 … 그들로 의의 나무 곧 여호와의 심으신 바 그 영광을 나타낼 자라 일컬음을 얻게 하려 하심이니라."

이어지는 5절은 이방인의 구원 또한 분명히 드러낸다.

"외인은 서서 너희 양떼를 칠 것이요 이방 사람은 너희 농부와 포도원지기가 될 것이나."

곧, 하나님 나라의 회복과 확장은 유대인 안에만 머무르지 않는다. 이는 예수께서 사마리아인과 교제하시고, 로마 백부장의 믿음을 칭찬하시며, 수로보니게 여인의 간구를 들어주신 사건에서도 확인된다.

에베소서에서 바울은 “이제는 전에 멀리 있던 너희가 그리스도 예수 안에서 그리스도의 피로 가까워졌느니라”(엡2:13)라고 선포한다. 이는 율법으로 막힌 담을 허물고, 둘을 하나로 만드신 그리스도의 구속을 보여 준다.

‘나만의 하나님’으로 가두었던

주 하나님, 영광받으소서.

유대인에게
예수 그리스도의 초림을 예언하시고
이방인에게까지 구원을 이루신
주님의 완전하신 계획을 찬양드립니다.

마음이 상한 자를 고치시고,
갇힌 자에게 자유를 주시며,
무너졌던 것들을 다시 세우시는 하나님(눅4:18),

‘나만의 하나님’으로 가두었던
편견을 깨뜨려 주심에 감사드립니다.

우리도 모든 경계와 벽을 허무는
하나님의 사람들이 되게 하소서.

예수 그리스도의 이름으로 기도드립니다. 아멘.

30일 믿음으로 율법을 굳게 세우느니라

주신 편지 롬3:30-31

30할례자도 믿음으로 말미암아 또는 무할례자도 믿음으로 말미암아 의롭다 하실 하
나님은 한 분이시니라 31그런즉 우리가 믿음으로 말미암아 율법을 폐하느뇨 그럴 수
없느니라 도리어 율법을 굳게 세우느니라

바울은 하나님께서 유대인(할례자)과 이방인(무할례자) 모두를 믿음으로 의롭게 하신다고 전한다. 하나님은 한 분이시기에 구원의 방식도 하나이다.

그러나 이것이 율법을 폐한다는 뜻은 아니다. 할례자는 율법 안에서 살아가면서 예수님께 인도되고, 예수님을 통해 죄 사함을 깨닫는 믿음의 결과로 의로워진다.

무할례자는 예수를 믿음의 수단으로 의롭게 된다. 성부 하나님을 알지 못했던 상태에서도, 성령의 깨우침을 통해 예수께서 구세주이심을 알고 믿게 된다. 그리고 나서야 율법이라는 뿌리를 이해하게 된다. 이 점에서, 하나님을 섬기는 법도는 이방인보다 유대인이 더 깊을 수 있으며, 유대인이 예수를 믿을 때 더욱 온전해진다. 따라서 "나중 된 자가 먼저 된다"(마19:30) 하신 말씀의 의미 때문에, 이방인이 예수를 믿는 유대인을 의롭지 않다고 할 수 없다.

믿음으로 의롭게 하실 수 있는 분은 오직 하나님 한 분뿐이며, 이는 할례자와 무할례자 모두에게 동일하다. 그러므로 믿음은 율법을 폐하지 않고

오히려 그 본뜻을 세운다.

율법은 하나님의 거룩함을 비추는 창이며, 믿음은 그 창을 통해 드러난 하나님의 얼굴에 응답하는 사랑이다. 구원은 오직 믿음으로 이루어지지만, 참된 믿음은 율법을 실천하는 삶으로 이어진다. 율법을 알 때 복음은 더욱 빛난다.

진실을 헤아리시는 한 분

오 주여!
믿음 속 진실을 헤아리시는 한 분 하나님,

오랜 세월 율법은 우리의 죄를 비추는 거울이요
거룩함을 가늠하는 잣대가 되었나이다.

내 의를 세우기 위한 율법은 폐하시고
믿음 위에 은혜와 순종을 불어넣으사
그 뿌리가 더욱 깊이 내리게 하옵소서.

하나님을 섬기는 영법이
복음으로 널리 확장되게 하옵소서.

율법을 완성하러 오신
예수 그리스도의 이름으로 기도드립니다. 아멘.

믿음으로 말미암는 의 4장

- 믿음이 의로 여겨진 예: 다윗(롬4:5)과 아브라함.(롬4:9)
- 죽은 자들을 살리시며, 없는 것들을 있는 것처럼, 소망이 없는데도 소망 가운데 믿었던 아브라함은 하나님께 영광을 돌리며 약속이 이루어질 것을 확신한다.(롬4:17-22)
- 믿음이 의로 여겨졌다고 기록된 것은 의롭다 여김을 받을 우리들 때문이다.(롬4:24)
- 예수께서는 우리의 범죄함을 인하여 드려지셨고, 우리를 의롭게 하심을 위해 일으켜지셨다.(롬4:25)

31일 아브라함이 하나님을 믿으매

주신 편지 롬4:1-3

[1]그런즉 육신으로 우리 조상된 아브라함이 무엇을 얻었다 하리요 [2]만일 아브라함이
행위로써 의롭다 하심을 얻었으면 자랑할 것이 있으려니와 하나님 앞에서는 없느니
라 [3]성경이 무엇을 말하느뇨 아브라함이 하나님을 믿으매 이것이 저에게 의로 여기신
바 되었느니라

바울은 유대인들에게 참으로 익숙한 아브라함의 예를 들어, 믿음과 행위를 대조한다. 유대인들은 아브라함을 믿음의 조상으로 여기며 그의 행위를 중시했지만, 바울은 묻는다.

"아브라함이 육신에 관해 무엇을 얻었는가?"

이는 구원의 길이 행위가 아니라 믿음임을 드러내려는 질문이었다. 아브라함이 하나님을 믿었다는 것은 곧 약속의 말씀을 믿은 것이며, 그의 자손된 우리도 믿음을 통해 의롭다 하심을 얻는다.

이스라엘에게 율법은 이방인과 구별되게 하는 은혜였으나, 그 율법조차 의롭게 하지는 못했다. 이 사실은 유대인들에게 충격적이었다. 그들은 아브라함의 혈통적 자손됨을 자랑하며 회개하지 않았고, 예수 그리스도를 믿지 않았기 때문이다. 그러나 육신과 혈통으로 보아도 아브라함은 아담과 함께 타락한 인간일 뿐이다. 그러므로 육신으로는 자랑할 것이 없다.

누가복음 3장 8절에서 침례 요한은 경고한다.

"속으로 아브라함이 우리 조상이라 말하지 말라 … 하나님이 능히 이 돌들로도 아브라함의 자손이 되게 하시리라."

이 말씀은 믿지 않는 이스라엘을 향한 경고이다. '돌'과 같이 감각도 없고 믿음도 없는 이방인조차 믿음으로 아브라함의 자손이 될 수 있음을 보여준다.

결국 하나님의 의는 율법 이전부터 믿음으로 주어졌으며, 오늘날 예수를 믿는 성도들 또한 아브라함처럼 믿음으로 의롭다 하심을 얻는다.

돌들과 같은 우리에게조차

믿음의 조상 아브라함의 하나님,
아브라함조차도 육신과 행위로는
주 앞에 자랑할 것이 없음을 깨닫나이다.

돌들과 같은 우리에게조차
주를 믿는 의로 살아갈 힘을 주신 이여,

아브라함의 믿음을 본받아
우리의 머리(아7:5)가 칼멜산(왕상18:19)처럼
승리의 깃발을 높이 들고
함성으로 가득 찬 삶이 되게 하소서.

예수 그리스도의 이름으로
간절히 기도드립니다. 아멘.

32일 행함 없이 받는 의와 복

주신 편지 롬4:4-8

4일하는 자에게는 그 삯을 은혜로 여기지 아니하고 빚으로 여기거니와 5일을 아니할
찌라도 경건치 아니한 자를 의롭다 하시는 이를 믿는 자에게는 그의 믿음을 의로 여
기시나니 6일한 것이 없이 하나님께 의로 여기심을 받는 사람의 행복에 대하여 다윗
의 말한바 7그 불법을 사하심을 받고 그 죄를 가리우심을 받는 자는 복이 있고 8주께
서 그 죄를 인정치 아니하실 사람은 복이 있도다 함과 같으니라

하나님의 복은 행위로 얻어지는 것이 아니라, 믿음으로 의롭다 여김을 받는 은혜이다. 인간의 의는 땀과 노력, 성취와 공로가 그 사람을 빛나게 하는 열쇠가 될 수 있으나, 하나님 앞에서는 행위가 아닌 믿음으로 의롭다 여김을 받는다. 그 열쇠는 전적으로 은혜 안에 있다.

하나님의 복은 인간이 세운 질서와 경계를 허문다. "경건치 아니한 자를 의롭다 하시는 이를 믿는 자"라는 구절 앞에서, 세상은 잠시 멈칫한다. 세상의 상식과 정반대이기 때문이다. 중요한 점은, '행함이 없는 자'뿐만 아니라 '경건하지 않은 자'까지도 의롭다 하심을 받는다는 사실이다.

다윗은 자신의 경험을 통해 믿음으로 의롭다 함을 받는 자의 삶과 마음을 증언한다. 그는 시편 32편에서, 죄악을 자백하고 숨기지 않을 때 죄가 용서된다고 고백한다. 이 원리에 따라, 다윗은 죄 사함과 하나님과의 화해 속에서 최고의 복을 누렸다.

오늘날 우리 역시 예수 그리스도를 믿는 믿음을 통해 죄가 가려지고, 의롭다 하심을 받는 복을 누린다. 그렇다면, 당신의 삶 속에 하나님의 복은 얼마나 깊이 뿌리내리고 있는가?

다윗이 노래하던

하나님,
다만 하나님의 복을 받은 자로 서 있나이다.

행하지 않아도, 경건하지 않아도
의롭다 하시는 은혜를 찬양하나이다.

다윗이 노래하던 그 복,
죄가 사라진 자에게 임하는 은혜를
저 또한 입었나이다.

죄를 기억하지 않으심은
더 큰 믿음을 주시기 위함이오니,

하나님의 복을 증거하는 도구로
제 입술이 존재하게 하소서.

예수 그리스도 이름으로
찬양드리며 기도드립니다.
아멘.

33일 믿음으로 의롭다 함을 받은 조상

주신 편지 롬4:9-12

[9]그런즉 이 행복이 할례자에게뇨 혹 무할례자에게도뇨 대저 우리가 말하기를 아브라
함에게는 그 믿음을 의로 여기셨다 하노라 [10]그런즉 이를 어떻게 여기셨느뇨 할례시
냐 무할례시냐 할례시가 아니라 무할례시니라 [11]저가 할례의 표를 받은 것은 무할례
시에 믿음으로 된 의를 인친 것이니 이는 무할례자로서 믿는 모든 자의 조상이 되어
저희로 의로 여기심을 얻게 하려 하심이라 [12]또한 할례자의 조상이 되었나니 곧 할례
받을 자에게 뿐아니라 우리 조상 아브라함의 무할례시에 가졌던 믿음의 자취를 좇는
자들에게도니라

아브라함이 믿음으로 의롭다 여김을 받은 복은 할례자에게만 국한되지 않고, 할례를 받지 않은 사람들에게도 동일하게 적용된다. 특히 주목할 점은, 아브라함이 믿음으로 의롭다 여김을 받은 시점이 할례를 행하기 전, 즉 율법 이전이었다는 사실이다.

창세기 15장 6절은 이렇게 증언한다.
"아브람이 여호와를 믿으니 여호와께서 이를 그의 의로 여기시고"

그가 실제로 할례를 받은 것은 훨씬 뒤, 창세기 17장에 기록되어 있다. 따라서 아브라함이 의롭다 여김을 받은 때는 아직 무할례 상태였으며, 이는 할례가 새로운 의를 주는 것이 아니라 이미 믿음으로 받은 의를 확증하는 표징임을 보여준다.

하나님께서는 이를 통해, 할례 여부와 상관없이 모든 사람이 믿음으로 의롭다 여김을 받을 수 있음을 드러내셨다. 더 나아가, 아브라함은 단순히 할례자들의 조상에 머물지 않고, 믿음의 아버지로서 할례를 받지 않은 이방인에게까지 본이 되었다.

결국 아브라함은 유대인과 이방인을 아우르는 영적 조상이 되었으며, 그의 믿음의 길은 오늘날 모든 그리스도인에게 본이 되어, 우리로 하여금 참되신 하나님께 감사와 찬송을 올리게 한다.

언약의 증표로

믿음으로 의롭다 하시는 하나님,
율법과 할례 이전에도
아브라함을 의롭다 하신 그 은혜를
오늘도 찬송하나이다.

그가 할례를 받은 것은 믿음의 인이요,
영원한 언약의 증표로 남았나이다.

믿음의 아비를 먼저 세우시고,
그 믿음을 따르는 자손들 또한
믿음의 의의 복을 한없이 누리게 하셨나이다.

아브라함처럼 믿음이 견고하게 되어
하나님께 무한한 감사와 찬송을 더하게 하소서.

예수 그리스도의 이름으로 기도드립니다. 아멘.

34일 약속의 후사는 믿음으로

주신 편지 롬4:13-14

13아브라함이나 그 후손에게 세상의 후사가 되리라고 하신 언약은 율법으로 말미암
은 것이 아니요 오직 믿음의 의로 말미암은 것이니라 14만일 율법에 속한 자들이 후
사이면 믿음은 헛것이 되고 약속은 폐하여졌느니라

상속자는 율법을 지켜 행하는 자가 아니라, 믿음으로 하나님께서 약속하신 것을 받는 사람이다. 아브라함의 약속을 믿는 우리 역시 상속자이며, 믿음으로 받은 약속은 결코 파기될 수 없다.

하나님은 아브라함에게 "내가 이 땅을 네 자손에게 주리라"(창12:7)고 약속하셨지만, 이는 율법을 지킴으로 주어진 것이 아니었다. 율법이 주어지기 전부터 하나님은 믿음을 보시고 의롭다 하셨다.(창15:6) 모세의 율법은 아브라함 이후 약 430년이 지나서야 주어졌다.(갈3:17) 만일 율법이 구원의 기준이라면, 아브라함의 믿음과 약속은 무의미하게 되고, 하나님의 약속도 무효가 될 것이다. 그러나 하나님은 믿음을 통해 의롭다 하셨으며, 이는 아브라함뿐 아니라 그의 자손 곧 믿음의 후손에게도 동일하게 적용된다.

율법은 나침반과 같고, 약속은 밤하늘의 별과 같다. 나침반이 방향을 알려준다면, 별은 여정을 꿈꾸게 한다. 만약 여정이 율법으로만 가능했다면, 믿음은 메마른 땅에 뿌리 내릴 수 없었을 것이다. 믿음이야말로 약속을 지탱하는 뿌리이다. 할례받지 않은 이방인이라도 믿음으로 얻은 약속은 결코

무효가 되지 않으므로, 하늘의 소망을 풍성하게 누릴 수 있다.

약속의 별들을 세어보니

영광의 아버지,
하늘을 우러러봅니다.

셀 수 없는 약속을
가슴에 품은 아브라함처럼
언약 위에 제 영혼의 기둥을 세우나이다.

믿음으로 의롭다 하신 주와 함께
공동 상속자 되게 하실 것을 믿사오니(롬8:17),
아버지의 탁월하심 앞에
경이로운 눈물이 제 눈에 고이옵니다.

눈을 들어 약속의 별들을 세어보니
오직 믿음과 그 기쁨으로만
살아갈 힘을 주소서.

예수 그리스도 이름으로
찬송하며 기도드립니다. 아멘.

35일 은혜와 믿음으로 굳게 선 후손

주신 편지 롬4:15-16

[15]율법은 진노를 이루게 하나니 율법이 없는 곳에는 범함도 없느니라 [16]그러므로 후
사가 되는 이것이 은혜에 속하기 위하여 믿음으로 되나니 이는 그 약속을 그 모든 후
손에게 굳게 하려 하심이라 율법에 속한 자에게 뿐아니라 아브라함의 믿음에 속한 자
에게도니 아브라함은 하나님 앞에서 우리 모든 사람의 조상이라

율법이 없으면 죄를 지어도 그것이 죄임을 알 수 없고, 공식적으로 규정할 수도 없다. 마치 신호등 없는 길에서 신호 위반이 없는 것과 같다. 그러나 율법이 없다고 해서 죄가 존재하지 않는 것은 아니다. 율법은 죄를 드러내고 진노를 불러오며, 인간은 타락한 본성으로 인해 무기력함과 사망(롬6:23)에 직면한다. 곧 우리는 죄를 깨닫지 못한 채 하나님과 단절된 영혼으로 죽어 있는 상태가 된다.

아직 믿지 않는 이방인도 양심을 통해 스스로 정죄하며 고통받지만, 율법을 지키려던 자도 아브라함의 믿음을 따르면 오직 믿음과 은혜로 약속의 상속자가 된다. 믿음은 은혜의 바람을 타고 나아가는 영혼의 돛과 같다. 처음부터 하나님은 아브라함의 믿음에 속한 자들을 '상속자'라 부르셨다. 아브라함의 씨는 그리스도(갈3:16)이며, 예수 그리스도 안에 있는 우리는 모두 아브라함의 씨로서 약속의 상속자가 된다. 믿음으로 약속을 붙드는 자들은 오늘날에도 변함없이 그 유업을 이어받는다.

믿음의 길 끝에서

신실하신 아버지,
의로움을 이루고자 하는 급한 마음에
스스로를 몰아세웠음을 고백하나이다.

그러나 아브라함의 씨이신
그리스도를 통하여 신실하심을 이루시고,
심지어 믿음까지도 예정하셨음을 깨닫나이다.

아브라함의 발자국을 따라
보이지 않는 길을 향해,
보이는 삶을 꿋꿋이 걸어가게 하소서.

믿음의 길 끝에서
하나님의 약속이 성취됨을 보게 하시는

예수 그리스도의 이름으로
간절히 기도드립니다. 아멘.

36일 죽은 자를 살리시는 하나님

주신 편지 롬4:17

기록된 바 내가 너를 많은 민족의 조상으로 세웠다 하심과 같으니 그가 믿은 바 하나님은 죽은 자를 살리시며 없는 것을 있는 것으로 부르시는 이시니라

아브라함은 실제로 유대인의 조상이지만, 바울은 이를 영적으로 확장하여 모든 믿는 자의 조상임을 전한다. 그는 아직 자녀조차 없는 시점에서 '민족들의 아비'라 불렸다.(창17:5) 아브라함이 믿은 하나님은 '죽은 자를 살리시는 하나님'이시며, 그의 은혜는 어떤 것으로도 비교할 수 없다. 하나님의 약속은 그의 몸을 '믿는 몸'으로 변화시켰다. 백 세의 몸이 하나님의 말씀을 믿어 새 힘을 얻었고, 그의 아내 사라도 아흔의 나이에 약속의 말씀에 따라 아브라함의 씨를 낳았다. 말씀은 죽은 태를 살리셨다.

우리도 죽은 자를 살리시는 그 하나님을 믿어야 한다. 믿음은 아직 드러나지 않은 것을 사모하고, 불리지 않은 이름에 응답하는 것이다. 성부 하나님은 그의 아들 예수를 죽이심으로 우리를 살리셨고, 육신의 죄 된 몸을 영생할 몸으로 변화시키셨다. 우리는 말씀을 믿음으로 살아났으며, 이제 복음과 진리를 증거하며 다른 영혼까지 살리는 열매 맺는 삶을 살아야 한다. 나를 살리신 말씀은, 영을 살리기 위해 주어진 은혜이다. 아브라함의 믿음은 예수 그리스도를 통한 구원과 이어져, 지금 우리도 그 믿음 안에서 본보기로 세워졌다.

죽은 태를 살리신 말씀

오, 죽은 자들을 살리시는 능력이여!
아브라함을 믿음의 아비로 세우시고,
예수 그리스도로 저를 살리셨나이다.

주께서 다른 영혼들도 살리실 것을 명하셨나니,
말씀 한마디면 새벽이 솟고,
눈물이 별이 되리이다.

때를 따라 주시는 예언의 말씀에
더 깊이 집중하게 하소서.

죽은 태를 살리신 말씀,
예수 그리스도의 이름으로 기도드립니다. 아멘.

37일 없는 것을 있는 것으로 믿은 아브라함

주신 편지 롬4:17-19

17기록된 바 내가 너를 많은 민족의 조상으로 세웠다 하심과 같으니 그가 믿은 바 하
나님은 죽은 자를 살리시며 없는 것을 있는 것으로 부르시는 이시니라 18아브라함이
바랄 수 없는 중에 바라고 믿었으니 이는 네 후손이 이같으리라 하신 말씀대로 많은
민족의 조상이 되게 하려 하심이라 19그가 백 세나 되어 자기 몸이 죽은 것 같고 사라
의 태가 죽은 것 같음을 알고도 믿음이 약하여지지 아니하고

이 구절은 창세기 첫 장을 떠올리게 한다. 하나님의 음성이 형체 없는 곳에 울려 퍼지고, 어둠 속에서 빛이 솟아나며, 공허 속에서 생명이 움튼다. 바울은 창조의 언어로 믿음의 세계를 펼친다. 없는 것들을 있는 것처럼 부르시는 하나님은 아직 후사가 없는데도 이미 있는 것처럼 말씀하신다.

창세기 15장 3-6절에서 아브람은 "주께서 내게 씨를 주지 아니하셨사오니, 내 집에서 길리운 자가 내 상속자가 될 것이니이다"라고 말한다. 여호와께서 그에게 임하여 말씀하시되, "그 사람은 너의 후사가 아니라 네 몸에서 날 자가 네 후사가 되리라" 하시며 셀 수 없는 수많은 별을 보여 주신다. 아브람이 여호와를 믿으니, 여호와께서 이를 그의 의로 여기셨다.

이어 7절에서 하나님은 말씀하신다. "나는 이 땅을 네게 주어 업을 삼게 하려고 너를 갈대아 우르에서 이끌어낸 여호와로라." 하나님은 유업을 삼게 하려는 목적을 두시고, 아브람에게 믿음을 심어 주셨으며, 그의 몸에서

나올 후사를 허락하셨다. 결국, 예수 그리스도의 씨인 우리에게까지 그 유업의 소망이 이어진다. 어둠과 시간, 현실도 하나님이 주신 약속의 유업을 막을 수 없다.

창조의 음성이시여

없는 것들을 있는 것처럼 부르시는
창조의 음성이시여.

아브라함의 백 세 된 몸이 쇠잔하였으나,
고요한 확신 속에 의심하지 아니하였고,

사라의 태가 닫혀 있었으나,
주께서 생명의 문을 여실 것을 믿었나이다.

주가 말씀하셨기에 그는 믿었고,
믿었기에 바라보았으며,
바라보았기에 숨 쉴 수 있었나이다.

그 믿음의 심장을 허락하시고,
주님의 능력을 날마다 맛보게 하옵소서.

예수 그리스도의 이름으로
간구하며 기도드립니다. 아멘.

38일 믿음으로 약속을 확신하였으니

주신 편지 롬4:20-22

[20]믿음이 없어 하나님의 약속을 의심하지 않고 믿음으로 견고하여져서 하나님께 영광을 돌리며 [21]약속하신 그것을 또한 능히 이루실 줄을 확신하였으니 [22]그러므로 그것이 그에게 의로 여겨졌느니라

아브라함의 믿음은 '네 씨가 되리라'는 말씀 위에 굳게 서 있다. 창세기 17장 6-8절에서 하나님은 첫째, 아브라함을 심히 다산하게 하시고 그의 씨로부터 왕들이 나게 하시며, 둘째, 아브라함과 그의 후손 사이에 영원한 언약을 세우시고, 가나안 땅을 영원한 소유로 주실 것을 구체적으로 약속하셨다.

이 약속은 아브라함의 믿음에 속한 우리에게도 이어진다. 예수 안에서 복음과 진리로 더욱 확장되어, 말씀을 낳는 역사를 이루게 된다. 비유하자면, 말씀을 번성하게 하여 진정으로 예수를 낳는 모친(마12:50)과 같은 복을 받는 것이다.

또한 하나님은 우리도 왕이 되게 하시며, 우리로 인하여 왕들이 나게 하신다. 언약을 세우시는 일은 한 사람에게 국한되지 않고, 대대로 이어지며, 가나안 땅을 소유하게 하심은 궁극적으로 천년왕국의 기업을 주시는 소망으로 연결된다.

고린도전서 4장 15절에서 바울은 "그리스도 예수 안에서 복음을 통하여

너희를 낳았다"고 고백한다.

우리 또한 말씀으로 사람을 낳고, 믿음으로 채워 유업의 약속을 받는 자가 되어야 한다.

나 한 사람의 믿음

영광의 아버지여,
찬송을 올려 드립니다.

아브라함은
의심의 그림자조차 허락하지 않고
믿음으로 더욱 굳게 세워져
불가능의 무게를 번쩍 들어 올렸나이다.

그 믿음을 통해 새로운 영혼이 태어나
영원한 유업을 얻게 되리라 약속하셨나이다.

나 한 사람의 믿음이 얼마나 귀중한지
깊이 깨닫게 하옵소서.

아버지의 약속은 날마다 더욱 빛을 발하오니,
믿음 위에 믿음을 더하여 주옵소서.

유업의 약속을 이루시는
예수 그리스도 이름으로 기도드립니다. 아멘.

39일 의로 여기심을 받을 우리를 위하여

주신 편지 롬4:23-24

[23]그에게 의로 여겨졌다 기록된 것은 아브라함만 위한 것이 아니요 [24]의로 여기심을 받을 우리도 위함이니 곧 예수 우리 주를 죽은 자 가운데서 살리신 이를 믿는 자니라

아브라함의 믿음이 의롭다고 여김을 받는 것은 그에게만 국한되지 않고, 우리에게도 동일하게 적용된다. "의로 여기심을 받을 우리도 위함이니"라는 기록은 믿음의 여정이 아직 완성되지 않았음을 보여준다. 마치 문장에 마침표 대신 쉼표를 남겨두어, 우리도 그 안으로 들어와 함께 써 내려가도록 하는 듯하다. 이는 성경의 예언적이고 살아 있는 성격을 잘 드러낸다.

'기록되었다'는 표현은 과거의 사건을 현재에도 살아 있는 교훈으로 전달한다. 즉, 아브라함이 하나님을 믿었던 것처럼, 예수의 죽음과 부활을 믿는 우리 역시 오직 믿음으로 하나님의 의를 받는다. 아브라함의 믿음은 언약을 믿는 자에게 할례를 행하여 하나님의 의를 확증하기 위한 목적이었다.

아브라함도 행함으로는 아담과 같이 죄로 인해 죽을 몸이었지만, 75세에 하란 땅으로 부르심을 받고, 소망이 없어 보이는 상황 속에서도 유업의 약속을 믿었다. 결국 100세에는 믿음으로 이삭을 낳고, 언약의 말씀을 믿음으로 할례를 표징으로 받았다. 그의 믿음을 따른 계보는 이삭을 시작으로 예수 그리스도를 믿는 우리에게까지 이어진다. 우리는 예수 그리스도를 믿고 참세례를 받음으로써 하나님의 의가 확증되었다.

그 뒤에 숨겨진 이름

사랑하는 하나님 아버지,
아브라함에게 의로 여겨진 믿음과 같이
그 뒤에 숨겨진 제 이름 또한
주의 책에 기록되었음을 믿나이다.

아브라함이 바라본 별들 속에서
살아 숨 쉬는 진리 안에
저를 새겨 주심을 감사하나이다.

예수 안에 있는 자들에게
아브라함에게 약속하신 은혜를 허락하신
주님 앞에 저의 눈물이 고이옵니다.

참세례로 그 생명 안에서 거하며
영광까지 확증받음에 감사드리며,
예수 그리스도의 이름으로 기도드립니다. 아멘.

40일 예수로 말미암은 의와 영광

주신 편지 롬4:25-5:2

25 예수는 우리가 범죄한 것 때문에 내줌이 되고 또한 우리를 의롭다 하시기 위하여
살아나셨느니라 1 그러므로 우리가 믿음으로 의롭다 하심을 받았으니 우리 주 예수 그
리스도로 말미암아 하나님과 화평을 누리자 2 또한 그로 말미암아 우리가 믿음으로 서
있는 이 은혜에 들어감을 얻었으며 하나님의 영광을 바라고 즐거워하느니라

예수께서는 우리가 범죄한 결과 때문에 하나님께 드려지셨고, 우리가 의롭게 될 것을 위해 다시 부활하셨다. "내줌이 되고"라는 표현은, 예수께서 하나님의 주권적 뜻에 따라 죽음에 넘겨지셨음을 의미한다.

이사야 53장 5절의 예언처럼, 예수께서 죽으심으로 우리의 죗값을 치르셨고, 그분의 부활은 우리가 하나님 앞에서 의롭다 하심을 받는 근거가 된다. 부활은 예수의 드려지심이 완전하게 구원을 이루었음을 증명하며, 우리 또한 살아날 것임을 믿게 한다.(고후4:14)

예수를 믿음으로 당신은 의롭다 칭함을 받고, 하나님과의 화평 안에서 참된 평안을 누리게 된다. 나아가 하나님의 영광의 소망을 부여받아, 앞으로 하늘나라에서 영원히 살며 영광의 영생을 누릴 것을 약속받는다. 하나님께서 이루실 영광을 바라보며, 그 은혜 안에서 믿음으로 나아가도록 인도하신다.

이 편지를 읽는 당신은, 이 소망의 즐거움을 기대하며 일생을 살아가는 힘

을 얻고, 당신의 삶을 통해 누군가는 하나님의 영광을 소망하게 될 것이다.

화평의 길 위에 소망의 걸음

예수를 살리신 아버지시여,
주의 채찍으로 치유받고,
주의 피로 잃었던 길을 다시 찾았나이다.(사53:5-6)

화평은 오직 주 예수 그리스도의 의에 있으며,
은혜의 문턱 위에서
소망을 따라 기쁘게 걸어가게 하소서.

이 화평이 굳건히 지켜지고
그 소망이 시들지 않게 하옵소서.

영광의 즐거움을 누리며
온전히 주께 드려지는 삶 되게 하옵소서.

예수 그리스도 이름으로 기도드립니다. 아멘.

주 예수 그리스도를 통한 하나님과의 화평

5장

• 믿음으로 의롭게 된 자들은 우리 주 예수 그리스도를 통하여 하나님과 화평을 갖는다.(롬5:1)

• 그리스도께서 우리를 위해 죽으셨다.(롬5:6-10)

- 아직 연약하였을 때, (현재: 수많은 죄로 인해 경건치 아니한 지금)
- 아직 죄인이었을 때, (미래: 진노로부터 구원)
- 하나님과 원수 되었을 때에도, (과거 예수 믿기 전: 예수의 생명으로 인해 구원)

• 한 사람(아담)의 불순종과 범죄로 말미암아 모든 사람의 정죄와 심판을 받아 사망에 이르게 된 것처럼, 한 사람(예수 그리스도)의 순종과 의로 말미암아 모든 사람의 생명과 칭의에 이르게 된다.(롬5:18) - 대표성의 원리

41일 환난 중에도 즐거워하나니

주신 편지 롬5:3-5

3다만 이뿐 아니라 우리가 환난 중에도 즐거워하나니 이는 환난은 인내를, 4인내는 연
단을, 연단은 소망을 이루는 줄 앎이로다 5소망이 우리를 부끄럽게 하지 아니함은 우
리에게 주신 성령으로 말미암아 하나님의 사랑이 우리 마음에 부은 바 됨이니

이 시간은 환난을 대하는 그리스도인의 태도와 하나님의 사랑에 대한 확신을 들려준다. 고통을 기쁨으로 바꾸는 길은 오직 믿음 안에서만 가능하다. 최고의 영광의 소망에 이르는 길은 환난을 통해 이루어진다.

고린도후서 4장 17-18절은 말한다.

"우리가 잠시 받는 환난의 경한 것이 지극히 크고 영원한 영광의 중한 것을 우리에게 이루게 함이니 우리의 돌아보는 것은 보이는 것이 아니요 보이지 않는 것이니 보이는 것은 잠간이요 보이지 않는 것은 영원함이니라."

환난은 인내로 연단되고, 인내는 소망으로 이어진다. 그리스도인은 하나님께서 허락하신 환난을 피할 수 없지만, 이를 통해 성장하고 하나님의 사람으로 구비됨을 알기에 즐거워할 수 있다.(딤후3:17) 믿음이 자라날수록 우리는 인내로 환난을 견디며, 하나님께 더욱 가까이 나아가고 세상을 이길 단단함을 얻는다.

이 강함은 곧 확고한 소망으로 이어지고, 성령을 통해 비추신 하나님의

사랑 안에 온전히 붙들리게 한다. 성령과 말씀으로 인도받아 환난 속에서도 즐거워할 수 있으며, 믿음을 지켜 인내하며 성장하고 열매를 맺게 된다.

당신은 어떠한 상황에서도 성령을 붙들고 있는가, 아니면 성령이 함께하심에도 깨닫지 못하고 있는가?

환난은 소망을 위한 씨앗

아버지 하나님,
환난은 소망을 위한 씨앗임을 알게 하시고,
시들어 가는 계절에도 인내가 자라나게 하소서.

성령이시여,
인내가 빚어낸 불 같은 연단을 통해
영원한 영광의 소망(고후4:17)을 이루게 하소서.

그 오묘한 질서 속에서
주님의 마음을 섬세히 읽나이다.

소망이 부끄럽지 않음은
마음 깊은 곳에 부어주신
아버지의 크신 사랑 때문임을 믿나이다.

최고의 소망을 이루게 하시는
예수 그리스도의 이름으로 기도드립니다. 아멘.

42일 아직 연약한 우리를 위해

주신 편지 롬5:6-7

[6]우리가 아직 연약할 때에 기약대로 그리스도께서 경건하지 않은 자를 위하여 죽으셨도
다 [7]의인을 위하여 죽는 자가 쉽지 않고 선인을 위하여 용감히 죽는 자가 혹 있거니와

우리는 여전히 아직 연약하다. 죄의 굴레에 사로잡혀 스스로 어찌할 도리가 없고, 절망 속에서 허덕이는 **현재**의 우리를 위해서 정하신 그때(갈4:4) 예수께서 죽으셨다. '기약대로'라는 말씀은 마치 시간의 운율 속에 숨겨진 약속의 맥박과도 같다. 한 치의 오차 없이 계획하시고 완성으로 인도하셨다.

내 앞에 아무 소망이 없고 연약하기만 한 무릎으로 겨우 일어설 때, 바로 그 무력한 나를 위해 그리스도께서 십자가에 달리셨다. 결코 의롭고 선한 자를 위해 죽은 것이 아니다. 세상 사람 중 의인을 위해 죽는 이가 거의 없고, 선한 이를 위해 죽는 이는 간혹 있을지 모르나, '기약대로' 경건치 아니한 우리를 위해 기꺼이 죽으셨다.

예수 그리스도의 희생을 통한 구속의 은혜는, 우리가 자격을 갖추었기 때문이 아니라 오직 하나님의 사랑으로 주어진다. 우리의 행위 때문이 아니다. 연약하고 경건하지 않은 바로 그 순간을 위해 죽으셨음을 늘 기억해야 한다. 또한, 나 역시 연약한 이들을 향해 하나님께 받은 사랑의 반응을 행동으로 나타내야 한다.

하나님의 시간 안에서

생명을 내어주신 그리스도시여!

시간의 심장부를 가르며
이 순간, 저를 위하여
기꺼이 십자가에 달려 죽으셨나이다.

사람은 의인을 위해서도,
선한 사람을 위해서조차
쉽게 목숨을 내어주지 못하나이다.

그러나 하나님의 시간 안에서,
시계의 중심에서 맥박처럼 뛰고 있으니
저희는 시계의 추이니이다.

주여, 그리스도처럼 연약한 자들을 위해
그리하신 것처럼
저도 기꺼이 목숨을 내어줄 수 있는 자 되게 하옵소서.

우리 주 예수 그리스도의 이름으로
간절히 기도드립니다. 아멘.

43일 아직 죄인 되었을 때에

주신 편지 롬5:8-9

[8]우리가 아직 죄인 되었을 때에 그리스도께서 우리를 위하여 죽으심으로 하나님께서
우리에 대한 자기의 사랑을 확증하셨느니라 [9]그러면 이제 우리가 그의 피로 말미암아
의롭다 하심을 받았으니 더욱 그로 말미암아 진노하심에서 구원을 받을 것이니

여기서 시간은 **미래**를 향해 열린다. 중요한 요점은 "우리가 아직 죄인 되었을 때"이다. 그 사랑은 단지 과거의 죄를 사하는 것에 그치지 않고, 다가올 심판마저도 그분의 이름 아래 두신다. 이는 여전히 죄를 짓고 있을 미래까지 포함한 하나님의 사랑과, 예수 그리스도를 통한 구원의 확신을 전한다.

우리를 향한 하나님의 사랑은 그리스도께서 죽으신 속죄 구원으로 과거에도, 현재에도 존재했지만, 여전히 연약성과 죄성이 남아 있는 우리를 위한 사랑의 확증이기도 하다. 하물며 그리스도께서는 우리가 앞으로 지을 죄를 위해서도 죽으셨다. 예수의 피로 우리는 단순히 죄 사함을 받는 것에 그치지 않고, 하나님 앞에서 의롭다 하심을 받게 되었다.

"더욱"이라는 표현이 이를 확실히 보여 준다. 예수께서 우리를 위해 죽으셨다면, 이제는 살아계신 그분을 통해 마지막에 나타날 구원까지 보장받는다는 뜻이다. 그분의 피로 우리는 의롭다 하심을 믿게 되며, 성령 안에서 열매 없는 죽음 가운데 놓인 진노에서도 건짐을 받게 된다.

우리는 얼마나 큰 하나님의 사랑을 경험해야 할까.

입술에 머물기 전에도

사랑의 하나님,
우리가 아직 먼 길을 헤매는 죄인일 때에도
십자가 위의 사랑은
모든 시간을 꿰뚫고 흘렀나이다.

오, 사랑의 깊이여!
앞으로 지을 죄까지도 위하여
피를 흘리신 주여!

어떠한 회개의 외침이 입술에 머물기 전에도
주의 성실하심은 이미 단단히 새겨져 있었나이다.

그 사랑에는 어떠한 제한도 없음을
깊이 깨닫나이다.

구원의 확신 가운데(벧전1:5)
살게 하시는 예수 그리스도의 이름으로
감사와 간절함을 담아 기도드립니다.
아멘.

44일 원수 되었을 때의 사랑

주신 편지 롬5:10-11

10곧 우리가 원수 되었을 때에 그의 아들의 죽으심으로 말미암아 하나님과 화목하게
되었은즉 화목하게 된 자로서는 더욱 그의 살아나심으로 말미암아 구원을 받을 것이
니라 11그뿐 아니라 이제 우리로 화목하게 하신 우리 주 예수 그리스도로 말미암아
하나님 안에서 또한 즐거워하느니라

우리와 하나님과의 화해가 어떻게 이루어졌는지를 증거한다. 하나님 아버지께서는 우리가 예수 믿기 이전에도 이미(**과거**) 자신의 뜻을 이루기 위해 아들을 예비하셨다.(고후5:18-19) 우리는 예수를 믿지 않는 것이 죄임을 깨닫지 못한 자들이었으며, 이로 인해 하나님과 원수가 되었고(골1:21) 화해되지 못한 상태에 있었다. 또한, 현재와 미래에까지 이어지는 그분의 사랑을 기억하게 하시며, 과거의 사랑을 다시금 감사하게 하신다.

"원수 되었을 때에"라는 표현은 하나님과의 화해가 일방적인 하나님의 사랑으로, 주 예수 그리스도를 통하여 이루어졌음을 강조하기 위함이다. 우리는 예수 그리스도의 생명을 믿음으로 받아들일 때 비로소 하나님 아버지를 볼 수 있게 되며, 또한 부활의 생명 안에서 참된 구원을 누리게 된다.

'하나님 안에서 즐거워한다'는 표현은, 하나님께서 우리를 구속하시어 화평과 관계 회복을 이루신 결과로 얻는 기쁨을 뜻한다. 최고의 기쁨이 나타난 장면은 바로 예수님의 십자가상의 기도이다. "어찌하여 하나님께서 우

리를 위하여 아들을 버리셨나이까?"라는 질문 속에 담긴 의미, 즉 "엘리 엘리 라마 사박다니"(마27:45-46)의 기도는, 하나님께서 자기 백성을 죄에서 구원하시기 위해 아들을 버리시면서까지 행하신 구원의 신비에 대한 아들의 감탄의 기도였다. 화해의 즐거움 속에서 아버지께 드리는 경의의 언어인 것이다.

화해의 시작 앞에 서서

하나님, 영원히 찬송을 받으소서.

한때 하나님과 원수 되었으나,
아들의 피로 맺어진 화해의 시작 앞에 서서
그 손짓 안에 온전히 안기나이다.

'엘리 엘리 라마 사박다니'의 기도가
참된 언어가 되게 하시고,
아버지의 마음을 선명히 새기게 하옵소서.

그리스도를 대신한 대사로서(고후5:20),
화해의 즐거움과 생명의 충만함으로
많은 이들을 구원의 길로 인도하게 하옵소서.

하나님의 아들
예수 그리스도 이름으로 기도드립니다.
아멘.

45일 아담은 오실 자의 모형

주신 편지 롬5:12-14

12그러므로 한 사람으로 말미암아 죄가 세상에 들어오고 죄로 말미암아 사망이 들어
왔나니 이와 같이 모든 사람이 죄를 지었으므로 사망이 모든 사람에게 이르렀느니라
13죄가 율법 있기 전에도 세상에 있었으나 율법이 없었을 때에는 죄를 죄로 여기지
아니하였느니라 14그러나 아담으로부터 모세까지 아담의 범죄와 같은 죄를 짓지 아
니한 자들까지도 사망이 왕 노릇 하였나니 아담은 오실 자의 모형이라

하나님께서 창세 전에 그리스도 안에서 거룩하게 할 목적을 위해서 생명으로 아담을 낳으셨다. 아담이 아들의 영(욥38:4)으로 존재할 때, 하나님은 그를 육을 입히셨고, 그를 살아 있는 혼(창2:7)이 되게 하셨다.

한 사람이 있었고, "한 사람으로 말미암아 죄가 세상에 들어오고"라는 기록과 같이, 그 한 사람이 불순종함으로 죄가 세상에 들어왔다. 이로 인해 아직 태어나지 않은 자들까지 포함한 모든 인류가 죄에 참여하게 되었다. 비록 "율법 있기 전"에도 죄가 존재했지만, 그때의 죄는 공식적으로 '죄로 간주'되지 않았을 뿐, 아담부터 모세까지 율법 이전의 죄는 실제로 죽음을 통해 그 존재를 드러냈다.

"아담은 오실 자의 모형이라"라는 말씀처럼, 아담은 장차 오실 예수 그리스도를 보여주는 예표(모형)이다. 그는 인류에게 죄와 사망을 가져온 존재로, 그 불순종을 통해 장차 오실 다른 아담, 곧 예수 그리스도를 미리 보여주는 대비의 거울이 된다.

생명의 끈을 이미

생명의 주관자 되신 주여,
한 사람의 그림자 아래에서
저희가 처참히 빛을 잃었나이다.

아담의 한 걸음으로
어둠이 시작되어
그 시간과 역사를 넘어
제 영혼까지 스며들었나이다.

율법 이전에도 죄가 있었으나,
그 인식조차 없던 시절에도
죽음은 모든 자를 삼켰음을 인정하나이다.

그러나 생명의 끈을 이미 놓으신 주님
마지막 아담 안에서 살리시는 역사를
오늘도 믿음으로 증거하게 하옵소서.

영원한 생명이신
예수 그리스도의 이름으로
기도드립니다. 아멘.

46일 한 사람 예수 그리스도의 선물

주신 편지 롬5:15-16

15그러나 이 은사는 그 범죄와 같지 아니하니 곧 한 사람의 범죄를 인하여 많은 사람
이 죽었은즉 더욱 하나님의 은혜와 또한 한 사람 예수 그리스도의 은혜로 말미암은
선물은 많은 사람에게 넘쳤느니라 16또 이 선물은 범죄한 한 사람으로 말미암은 것과
같지 아니하니 심판은 한 사람으로 말미암아 정죄에 이르렀으나 은사는 많은 범죄로
말미암아 의롭다 하심에 이름이니라

아담의 범죄와 그리스도의 값없는 선물을 대비하며, 그리스도를 통해 주어지는 은혜의 깊이와 크기를 되새긴다.

'선물'이란 예수 그리스도를 통해 우리에게 주어진 하나님의 구원을 의미한다. 아담 한 사람의 범죄로 인해 많은 사람이 죽음에 이르게 되었지만, 예수 그리스도 한 분의 순종과 희생으로 말미암아 많은 사람에게 은혜와 생명이 흘러넘쳤다.

바울은 이 두 대비를 다시 한번 강조한다. 한 사람 아담이 지은 죄로 인해 그의 후손 모두가 죄인이라는 판결을 받았지만, 하나님께서 예수 그리스도를 통해 거저 주신 크신 은혜의 선물로 인해, 훨씬 많은 사람들이 무죄 판결을 받고 의롭다고 인정받게 되었다.

값없는 선물은 범죄자가 된 우리에게 절실히 필요하다. 인간의 죄가 클

수록, 그 많은 죄를 이기고도 남는 하나님의 구속의 깊이는 더욱 큰 은혜로 다가온다.

죄가 머물던 그 자리마다

아, 나의 주님,
수많은 허물에도 의롭다 하심은
샘물처럼 넘쳐 흐르나이다.

이 얼마나 신령한 역설인지요!

죄가 머물던 그 자리마다
은혜의 성소로 바뀌나이다.

값없이 선물을 받은 자의 자유로
오직 성령만을 의지하게 하소서.

생명의 주
예수 그리스도 이름으로 기도드립니다.
아멘.

47일 한 사람의 범죄, 한 사람의 순종

주신 편지 롬5:17-19

[17]한 사람의 범죄로 말미암아 사망이 그 한 사람을 통하여 왕 노릇 하였은즉 더욱 은
혜와 의의 선물을 넘치게 받는 자들은 한 분 예수 그리스도를 통하여 생명 안에서 왕
노릇 하리로다 [18]그런즉 한 범죄로 많은 사람이 정죄에 이른 것 같이 한 의로운 행위
로 말미암아 많은 사람이 의롭다 하심을 받아 생명에 이르렀느니라 [19]한 사람이 순종
하지 아니함으로 많은 사람이 죄인 된 것 같이 한 사람이 순종하심으로 많은 사람이
의인이 되리라

한 사람의 영향력은 실로 대단하다.

범죄의 대표는 아담이며, 그의 행위는 모든 인류에게 영향을 미쳤다. 사망의 결과 또한 마찬가지다. 사람의 죄 역시 아담의 영향 아래 이루어진 것이다.

반대로 의의 대표는 예수 그리스도이시다. 심판의 원인이 범죄한 한 사람, 아담에게서 비롯되듯, 생명의 의롭다 하심 또한 한 사람, 예수 그리스도의 순종과 죽음을 통해 주어진다. 불순종과 순종에 따라 죄인과 의인으로 나뉘게 된다.

대표의 원리는 간단히 설명될 수 있지만, 아담과 예수 그리스도의 대조를 통해 많은 생각을 불러일으킨다. 아담의 범죄가 가져온 사망과 죄, 그리고 예수 그리스도의 의로움과 순종으로 주어진 은혜—생명과 의—를 비교하게 된다. 결국, 예수 그리스도의 순종과 의로움을 통해 우리가 생명과 의로움에 이르는 길이 열렸다는 사실을 상기하게 된다.

그렇다면, 당신은 어떠한 '한 사람'인가?

또 다른 한 사람을 살리는 일에

주여, 저는 한 사람으로 인해
태어나기도 전에 정죄 아래 놓였나이다.

그러나 또 한 사람,
의의 대표이신 예수 그리스도가 오셨나이다.

첫째 아담이 아니라,
둘째 아담으로 말미암아 생명길을 걷게 하시나이다.

아담과 똑같이 범죄한 저에게 찾아오셔서
죄 없다 하셨으니,
어찌 눈물로 감사드리지 않을 수 있겠나이까?

이제 제게는 하나님의 생명만 보이니이다.
또 다른 한 사람을 살리는 일에
조금도 부족함 없게 하옵소서.

아담의 실상이신
예수 그리스도 이름으로 기도드립니다.
아멘.

48일 죄가 더한 곳에 은혜가 더욱 넘쳤나니

주신 편지 롬5:20-21

[20]율법이 들어온 것은 범죄를 더하게 하려 함이라 그러나 죄가 더한 곳에 은혜가 더
욱 넘쳤나니 [21]이는 죄가 사망 안에서 왕 노릇 한 것 같이 은혜도 또한 의로 말미암아
왕 노릇 하여 우리 주 예수 그리스도로 말미암아 영생에 이르게 하려 함이라

'죄가 더 심히 죄인 것'을 깨닫게 하는 것은 율법이다. 범죄한 인간은 율법이 없을 때는 죄를 지어도 그 죄가 무엇인지를 정확히 알 수 없었다. 율법은 우리의 죄를 자각하게 하며, 하나님 없이는 구원받을 수 없음을 분명히 깨닫게 한다. 예수 그리스도를 통한 은혜의 풍성함을 깊이 경험할수록, 우리의 죄가 얼마나 무거운지 더욱 선명히 드러난다. 빛이 강할수록 그림자가 뚜렷해지듯, 불완전함이 드러날 때 은혜는 물결처럼 넘쳐흐른다.

영원한 생명을 소유하게 된 것은 예수 그리스도께서 하나님 아버지께 피 흘려 죽기까지 순종하셨기 때문이다. 우리의 죄가 깊어질수록, 하나님은 더 크신 사랑으로 우리를 예수 그리스도의 구원의 은혜로 인도하신다. 이는 은혜가 넘치려고 죄를 더하게 하는 것이 아니라, 사망에 이르는 큰 죄라도 하나님의 은혜가 더 크고 강하여 구원을 확증함을 보여준다.

한때 죄가 우리의 삶의 왕좌에 앉아 사망의 명령을 내리던 시절이 있었다. 그러나 그리스도의 은혜가 그 왕좌를 뒤엎는다.

은혜는 더 높으신 보좌에서

하나님 아버지, 우리 주 예수 그리스도여,
죄 아래 서 있는 자가 여전히 있나이다.

율법으로 죄를 드러낼지라도,
넘치는 은혜가 바다처럼 깊고
하늘처럼 광대하심을
다시금 깨닫나이다.

죄가 왕좌에 앉아 군림하려 하여도,
은혜는 더 높으신 보좌에서
생명을 다스리시나이다.

의가 왕 노릇 하는
그날의 완성을 바라보며,

시작된 이 구원의 찬송이
세상 끝까지 메아리치게 하옵소서.

예수 그리스도 이름으로,
간절히 기도드리나이다. 아멘.

생명의 새로움: 죽음과 부활로 그리스도와의 연합 6장

- 참세례를 받은 것은 유월절, 무교절, 초실절의 절기가 이루어진 것이다.(롬6:4-5)
- 우리는 그리스도와 함께 죽었으며, 또 그와 함께 살 줄을 믿어야 한다.(롬6:8)
- 죄에게는 죽은 자요, 하나님께는 산 자로 여기라.(롬6:11)
- 너희 지체를 의의 병기로 하나님께 드리라.(롬6:13) 산 제물로 바쳐지는 것으로 믿고 준비하며 거기에 따른 말씀을 믿고 살아가는 것이다. - 그리스도의 도구
- 우리는 죄에서 자유롭게 되고, 하나님의 종이 되어 그 끝은 영생이다.(롬6:22) - 상속

49일

죄에 대하여 죽은 자가 어찌 그 가운데 살리요

주신 편지 롬6:1-2

1그런즉 우리가 무슨 말을 하리요 은혜를 더하게 하려고 죄에 거하겠느냐 2그럴 수
없느니라 죄에 대하여 죽은 우리가 어찌 그 가운데 더 살리요

"무슨 말을 하리요."

이것은 내면 깊은 양심의 절규다. 바울은 은혜를 악용하여 죄를 정당화하려는 논리를 정면으로 마주하고, '죄에 대해 죽었다'는 선언으로 새로운 세계의 문을 활짝 연다.

죄에서 용서받은 자는 죄에서 떠나 하나님의 은혜 안에 살아야 한다. 로마서 5장 20절의 "죄가 더한 곳에 은혜가 더욱 넘쳤나니"라는 말씀을 오해해, 죄가 많을수록 은혜도 더 넘치는 것이 아니라고 바울은 단호히 바로잡는다. 죄 위에 은혜를 더하겠다고 불타는 숲에 기름을 붓는 격을 범해서는 안 된다. 은혜로 구원받은 자는 이미 죄에 대해 죽었기에, 더 이상 죄 가운데 거할 수 없다. 그는 은혜로 살아난 자이기 때문이다.

하나님의 은혜는 죄에서 회복시켜 주시는 특권이지만, 죄를 무한히 허용하지 않으신다. 회복 후에는 사랑을 확증하시기 위해 반드시 용서와 위로(고후2:7)를 베푸신다. 우리는 이 풍성한 은혜를 깨달아야 한다.

오늘, 당신은 주 예수 그리스도의 은혜를 외면하며 죄 속에 머무르고 있지는 않은가? 하나님은 더 이상 죄와 함께하지 말라고 마음의 문을 두드리신다. 지금, 은혜를 더 깨우치려고 죄 가운데 자신을 시험하거나 다른 이들을 정죄하여 넘어뜨리고 있지는 않은지, 하나님은 이 질문 앞에 우리를 세우신다.

은혜를 핑계로

주님,
감히 은혜의 하늘 아래에서
새로운 날숨을 쉬는 자로 서 있나이다.

위로의 하나님,
아버지 곁에 저를 두셨나이다.

그리스도 앞에서 용서함 받은 자로서
다른 이들을 위로하게 하소서.(고후2:10)

죄를 핑계로 어둠 속에 머무르지 않고,
은혜를 핑계로 영혼에 타협하지 않게 하소서.

예수 그리스도 이름으로 간절히 기도드립니다.
아멘.

50일 그리스도 예수와 합한 세례

주신 편지 롬6:3-5

[3]무릇 그리스도 예수와 합하여 세례를 받은 우리는 그의 죽으심과 합하여 세례를 받은
줄을 알지 못하느냐 [4]그러므로 우리가 그의 죽으심과 합하여 세례를 받음으로 그와 함께
장사되었나니 이는 아버지의 영광으로 말미암아 그리스도를 죽은 자 가운데서 살리심과
같이 우리로 또한 새 생명 가운데서 행하게 하려 함이라 [5]만일 우리가 그의 죽으심과 같
은 모양으로 연합한 자가 되었으면 또한 그의 부활과 같은 모양으로 연합한 자도 되리라

세례는 단순한 물 의식이 아니다. 예수님의 십자가 죽음을 자기 옛사람(죄인 된 본성)의 죽음으로 받아들이는 믿음의 표징이다. 물속에 잠기며 과거의 나를 가라앉히고, 예수와 하나 되는 깊은 잠김 속에서 그의 죽음에 동행한다.

예수와 죽은 자는 반드시 부활에도 동참한다. 그 부활의 생명에 하나 되어 일어남을 믿으며, 이 믿음은 머릿속 생각을 넘어 심장의 고동이 되고, 삶의 걸음걸이가 된다. 그 영광의 광채 아래 우리는 새 노래를 부른다.

세례를 통해 우리는 예수와 함께 죽고 부활함에 연합되었음을 성령 안에서 깨닫는다. 우리의 열매 맺지 못하는 몸을 대신하여 예수께서 친히 묻히셨음을 알기에, 장사 지낼 필요가 없음을 믿는다.

참세례는 유월절과 무교절, 초실절 절기가 그리스도 안에서 완성된 것과 같다. 예수의 생애와 생명이 이제 우리 안에도 임하였다.

세례받은 자는 그리스도의 죽음과 묻히심과 부활에 연합한 자이며, 그리스도로 옷 입은 자(갈3:27)다. 우리는 그리스도의 것이자, 하나님의 것이다.(고전3:23)

당신은 예수와 한 몸이다. 이제 예수의 새로운 생명으로 하나님의 것으로 살아야 한다. 이 약속은 현재뿐 아니라, 장차 영광 가운데 그와 함께 살아갈 것을 보증한다.(고전15:52-54)

하늘의 영광

하나님 아버지,
저는 주의 것입니다.
아버지께서는 아들에게 주신 영광을
이미 저에게도 보이셨나이다.(요17:24)

예수 그리스도와 함께 물에 잠기고
다시 일어남을 경험하였나이다.
또한 다시는 물에 잠기지 않을 것을 믿나이다.

참세례의 신비 속에서
아버지께서는 하늘의 영광을 제게 입히셨나이다.

예수 그리스도 이름으로 송축하며 기도드리나이다. 아멘.

51일 하나님 안에서 살아 있는 자

주신 편지 롬6:6-11

6우리가 알거니와 우리의 옛 사람이 예수와 함께 십자가에 못 박힌 것은 죄의 몸이 죽
어 다시는 우리가 죄에게 종 노릇 하지 아니하려 함이니 7이는 죽은 자가 죄에서 벗어
나 의롭다 하심을 얻었음이라 8만일 우리가 그리스도와 함께 죽었으면 또한 그와 함
께 살 줄을 믿노니 9이는 그리스도께서 죽은 자 가운데서 살아나셨으매 다시 죽지 아
니하시고 사망이 다시 그를 주장하지 못할 줄을 앎이로라 10그가 죽으심은 죄에 대하
여 단번에 죽으심이요 그가 살아 계심은 하나님께 대하여 살아 계심이니 11이와 같이
너희도 너희 자신을 죄에 대하여는 죽은 자요 그리스도 예수 안에서 하나님께 대하여
는 살아 있는 자로 여길지어다

바울은 우리 존재의 본질을 바꾸는 영적 변곡점을 선포한다. 우리는 죄에 대해서는 이미 죽었고, 예수 그리스도 안에서 하나님께 진정 살아있는 자다. 그러므로 바울은 우리의 정체성을 확고히 붙들 것을 권한다.

우리는 더 이상 죄에 매여 있지 않다. 옛사람은 예수께서 십자가에서 달리실 때 이미 처형되었다. 예수와 함께 죽었다는 것은 죄의 권세에서 벗어나 의롭다 하심을 얻었다는 뜻이다.

예수와 함께 죽은 자는 또한 그와 함께 살아난다. 그리스도께서 죽은 자 가운데서 첫 번째 열매(고전15:23)가 되셨으니, 우리도 부활의 첫 열매가 된다. 그분은 다시 죽지 않으시며, 우리 또한 그 안에서 새 생명을 얻어 죄와 죽음의 지배를 받지 않는다.

예수의 죽으심은 죄를 단번에 해결하신 것이며, 그의 부활은 하나님과의 관계 안에서 영원히 살게 하심을 의미한다. 그러므로 우리는 영원히 그와 함께 살 것을 소망하며, 새 생명으로 살아가는 존재임을 기억해야 한다.

산 자의 하나님

산 자의 하나님,

저희가 죄에게는 죽은 자요,
하나님께 대하여는 살아 있는 자로
자신을 드리옵나이다.

그리스도와 함께 붙어 있는 우리가
예수와 함께 부활의 생명 안에서 살아가며,

마침내 영원히 하나님과 함께 살 그날을
간절히 기다립니다.

우리 주 예수 그리스도의 이름으로
기도드립니다. 아멘.

52일 의의 무기로 하나님께 드리라

주신 편지 롬6:12-15

12그러므로 너희는 죄가 너희 죽을 몸을 지배하지 못하게 하여 몸의 사욕에 순종하
지 말고 13또한 너희 지체를 불의의 무기로 죄에게 내주지 말고 오직 너희 자신을 죽
은 자 가운데서 다시 살아난 자 같이 하나님께 드리며 너희 지체를 의의 무기로 하나
님께 드리라 14죄가 너희를 주장하지 못하리니 이는 너희가 법 아래에 있지 아니하고
은혜 아래에 있음이라 15그런즉 어찌하리요 우리가 법 아래에 있지 아니하고 은혜 아
래에 있으니 죄를 지으리요 그럴 수 없느니라

'그러므로'라는 말은 과거를 철저히 끊어내는 선언과 같다. 죄의 전쟁터에서 왕 노릇하던 삶은 이미 끝났다. "죄가 너희 죽을 몸을 지배하지 못하게 하여"라는 명령은 단호하다.

'죽을 몸'은 정욕 가운데 쉽게 흔들리는 죄의 본성을 뜻하며, 이제 우리는 그 본성에 휘둘리지 않아야 한다.

'지체'는 삶 전체를 가리킨다. 태도, 선택, 말, 침묵 등 모든 요소를 포함하며, 예수께서 자기 몸을 하나님께 드리신 것처럼, 우리도 몸을 하나님께 드려야 한다.

하나님께 드려진 예수와 함께 붙어 있는 우리는 그리스도의 것이자 도구이다. 삶의 모든 순간이 하나님의 은혜를 드러내는 무기가 되며, 예수로 인한 증거와 하나님의 말씀으로 영적 싸움에서 승리하는 도구가 된다. 예수

와 같은 의의 병기가 되어, 주께서 기뻐하시는 산 제물(롬12:1)로 몸을 드리는 삶만이 참된 삶이다.

그리스도 안에서 죽었다가 살아난 자는 과거의 전쟁터에서 벗어나 새로운 깃발 아래 선다. 이 은혜 아래서 우리는 날마다 새롭게, 죄와의 싸움에서 자유자로 살아간다. 그러나 은혜를 근거로 죄를 지어도 된다고 오해해서는 안 된다. 우리는 하나님의 은혜로 믿음 안에 있는 자임을 항상 기억해야 한다.

손과 발, 말과 행동 모두를

하나님 아버지,
옛 왕의 쇠사슬에 묶였던 제 지체들이
불의의 도구가 되지 않고
오직 은혜의 빛 앞에 나아가게 하옵소서.

저의 손과 발, 말과 행동 모두를
주님의 의를 이루는 무기로 삼아 주소서.

자유라 믿었던 사슬들이
다시 저를 얽매지 않도록 지켜 주시며,
온전한 그리스도의 도구로 쓰임받게 하옵소서.

성령을 부어 주신
예수 그리스도의 이름으로 기도드립니다.
아멘.

53일 죄의 종에서 의의 종으로

주신 편지 롬6:17-18

[17]하나님께 감사하리로다 너희가 본래 죄의 종이더니 너희에게 전하여 준 바 교훈의 본을 마음으로 순종하여 [18]죄로부터 해방되어 의에게 종이 되었느니라

그리스도인의 새로운 신분이 확실히 선포된다. 요한복음 8장 34절에서 "죄를 범하는 자마다 죄의 종"이라 하신 것처럼, 인간은 본래 죄의 종이었다. '종'은 의지나 주관이 없는 상태를 의미하며, 죄의 종은 죄에 얽매인 삶을 가리킨다. 그러나 예수께서 십자가에서 우리의 죗값을 치르심으로 이제 우리는 죄에게 종노릇하지 않게 되었다.(롬6:6-7)

"교훈의 본"은 마음에 새겨지는 진리의 형상을 의미한다. 이를 마음으로 순종하는 것이 내면에서 일어나는 자발적 응답이며, 자신을 내어놓는 고백이다. 과거 죄의 종이었던 우리는 이제 교훈의 본을 마음으로 순종함으로 의의 종이 되어 하나님의 뜻을 따라 섬기는 존재로 변화되었다. 이것이 하나님께 속한 자의 정체성이다.

핵심은 "참세례를 받아 예수와 함께 죄에게 죽었다"(롬6:3)는 말씀에 있다. 우리는 그리스도와 함께 묻혔고, 부활을 믿어 산 자로 여김을 받았다. 이제 그리스도에게 완전히 매여, 말씀에 순종하는 삶을 사는 자가 '의의 종'이라 불린다. 이러한 삶의 변화는 단순한 해방을 넘어, 하나님의 의에 매여 죽기까지 순종하는 삶으로 이어진다.

주의 형상을 입기까지

주여, 의의 종으로 새로이 빚으셨나이다.

주의 말씀에 마음으로부터 순종하며
자발적으로 응답하게 하소서.

영 안에서 새롭게 하셔서
교리의 본을 온전히 깨닫게 하소서.

말씀을 끝없이 혀 밑에 두어
의의 종으로서 행함을
절대적으로 인식하게 하소서.

주의 형상을 입기까지
성령의 능력으로 복종하게 하소서.

그리스도 예수의 이름으로 기도드립니다.
아멘.

54일 삯은 사망이요, 선물은 영생이라

주신 편지 롬6:20-23

[20]너희가 죄의 종이 되었을 때에는 의에 대하여 자유로웠느니라 [21]너희가 그 때에 무
슨 열매를 얻었느냐 이제는 너희가 그 일을 부끄러워하나니 이는 그 마지막이 사망임
이라 [22]그러나 이제는 너희가 죄로부터 해방되고 하나님께 종이 되어 거룩함에 이르
는 열매를 맺었으니 그 마지막은 영생이라 [23]죄의 삯은 사망이요 하나님의 은사는 그
리스도 예수 우리 주 안에 있는 영생이니라

두 길이 한 줄기 빛처럼 비춰진다. 하나는 죄의 종으로 사는 길, 다른 하나는 하나님의 종으로 사는 길이다. 그 결과도 극명히 대비된다. 하나는 사망으로, 다른 하나는 영생으로 이어진다.

죄의 종이었던 시절, 우리는 죄에 지배되며 의와 상관없이 살았다. 그 결과는 부끄러움과 영의 죽음, 곧 사망이다. 하나님은 죄 가운데 영적 죽음을 경험하게 하셨다. 예수를 온전히 믿지 않는 죄의 삯은 열매 없는 죽음이며, 결국 심판에 이른다.

그러나 이제 우리는 죄에서 해방되어 하나님의 종이 되었다. 그 길의 결과는 거룩함과 영생이다. 하나님은 우리를 죄에서 구원하시고, 거룩하게 열매 맺게 하셨다. 또한 예수 그리스도 안에서 영원한 생명을 선물로 주셨다. 이 선물은 예비된 구원이자, 열매의 영광을 입히는 영원한 생명이다.

우리는 하나님의 아들이 오셔서 지각을 주셨음을 안다.(요일5:20) 참되신 아들 예수 그리스도를 알며, 영원한 생명이신 그분 안에 우리가 있음을 깨닫는다.

최고의 영광을 입히시는

영원한 생명을 주시는 하나님,
죄의 종으로 살던 시절에는
죄의 길이 사망임을 깨닫지 못하였으나,

지각을 주시어 영생을 알게 하시고
하나님의 종으로서 거룩한 열매를 맺게 하시니
찬양과 감사만을 올릴 뿐입니다.

사망과 영생이 모두
예수 그리스도 우리 주로 말미암았음을
확실히 증거하게 하소서.

최고의 영광을 입히시는 생명으로 살기를 원하며,

참하나님이신(요일5:20)
예수 그리스도 이름으로 기도드립니다. 아멘.

율법으로부터 해방: 여전히 죄로 인한 갈등 7장

- 우리가 그리스도의 몸으로 인해 율법에 죽은 이유는 그리스도와 혼인하게 하려는 것이요, 하나님께 열매를 맺게 하려는 것이다.(롬7:4)
- 죄가 계명을 통해 온갖 색욕을 일으키고(롬7:8), 속이고 죽인다.(롬7:11)
- 내 자신이 생각으로는 하나님의 법을 섬기지만 육신으로는 죄의 법을 섬긴다.(롬 7:25)

55일 그리스도와 혼인하게 하심

주신 편지 롬7:1-4

1형제들아 내가 법 아는 자들에게 말하노니 너희는 그 법이 사람이 살 동안만 그를 주
관하는 줄 알지 못하느냐 2남편 있는 여인이 그 남편 생전에는 법으로 그에게 매인 바
되나 만일 그 남편이 죽으면 남편의 법에서 벗어나느니라 3그러므로 만일 그 남편 생
전에 다른 남자에게 가면 음녀라 그러나 만일 남편이 죽으면 그 법에서 자유롭게 되나
니 다른 남자에게 갈지라도 음녀가 되지 아니하느니라 4그러므로 내 형제들아 너희도
그리스도의 몸으로 말미암아 율법에 대하여 죽임을 당하였으니 이는 다른 이 곧 죽은
자 가운데서 살아나신 이에게 가서 우리가 하나님을 위하여 열매를 맺게 하려 함이라

율법을 잘 아는 유대의 형제들에게 바울은 힘주어 말한다. 그는 율법의 효력을 결혼 관계의 비유로 설명한다.

아내는 남편이 살아 있는 동안 혼인의 법에 매여 있으나, 남편이 죽으면 그 법에서 자유로워져 다른 이와 혼인해도 문제가 없다. 이와 같이, 그리스도와 연합한 사람은 더 이상 율법 아래 있지 않다.

그리스도의 몸이 우리를 위하여 죽으심으로, 율법은 더 이상 우리의 죄를 문제 삼지 않는다. 우리는 행함으로 율법을 지키려 애쓰는 육체에서 벗어나, 그분 안에서 새로운 삶을 누리게 되었다.

그리스도께서 자신의 몸으로 제물이 되심으로, 우리가 지켜야 할 율법까지 이미 이루신 것으로 간주된다. 그 결과 우리의 몸은 그리스도와 함께 율

법에 대하여 죽고, 하나님께 열매를 맺는 전혀 다른 몸이 되었다. 곧 부활하신 그리스도와 연합된 몸으로 열매를 맺는 것, 이것이 혼인한 자의 삶이다.

혼인에는 먼저 정혼의 절차가 필요하다. 하나님은 우리를 신부로 정하시고, 정혼자로서 혼인식에 들어갈 수 있도록 믿음으로 준비시키신다. 예수와 같이 제물로 바쳐질 분량까지 길러 주신다. 할렐루야!

열매 맺게 하심을 서두르소서

사랑하는 이여,
열매 맺게 하심을 서두르소서.
창조주께서 나의 남편이시니이다.(사54:5)

주의 신부로 정혼하게 하시려
옛 남편의 법에서 풀어 주시고,
그리스도의 사랑에 붙들린 자가 되게 하셨나이다.

오 예수여, 신랑께 드려지나이다.
혼인식을 기다리며 말씀과 기도로
저를 준비하게 하소서.

다른 영혼도 제게 입 맞추어 주신 말씀으로
그리스도의 신부로 길러 가심을 믿으며,
예수 그리스도 이름으로 기도드립니다. 아멘.

56일 영의 새로운 것으로 섬길 것

주신 편지 롬7:5–6

5우리가 육신에 있을 때에는 율법으로 말미암는 죄의 정욕이 우리 지체 중에 역사하
여 우리로 사망을 위하여 열매를 맺게 하였더니 6이제는 우리가 얽매였던 것에 대하
여 죽었으므로 율법에서 벗어났으니 이러므로 우리가 영의 새로운 것으로 섬길 것이
요 율법 조문의 묵은 것으로 아니할지니라

바울이 말한 '육신 안에 있음'은 단순히 몸을 뜻하지 않는다. 그것은 죄가 마음을 사로잡아 율법을 통해 오히려 자극받는 상태이다.

그러나 이제 우리는 율법 아래 있던 옛사람을 뒤로하고, 예수 그리스도를 믿음으로 '율법에서 구제되었다'는 선언을 받았다. 이는 율법을 폐한 것이 아니라, 성령이 인도하시는 생명으로 나아가는 길이다.

하나님께서 성령을 우리 마음에 보내어 말씀을 새기셨으니, 이제는 영의 새로움으로 하나님을 섬긴다. 과거에는 자기 힘으로 섬겼으나, 이제는 성령께서 일하시므로 나 자신의 힘은 드러나지 않는다.

그리하여 우리는 새 언약의 일꾼이 된다. 낡은 법문에 머물지 말고, 성령 안에서 날마다 새로워져야 한다.

오늘, 당신의 영은 참으로 새로워졌는가?

오, 놀라운 해방이여

오, 놀라운 해방이여!
즐거움의 새 노래로 주를 찬양하나이다.

자신의 힘으로 섬겼던 삶에서 벗어나
영 안에서의 새로움으로
주님 앞에 다시 서게 하옵소서.

한결같이 성령을 따라 섬기는 목숨으로
자유하는 은혜가 흘러넘쳐
주를 기쁘시게 하는 삶을 살게 하소서.(고후5:6)

예수 그리스도의 이름으로
찬송드리며 기도드립니다. 아멘.

57일

계명을 틈타 탐심을 이루었나니

주신 편지 롬7:7-8

7그런즉 우리가 무슨 말을 하리요 율법이 죄냐 그럴 수 없느니라 율법으로 말미암지
않고는 내가 죄를 알지 못하였으니 곧 율법이 탐내지 말라 하지 아니하였더라면 내가
탐심을 알지 못하였으리라 8그러나 죄가 기회를 타서 계명으로 말미암아 내 속에서
온갖 탐심을 이루었나니 이는 율법이 없으면 죄가 죽은 것임이라

율법 자체가 죄는 아니다. 다만 율법은 죄가 죄임을 깨닫게 하며, 인간의 죄성을 자극해 죄를 더욱 선명하게 드러낸다. 그러나 율법은 죄를 해결할 능력이 없고, 오히려 우리는 율법을 틈타 더 큰 죄를 짓게 되기도 한다.

예를 들어, "하지 마라"라는 금지 명령은 금지된 행동에 대한 욕구를 더 강하게 일으킨다. 아담과 하와가 선악과를 먹지 말라는 하나님의 명령을 알고도 범한 일 역시 이 원리와 맞닿아 있다.

이 사실은 곧 예수 그리스도를 통한 구원의 필요성을 설명하는 배경이 된다. 우리는 율법으로 죄인임을 깨닫지만, 구원은 오직 예수 그리스도 안에서만 가능하다. 예수를 믿는 사람은 율법의 행위로 얻는 의로움에서 자유롭다. 예수께서 우리를 대신하여 율법을 지키시고 그 의를 이루셨기 때문이다. 우리가 스스로 의를 세우려 한다면, 그리스도께서 이루신 의를 헛되게 만드는 셈이 된다.

율법이 없었다면 죄도 드러나지 않았을 것이다. 그러나 계명으로 인해 죄는 육신의 온갖 욕망을 자라나게 한다.

사랑의 외침에 깨어나

의롭다 하시는 아버지 하나님,
율법이 아니었다면 제가 죄를 깨닫지 못했을 것이옵니다.

"너는 탐내지 말라" 하신 말씀 한 줄기가 제 심령을 찔러
불쑥불쑥 솟아오르는 정욕의 무더기를
또다시 보고야 말았나이다.

그러나 스스로 벗어나려 했던
어리석은 교만을 용서하여 주옵소서.

이제야 사랑의 외침에 깨어나
주님의 의로우심 앞에 굴복하나이다.

영원히 죄를 사해주신
예수 그리스도 이름으로 기도드립니다. 아멘.

58일 율법은 거룩하나, 죄는 심히 죄 되게

주신 편지 롬7:9-13

9전에 율법을 깨닫지 못했을 때에는 내가 살았더니 계명이 이르매 죄는 살아나고 나
는 죽었도다 10생명에 이르게 할 그 계명이 내게 대하여 도리어 사망에 이르게 하는
것이 되었도다 11죄가 기회를 타서 계명으로 말미암아 나를 속이고 그것으로 나를 죽
였는지라 12이로 보건대 율법은 거룩하고 계명도 거룩하고 의로우며 선하도다 13그런
즉 선한 것이 내게 사망이 되었느냐 그럴 수 없느니라 오직 죄가 죄로 드러나기 위하
여 선한 그것으로 말미암아 나를 죽게 만들었으니 이는 계명으로 말미암아 죄로 심히
죄 되게 하려 함이라

오직 예수로 인한 의로움만을 붙들고 살고자 하는 바울이지만, 때때로 예전 율법 아래 행하던 날을 떠올리며 자신의 죄로 고통을 겪는다. 마치 영적으로 죽은 자와 같음을 고백한다. 율법으로 인해 죄는 더 강력해지고, 그로 인해 죄의 본성이 더욱 선명하게 드러나 바울은 괴로워한다. 죄의 삯이 사망임을 선포한 계명이 그의 마음을 속였으며, 그는 이미 죽은 자와 같은 심정을 토로한다. 우리 또한 바울처럼 깊은 탄식을 내뱉는다.

그러나 율법은 본래 하나님께서 주신 선한 것이며(레18:5), 우리를 살리기 위함이다. 율법 자체는 의롭고 거룩하다. 다만 인간의 죄성이 그것을 이용해 자신과 다른 이들을 속인다. 율법을 통해 우리는 인간이 온전히 지킬 수 없음을 깨닫고, 예수 그리스도의 은혜를 더욱 갈망하게 된다.

확신하라. 당신은 이미 사망에서 생명으로 옮기신 하나님의 선물, 주 예

수 그리스도로 인해 영원히 살아 있는 자이다.

은혜를 갈망하게 하신

오 거룩하시고 참되신 주님,
한때 저는 깊은 절망 가운데 있었습니다.

율법으로 영적으로 죽은 자임을 깨닫고
사망에 이르게 된 무거운 심정이었습니다.

어찌 선한 율법이 사망의 길이 되었습니까?
그 끝은 참으로 비탄이었습니다.

그러나 우리 주 예수 그리스도께서
저를 산 자로 살리셨나이다.

율법을 통해 은혜를 갈망하게 하신
하나님의 깊으신 뜻을 찬양하나이다.

예수 그리스도의 이름으로 기도드립니다. 아멘.

59일 육신에 속하여 죄 아래에 팔렸도다

주신 편지 롬7:14

우리가 율법은 신령한 줄 알거니와 나는 육신에 속하여 죄 아래에 팔렸도다

'우리'라는 말은 나의 겉사람과 속사람을 함께 가리킨다. 바울이 자기 자신을 지칭할 때 '우리'라는 표현을 사용한 것도 같은 이유다. 사도 바울은 그리스도의 것 된 영혼과 예수를 믿는 열매 맺는 몸으로 살았다. 우리도 같은 원리로 이 비밀을 깨닫는다.

율법(하나님의 법)은 본래 거룩하고 선하며(롬7:12), 영적 기준이 된다. 그러나 율법이 선하다고 해서 사람이 곧바로 의로워지는 것은 아니다. '육신'은 죄의 영향을 받는 인간의 본성을 뜻하며, 그 한계 속에서 우리는 율법을 온전히 지킬 수 없음을 드러낸다. 성경이 말하는 '죄 아래 팔림'은 마치 노예 시장에서 종으로 팔려 나가는 것과 같은 상태를 비유한다.

구약 시대에는 육체를 정결케 하는 법으로 율법이 주어졌다. 그러나 이제 그리스도의 것 된 우리는 영으로 섬기는 '영의 법' 안에서 살아야 한다. 열매 맺는 몸 또한 새 계명의 빛 아래 깨달아야 한다. 예를 들어 복음을 증거하지 않는 것은 영을 살리지 못하게 하여, 육체의 살인은 아니지만 살인죄와 같은 원리로 죄가 된다. 따라서 율법은 단순히 육신을 정결케 하기 위해 지키는 규범이 아니라, 영으로 자발적 순종과 섬김을 드러내는 자리이다. 그러나 믿음으로 열매 맺지 못하는 몸은 결국 다시 죄 아래 자신을 내어주고 만다.

이 말씀은 결코 책망이 아니다. 오히려 마음 깊은 곳에서 붙들어야 할 진리이다. 율법은 거룩하고, 우리는 부족하지만, 하나님은 그 사이를 메우는 은혜를 주신다. 바로 예수 그리스도만이 우리의 능력이 되신다. 당신의 마음속에서 벌어지는 이 싸움조차 하나님의 손안에 있다는 증거이다. 당신은 지금도 예수 그리스도를 통해 하나님께 계속 가까이 나아가고 있다.

율법을 영법으로 깨닫게 하시고

선하신 하나님,
제 육신이 죄 아래 있음을 통탄하나이다.

욕망의 바람에
쉽사리 흔들리는 마음이옵니다.

주의 사랑에 응답하는 일이
때로는 버겁나이다.

원하는 선을 이루고자 하나,
그 낱낱을 지킬 힘이 없음을 고백하나이다.

율법을 영법으로 깨닫게 하시고,
자원하여 순종케 하소서.

예수 그리스도 이름으로 기도드리나이다. 아멘.

60일 내 속에 거하는 죄

주신 편지 롬7:15-20

15나의 행하는 것을 내가 알지 못하노니 곧 원하는 이것은 행하지 아니하고 도리어
미워하는 그것을 함이라 16만일 내가 원치 아니하는 그것을 하면 내가 이로 율법의
선한 것을 시인하노니 17이제는 이것을 행하는 자가 내가 아니요 내 속에 거하는 죄
니라 18내 속 곧 내 육신에 선한 것이 거하지 아니하는 줄을 아노니 원함은 내게 있으
나 선을 행하는 것은 없노라 19내가 원하는 바 선은 하지 아니하고 도리어 원치 아니
하는 바 악은 행하는도다 20만일 내가 원치 아니하는 그것을 하면 이를 행하는 자가
내가 아니요 내 속에 거하는 죄니라

인간의 죄성과 내면의 갈등을 바울은 우리를 대신해 진솔하게 고백한다. 이 갈등은 믿음 없는 사람에게는 존재하지 않는다. 영적으로 죽어 있다면 내적 충돌을 느낄 수 없기 때문이다. 믿음의 행동 중에도 우리는 자기도 모르게 악을 행하곤 한다.

'선을 원하는 나'와 '행하는 나'는 다르다. 의지는 깨끗한 강물처럼 흐르길 바라지만, 그 밑바닥에는 언제나 어두운 흙탕물이 숨어 있다. 육신의 한계는 악을 행할 때 드러난다. 그러나 자신이 악을 행함을 미워함을 깨닫는다면, 이미 회개의 영이 임하여 속죄와 구원을 경험한 자라 할 수 있다.

육신 안의 죄는 율법을 통해 드러난다. 또한 회개의 영을 통해 율법이 선하다는 것을 깨닫게 된다. 원치 않는 악을 행할 때, 그것이 내 속에 거하는 죄임을 선한 율법으로 깨닫고, 오직 구원하신 주 앞에서 영이 새로워져야 한다.

두 마음의 전쟁터

하나님이시여,
제 마음을 알지 못함을 실토하나이다.

하고자 하는 선은 멀어지고,
하지 않으려던 악이
손끝에 맺히나이다.

두 마음의 전쟁터에서
서로 겨누고 있는 불쌍한 자이옵니다.

그럼에도 불구하고,
구원의 손으로
저를 또다시 일으켜 주시나이다.

성령께서 저를 감찰하시고,
생명의 법을 따라 살도록
붙잡아 주옵소서.

오직 구원해 주신 은혜만을
감사드리며,
주 예수 그리스도 이름으로 기도드립니다.
아멘.

61일 하나님의 법을 즐거워하되

주신 편지 롬7:21-23

[21]그러므로 내가 한 법을 깨달았노니 곧 선을 행하기 원하는 나에게 악이 함께 있는
것이로다 [22]내 속 사람으로는 하나님의 법을 즐거워하되 [23]내 지체 속에서 한 다른 법
이 내 마음의 법과 싸워 내 지체 속에 있는 죄의 법 아래로 나를 사로잡아 오는 것을
보는도다

그리스도인은 하나님의 법을 따르고 선을 행하기 원하면서도, 동시에 악이 자신 안에 존재함을 깨닫는다. 빛을 사모하는 영은 어둠의 그늘에 붙잡히지 않으려 몸부림친다. 이러한 내적 갈등은 우리가 선을 원하면서도 죄의 유혹에 흔들리는 현실을 여실히 보여준다.

'속사람'은 그리스도 안에서 거하는 영적 자아를 의미하며, 바울은 속사람이 하나님의 법을 즐거워한다고 말한다. 즉, 속사람은 마음으로 하나님을 사랑하며 그분의 뜻을 따르길 원한다. 반면 '겉사람'은 영을 담는 그릇으로서, 믿음으로 열매를 맺는 몸이다. 속사람과 겉사람은 오직 하나님의 법으로 온전히 살아갈 수 있다. 그러나 하나님의 법으로 지어진 심령의 집에도 어느새 죄의 세력이 들어와 함께 거하게 된다. 그 결과, 죄의 법이 하나님의 법보다 더 큰 부분을 차지하게 된다.

바울 역시 같은 마음으로 고민하였다. 우리의 집의 문패는 오직 하나님의 것으로 새겨져야 한다. 이 말씀은 그리스도인이 겪는 내면의 갈등을 솔

직히 드러내며, 그 해결책이 오직 예수 그리스도 안에서만 죄로부터의 해방에 있음을 가르친다.

내 안의 싸움을 멈추실 수 있는 이

선하신 하나님, 긍휼을 베풀어 주소서.

제 속사람 곁에는
하나님의 법을 즐거워하나이다.

그러나 제 마음 안에는
또 다른 법이 있어
죄의 포로로 저를 끌고 가려 하나이다.

내 안의 싸움을 멈추실 수 있는 이는
오직 평강의 왕, 주 예수뿐이시니이다.

주 예수의 은혜로 저를 새롭게 하옵소서.
간절히 바라오며,
예수 그리스도 이름으로 기도드립니다. 아멘.

62일 오호라 나는 곤고한 사람이로다

주신 편지 롬7:24-25

24오호라 나는 곤고한 사람이로다 이 사망의 몸에서 누가 나를 건져 내랴 25우리 주
예수 그리스도로 말미암아 하나님께 감사하리로다 그런즉 내 자신이 마음으로는 하
나님의 법을, 육신으로는 죄의 법을 섬기노라

바울은 자신의 상태를 절절히 한탄하며, 생각으로는 하나님의 법을 즐거워하지만 육신으로는 죄의 법에 사로잡힌 자신을 "곤고한 사람"이라 표현한다. 이는 인간이 하나님의 법을 알면서도 육신의 죄성 때문에 완전히 지킬 수 없음을 보여준다. 자기 힘으로는 구원받을 수 없음을 절감한 자만이 전적으로 예수 그리스도께 의지하며 감사가 터진다.

우리는 예수 그리스도를 믿음으로 의인이지만, 동시에 죄인이다. 참으로 이중적이다. 이미 이루어진 구원이 있음에도 성령을 온전히 의지하지 못한 채 여전히 죽은 몸으로 살아간다. 그러나 죄 사함 받은 우리에게 성령을 부어주시고, 속사람과 겉사람을 하나 되게 하시는 주님을 통해 하나님은 완전한 찬양을 받으신다.

그리스도인의 삶에서 죄의 유혹은 여전히 존재하지만, 예수 그리스도를 통해 새로운 삶을 살아갈 수 있다. 이러한 내적 갈등은 신앙 여정의 일부이지만, 예수 그리스도 안에서 승리할 수 있음을 끊임없이 상기시킨다. 이는 진정한 전쟁 중인 자의 고백이다. 싸움이 있다는 것은 살아있음을, 믿음의 긴 여정 위에 서 있음을 보여준다.

하나님의 법으로

우리 주 하나님이시여,
바울처럼 간절히 부르짖나이다.

"누가 사망의 몸에서 나를 건져 내랴?"
내 연약한 힘으로는
죄의 사슬을 끊을 수 없음을
모자란 숨결로 고하나이다.

그러나 좌절 끝에,
"예수 그리스도로 말미암아
하나님께 감사하리로다"
라는 감사가 내 마음에 터져 나오나이다.

오, 성령이여,
나를 인도하시어
하나님의 법으로 구원에 이르게 하소서.

진정으로 입술 위에
새 노래를 부르게 하옵소서.

예수 그리스도 이름으로
감사드리며 기도하나이다. 아멘.

그리스도 예수 안에 있는 생명의 성령의 법 8장

• 그리스도 예수 안에 있는 자들에게는 정죄함이 없나니, 그리스도 예수 안에 있는 생명의 성령의 법이 죄와 사망의 법에서 해방시켰기 때문이다.(롬8:1) – 대상이 '예수 그리스도'에서 '그리스도 예수'로 다르게 역사한다.

• 예수를 죽은 자들로부터 살리신 분의 영이 너희 안에 거하시면 그리스도를 죽은 자들로부터 살리신 분이 너희 안에 거하시는 그분의 영으로 인하여 너희의 죽을 몸도 살리신다.(롬8:11)

• 복음의 완선한 결과: 하나님의 영으로 인도함을 받은 아들들은 양자의 영으로 길러 가시며, 하나님의 자녀로, 하나님의 상속자들로, 그리스도와 함께한 공동 상속자들로, 그리스도와 함께 고난도 영광도 함께 받게 하신다.(롬8:17)

• 모든 피조물이 장차 나타날 영광을 기대하고 있다.(롬8:23)

• 성령께서 우리의 연약함을 도와주시는 것은 우리가 마땅히 기도해야 할 것을 알지 못하나, 성령께서 말할 수 없는 신음으로 중보하시기 때문이다.(롬8:26)

• 목적 선택, 아들의 형상과 일치하게 하시려고 예정, 부르심, 칭의, 영화롭게 하셨다.(롬8:28-30)

• 그 무엇도 우리를 하나님과 그리스도의 사랑에서 떼어놓을 수 없다.(롬8:35-38)

63일 생명의 성령의 법 안에서

주신 편지 롬8:1-2

1그러므로 이제 그리스도 예수 안에 있는 자에게는 결코 정죄함이 없나니 2이는 그리
스도 예수 안에 있는 생명의 성령의 법이 죄와 사망의 법에서 너를 해방하였음이라

예수 그리스도께서는 이제 우리 가운데 '그리스도 예수 안에서' 다르게 역사하신다. 죄 사함을 믿는 자에게 성령을 부어주시는 분을 우리는 '예수 그리스도'라 부르며, 성령을 받은 후에도 여전히 연약함 속에서 죄를 짓는 우리를 용서하시는 분을 '그리스도 예수'라 칭한다. 동일하신 주님께서 우리 안에서 각기 다른 방식으로 역사하시는 것이다.

사도는 "생명의 성령의 법"과 "죄와 사망의 법"을 대조한다. "죄와 사망의 법"은 죄를 깨닫게 하지만, 그 결과는 사망(곧 영적 죽음)이며 오히려 죄의 힘을 더 강하게 드러낸다. 그러나 "생명의 성령의 법"은 성령을 주시는 그리스도 예수로 말미암아 우리를 새 생명으로 끌어올리며, 마치 날아오르듯 죄와 사망에서 자유케 한다.

그러므로 그리스도 예수 안에 있는 자들은 성령을 따라 행하기에 더 이상 육신의 정욕을 좇지 않는다. 성령을 받은 자들은 이제 영적 생명으로 살아가며, 결국 "생명의 성령의 법" 안에서 영생을 누리는 존재가 된다.

그리스도 예수의 약속

오 하나님, 자유를 만끽하나이다.
그리스도 예수의 약속을 굳게 붙잡나이다.

정죄의 돌팔매는 끝내 닿지 못하고,
오직 그리스도의 사랑만이 저를 덮으시나이다.

생명의 성령의 법으로 날아올라
죄와 사망의 법에서 벗어났음을 증거하나이다.

성령으로 자유케 된 자들과 함께
우리의 눈은 오직 하늘의 소망만을
더할 나위 없이 앙모하나이다.

그리스도 예수의 이름으로
영광 돌리며 기도드리나이다. 아멘.

64일 영을 좇아 행하는

주신 편지 롬8:3-4

3율법이 육신으로 말미암아 연약하여 할 수 없는 그것을 하나님은 하시나니 곧 죄를
인하여 자기 아들을 죄 있는 육신의 모양으로 보내어 육신에 죄를 정하사 4육신을 좇
지 않고 그 영을 좇아 행하는 우리에게 율법의 요구를 이루어지게 하려 하심이니라

성부 하나님은 독생자이신 성자를 죄 있는 육신의 모양으로 이 땅에 보내셨다. 죄 없으신 분이 스스로 죄인의 옷을 입으신 것이다. 이는 단지 '모양'일지라도, 우리와의 거리를 지울 만큼 실제적이었다. 거룩하신 하나님만이 자신의 죽으심으로 속죄하실 수 있었다.

"죄 있는 육신의 모양으로 보내어"라는 말씀은 죄에 대한 선언이자 판결이다. 십자가라는 법정에서 하나님은 죄를 육신 안에서 심판하셨으나, 그 심판은 우리에게가 아니라 죄 없으신 분께 임했다. 이것이 바로 사랑의 법정이다.

율법으로는 결코 하나님의 의에 이를 수 없다. 그러나 성자께서 육신으로 오셔서 영과 마음까지 온전히 지켜 행하심으로 참된 의가 되셨다. 하나님께서 그분에게 우리의 죄를 담당케 하신 것은 우리가 더 이상 육신을 좇지 않고 성령을 따라 행하는 자녀가 되게 하려 하심이다.

그러므로 그리스도 예수 안에 있는 자는 죄의 몸—곧 애정과 정욕—을

처형(갈5:24)하였기에, 믿음으로 죄와 사망의 법에서 해방된 자이다. 그는 의인으로서 새 생명을 따라, 성령을 따라 행하는 자가 되었다. 하나님은 우리를 육신을 따라 사는 자가 아니라, '성령을 따라 사는 자'라 단정하신다.

사랑의 완성이여

거룩하신 주님이시여!
주의 성호가 온 땅과 숨결마다
은혜로 강물처럼 흐르나이다.

십자가에 피어오르는 사랑의 완성이여!
그리스도 예수 안에서
율법의 의를 성령으로 이루셨나이다.

이윽고 찬양의 향내가
하늘에 가득 퍼지나이다.

성령의 능력 안에서
성별된 자가 되기를 소원하오며,
그리스도 예수 이름으로 기도드립니다. 아멘.

65일 생명과 평안의 길

주신 편지 롬8:5-6

5육신을 좇는 자는 육신의 일을, 영을 좇는 자는 영의 일을 생각하나니 6육신의 생각
은 사망이요 영의 생각은 생명과 평안이니라

그리스도 안에 사는 자의 길은 두 가지다. 하나는 육신을 따르는 길이며, 다른 하나는 성령을 따르는 길이다. 육신을 좇는 사람은 사라질 세상 일에만 마음을 두지만, 성령을 따라 사는 사람은 구원과 영생을 바라본다.

육신의 일은 죄와 죽음으로 이끌고, 성령의 일은 생명과 화평으로 인도한다. 성령은 하나님의 생기요 하늘의 숨결이니, 그 음성에 귀 기울이는 자는 생명의 근원과 조화를 이룬다.

육신을 따르는 삶은 탐욕과 불안을 낳아 하나님과의 관계를 무너뜨리고, 영적 죽음에 이르게 한다. 그러나 성령을 따르는 자는 하나님의 뜻을 구하며, 하늘의 영광에 합당한 삶을 살고 생명의 충만함을 누린다.

그러므로 그리스도인은 무엇을 추구하느냐에 따라 삶의 결말이 달라진다. 진정한 생명과 평안은 오직 성령을 따라 사는 길에서만 얻을 수 있다.

하늘의 시선으로 끌어 올리사

하나님,
육신의 일에 숨 가쁘게 달리며
성령의 일들이라 착각한 채
힘껏 능력을 다하였나이다.

허나 그 안의 일렁이는 욕망이었음을 깨닫게 하시고,
멈추어 토해내게 하옵니다.

육을 좇아 스스로 무거워진 나를
하늘의 시선으로 끌어 올리사
영을 따라 사는 자 되게 하소서.

성령의 능력이 아니고서는
그 무엇도 바르게 생각할 수 없는 자이오니

화평을 이루는 일들을 깊이 생각할 수 있는
명철을 허락하소서.

애타게 바라며
예수 그리스도 이름으로 기도드립니다. 아멘.

66일

육신에 있는 자들은 하나님을 기쁘시게 할 수 없다

주신 편지 롬8:7-8

7육신의 생각은 하나님과 원수가 되나니 이는 하나님의 법에 굴복치 아니할뿐 아니라
할 수도 없음이라 8육신에 있는 자들은 하나님을 기쁘시게 할 수 없느니라

'육신의 생각'은 하나님과의 관계를 방해하는 큰 걸림돌이다. 세상의 기준과 죄성, 탐욕이 결합된 인간의 본성은 하나님과 대립하려는 성향을 드러낸다.

육신의 생각에 사로잡히면, 영적 눈이 어두워져 하나님께서 예비하신 구원의 역사를 보지 못하고, 지금까지 말씀으로 인도함을 받으며 살아온 삶을 저버리게 된다. 점점 익숙해진 육신 안에 머무름은 결국 하나님과 원수 되는 결과를 초래한다.

육신 안에 있는 자들의 영혼은 단순한 불순종을 넘어, 불순종할 수밖에 없는 무능력한 상태에 빠진다. 이는 인간 의지의 실패가 아니라, 본질적으로 영적 무능력에 가까운 상태다.

그러므로 하나님은 말씀하신다. 스스로는 하나님과 가까워질 수 없으며, 복음을 통해서만 가능하다. 성령의 도우심을 받아야만 하나님을 기쁘게 할

수 있으며, 자신의 한계를 자각할 때 비로소 은혜를 바라보게 된다. 하나님과의 단절은 오직 성령을 통해 극복된다.

하늘의 손짓

아버지,
세속의 숨결로
주와 멀어짐을 느끼옵니다.

주의 법을 순종하지 않는 자의 삶은
말 없는 언어와 같나이다.

어긋남으로 생긴 벽은 주의 음성을 가로막고,
끊어진 관계 위에는 공허만이 메아리치옵니다.

이제 성령의 이끌림을 받을 때이오니,
그 길이 절벽 끝에 떨어뜨리려는 것이 아님을 믿습니다.

더 높은 곳으로 이끄시는
하늘의 손짓을 놓치지 않게 하소서.

기쁨으로 순종하신
예수 그리스도의 이름으로
기도드립니다. 아멘.

67일 그리스도의 영이 거하시면

주신 편지 롬8:9-10

9만일 너희 속에 하나님의 영이 거하시면 너희가 육신에 있지 아니하고 영에 있나니
누구든지 그리스도의 영이 없으면 그리스도의 사람이 아니라 10또 그리스도께서 너
희 안에 계시면 몸은 죄로 인하여 죽은 것이나 영은 의를 인하여 산 것이니라

성령은 본래 하나님의 영이며, 그리스도께서 승천하신 후 이 땅에 보내신 '그리스도의 영'이기도 하다. 성령이 거하시는 자는 곧 그리스도를 영접한 자이므로, 더 이상 육신의 지배를 받지 않고 하나님을 따르는 삶을 산다. 반대로 성령이 없는 자는 그리스도의 사람이 될 수 없다.

하나님의 영이 인간 내면에 거하심은 육에서 영으로의 근본적인 방향 전환을 의미한다. 성도는 성령 안에서 '그리스도의 사람'으로 살아가며 열매 맺는 삶을 경험한다. 성령을 받은 후에도 여전히 정죄받는 신분에 머문다면, 그는 죄와 사망의 법에서 완전히 해방되지 않은 것이다. 그러나 그리스도 안에 있는 자는 이미 죄와 사망에서 해방되어 성령의 생명으로 살아간다.

"몸은 죄로 인하여 죽은 것이나", 인간은 아담의 죄로 죽었으나(창3:19), "성령은 의로 인한 생명"이기에 우리의 영은 살아 있다. 곧 그리스도의 의로 인해 우리가 새 생명을 얻은 것이다. 성령으로 난 것은 영이므로(요3:6), 육신은 결국 죽음에 이르지만, 영은 믿음을 통해 의롭다 하심을 얻어 이미 살아 있는 존재이다.

따라서 그리스도 안의 성도는 속사람인 영과 겉사람인 육신 사이에서 갈등을 겪더라도, 그리스도 예수 안에서 값없이 주신 의로 인해 살아 있는 존재이다. 또한 성령 안에서 상급의 열매를 맺으며 살아가게 하신 것도 바로 이 생명 때문이다. 이는 성령과 그리스도와의 절대적 연합을 드러내는 진리이다.

예비하신 상급을 누리는

하나님,
그리스도께서 내 안에, 내가 주 안에 거하오니
저는 그리스도의 사람입니다.

육신은 죄로 죽었으나
그리스도의 의로 새 생명을 얻었나이다.

오 거룩한 임재여,
성령 없이는 그리스도의 사람이라 할 수 없사오니
예비하신 상급을 누리는 생명으로 살게 하소서.

그리스도 예수의 이름으로 기도드립니다. 아멘.

68일 성령으로 죽을 몸도 살리시리라

주신 편지 롬8:11

예수를 죽은 자 가운데서 살리신 이의 영이 너희 안에 거하시면 그리스도 예수를 죽은 자 가운데서 살리신 이가 너희 안에 거하시는 그의 영으로 말미암아 너희 죽을 몸도 살리시리라

예수 그리스도 안에서의 생명과 성령의 역사에 대한 말씀이다. 죽음을 뛰어넘는 살리는 영, 하나님의 숨결이 이제 우리 안에 들어와 계신다.

그 영은 성령이다. 십자가의 죽음을 이기고 부활의 새벽을 연 그리스도를 일으키신 바로 그 생명의 영이다. 무덤을 흔들고 돌문을 열어 생명으로 일으킨 신비로운 능력이 바로 성령의 능력이다. 이제 그 능력이 우리의 닫힌 마음과 시든 가슴 속에서 살아 움직인다. 성령으로 예수를 죽음에서 부활시키셨고, 그 성령이 내 안에 깃든다.

"말씀이 육신이 되어"(요1:14) 이 땅에 오신 예수를 죽은 자들로부터 살리신 하나님이 영으로 당신 안에 거하신다면, 성령으로 당신의 죽을 몸도 살리실 것이다. 성령으로 예수가 살리심을 받은 것처럼, 우리도 믿음으로 살림을 받는다. 예수와 같이 부활할 것을 믿으며, 죄의 몸이 예수와 함께 죽었기에 우리도 예수와 함께 영원히 살 것을 믿는다.

이 말씀은 단지 현재 영적으로 새로운 생명을 받았다는 의미에 그치지

않고, 미래에 부활의 몸을 주실 것이라는 약속까지 담고 있다.(고전15:42-44) 현재와 미래의 삶을 어떻게 살아가야 하는지에 대한 확신과 위로를 주는 말씀이다.

짙은 광야 한복판에서도

생명의 주관자 되시는 하나님,
예수를 살리신 동일한 영이
부활의 영광을 내게도 입히실 것을 믿습니다.

짙은 광야 한복판에서도,
주의 영이 스미시어
내 안의 무너진 것들에 생명을 명하소서.

과거의 묻힘도,
현재의 절망도,
미래의 죽음도 뛰어넘는 것이
오직 하나님의 영이십니다.

주께서 영광 입히시는 일만 바라보게 하시며,
다가올 그날을 기뻐하게 하옵소서.

예수 그리스도의 이름으로 기도드립니다. 아멘.

69일 영 안에서 사는 길

주신 편지 롬8:12-13

12그러므로 형제들아 우리가 빚진 자로되 육신에게 져서 육신대로 살 것이 아니니라
13너희가 육신대로 살면 반드시 죽을 것이로되 영으로써 몸의 행실을 죽이면 살리니

그리스도 안에 있는 형제여,

하나님의 영, 곧 그리스도의 영으로 살지 않는다면 정녕 살아있는 자라 할 수 없다. 그러나 우리는 여전히 육신으로 살아간다고 스스로 속이기도 한다. 우리가 빚진 자라 해도, 그 빚은 육신에 대한 것이 아니며, 육신에 대해 더 이상 의무가 없음을 의미한다.

성령을 통하지 않는 존재는 죄의 세력에 속아 "오호라, 나는 곤고한 사람이로다"(롬7:24)라 고백할 수밖에 없다. 그러나 그리스도 예수 안에 있는 자는 죄의 행실에 대해 이미 죽었고, 성령으로 말미암아 산 자가 되었다.

따라서 육신을 따라 사는 삶은 이미 끝난 삶이다. 옛 주인, 어둡고 허망한 길로 우리를 이끌던 육신의 부름은 더 이상 우리를 얽매지 못하며, 안개처럼 사라지고 빛 앞에서 녹아내린다. 육신대로 사는 것은 모래 위에 집을 짓는 것과 같아, 결국 멸망을 초래한다.

그리스도인은 성령을 받아 하나님의 성전이 된 자이며, 성령이 주인이심을 믿고 따라야 한다. 예수의 핏값으로 죄 사함 받음을 믿고 성령을 받았다

면, 성령이 주인이심도 믿어야 한다. 몸의 행실을 죽이는 성전 안에는 성령을 따라 행하는 내가 있다. 그 안에는 오직 회개와 감사가 넘치며, 하나님과의 끊임없는 교제로 생명으로 가득 채워진다.

빛이 새벽을 열듯

하나님, 그리스도 예수여, 성령 하나님이시여!
우리가 육신이 아니라,
예수에게 빚진 자임을 고백하나이다.

주께서 우리의 연약함도 아시오니,
욕망의 어둠을 끊고,
빛이 새벽을 열 듯 영의 질서로
육신의 법칙을 무너뜨리게 하소서.

더는 육의 쇠잔한 숨결을 좇아
죽음으로 내몰리지 않게 하시고,
성령이 주인 되심을 드러나게 하소서.

성전 되신
예수 그리스도의 이름으로 기도드립니다. 아멘.

70일 아바, 아버지라 부르는 권세

주신 편지 롬8:14-15

[14]무릇 하나님의 영으로 인도함을 받는 그들은 곧 하나님의 아들이라 [15]너희는 다시 무서워하는 종의 영을 받지 아니하였고 양자의 영을 받았으므로 아바 아버지라 부르짖느니라

하나님의 영으로 인도함을 받는 사람은 곧 하나님의 아들이다. 그들의 삶의 모든 길은 성령의 뜻에 따라 결정된다. 성령께서 이끄시는 자들은 아들의 영(욥38:7)을 가진 자이다.

예수를 믿는다는 것은 본래 하나님의 아들들(갈4:4-7)이 믿는 것이다. 성령께서 우리 안에서 아들에게 베푸시는 은총과 사랑을 알게 하시며, 극한의 환난을 통과할 때 믿음은 참되게 드러난다. 그때 우리는 하나님의 아들로서 지닌 권위를 더욱 확실히 깨닫게 된다.

율법을 지켰으나 구원에 이르지 못한 유대인들은 두려움에 사로잡혀 있었다. 바리새인들은 자신의 의를 율법의 행위로 채우려 했으나, 여전히 죄에서 자유롭지 못하였다. 그러나 **하나님의 아들이신 예수께서 오신 이유**는 우리를 율법에서 해방하시고, 우리가 하나님의 아들임을 알게 하려 하심이다. 예수께서 육체를 입으시어 율법 전체를 이루셨으므로, 그 의가 우리에게 이루어졌다. 우리는 이제 두려움의 종의 영에서 벗어나 양자의 영으로 성장한다.

예수를 믿어 의롭다 함을 받고 성령을 받은 자들은 곧 하나님의 자녀이다. 성령께서 우리를 아들답게 양육하시며, 양자의 영은 우리를 그리스도의 형상에 이르기까지 온전케 하신다.

그러므로 우리는 양자의 영으로 '아바, 아버지'라 부를 수 있는 본래의 아들이다. 더욱이 극한의 환난, 곧 십자가 위에서도 하나님의 아들 되심을 권위 있게 드러내신 예수 그리스도를 따라, 우리 또한 담대히 '아바, 아버지'라 부를 수 있다.

이미 이루신 영화로움

아바, 아버지(눅23:34)!
참으로 하나님의 아들로서 기도드리나이다.

아들이기에 주시는 성령을 통하여
아바를 알지 못하는 자들에게
생명으로 낳으심을 증거하여 본이 되게 하소서.

'영광의 아버지'를 주저하지 않고 외칠 때,
이미 이루신 영화로움이
그들 또한 전심으로 받게 하소서.(롬8:30)

예수 그리스도의 이름으로 간절히 기도드립니다. 아멘.

71일 그리스도와의 공동 상속자

주신 편지 롬8:16-18

[16]성령이 친히 우리 영으로 더불어 우리가 하나님의 자녀인 것을 증거하시나니 [17]자
녀이면 또한 후사 곧 하나님의 후사요 그리스도와 함께한 후사니 우리가 그와 함께
영광을 받기 위하여 고난도 함께 받아야 될 것이니라 [18]생각건대 현재의 고난은 장차
우리에게 나타날 영광과 족히 비교할 수 없도다

성령은 우리가 하나님의 자녀임을 증거하신다. 여기서 '증거'란 법적 효력을 담고 있는 표현이다. 모든 증거가 두 명 이상의 증인으로 확실해지듯, 하나님의 자녀 됨을 확증하는 일도 성령과 우리의 영이 함께 증거할 때 확실한 보증이 된다.

성령은 우리로 하여금 하나님을 아버지로 깨닫게 하시고, 열매 맺게 하며, 깊은 관계 속에서 인도하신다. 자녀가 부모의 유산을 상속받듯, 우리에게 주어진 상속은 하나님의 나라와 아들과 함께 누릴 영광이다. 성령은 우리를 자녀로 성장시키시고, 결국 그리스도와 함께한 공동 상속자가 되게 하신다.

그리스도께서 성령으로 하나님의 아들로 받을 영광을 위해 고난에 순종하신 것처럼, 우리도 고난을 받아들이며 영광으로 나아간다. 장차 드러날 영광의 빛은 지금의 흑암을 완전히 집어삼킬 것이다.

오늘 우리에게 펼쳐진 것은 하나님의 자녀로서의 정체성과 그리스도와의 연합된 운명, 그리고 고난이 영광으로 이어진다는 약속이다.

신비한 상속의 여정

하나님 아버지, 영광받으소서.

고요한 내면 속에서
성령이 나의 영과 더불어 증언하시며 외치십니다.

'너는 하나님의 자녀, 그리스도와 함께한 공동상속자다.'

그 음성을 결코 잊지 않겠나이다.

그리스도 예수의 길과 같이,
신비한 상속의 여정에서
고난과 영광을 함께 받음을
내 영혼이 고요히 받아들입니다.

오직 한 성령 안에서 소망하며 살게 하옵소서.

예수 그리스도의 이름으로 기도드립니다. 아멘.

72일 하나님의 자녀들의 영광

주신 편지 롬8:19-21

[19]피조물의 고대하는 바는 하나님의 아들들의 나타나는 것이니 [20]피조물이 허무한데 굴복하는 것은 자기 뜻이 아니요 오직 굴복케 하시는 이로 말미암음이라 [21]그 바라는 것은 피조물도 썩어짐의 종노릇 한데서 해방되어 하나님의 자녀들의 영광의 자유에 이르는 것이니라

피조물이 굴복한 것은 아담이 뱀(사탄)의 꾐에 넘어가 하나님께 불순종한 때부터이다. 아담의 타락으로 그가 다스리던 창조 세계는 사탄에게 권리를 내주었고, 이후 피조물은 신음하며 고통 속에 놓였다. 창세기 3장 17절은 죄를 지은 아담으로 인해 땅이 저주를 받았음을 말한다. 이는 피조물이 스스로 선택한 것이 아니라, 맡겨진 상태임을 보여준다.

그럼에도 피조물은 하나님의 자녀들의 구원을 간절히 소망하며, 자유롭게 될 날을 기다린다. 사탄의 모든 행위(죄의 세력)를 허락하시고 피조물이 굴복하게 하심도, 결국 하나님의 자녀가 영광스러운 자유에 이를 때 끝난다.

하나님의 자녀들의 영광의 자유는 구속의 완성을 의미하며, 온 창조 세계가 다시 노래할 수 있는 시간이 열린다. 현재 피조물과 자녀가 함께 신음하는 것은, 장차 올 영광과 회복을 위한 진통일 뿐이다.(롬8:18)

장막을 벗고

소망의 주여,
피조물이 간절히 기다림은
하나님의 아들들이 나타남을 깨닫기 때문이옵니다.

헛됨에 굴복한 피조물도
이른 새벽의 고요처럼
숨죽이며 애타게 기다립니다.

끝내, 자녀가 누릴
영광스러운 자유를 바라보게 하시고,
장막을 벗고(고후5:1),
하늘의 영원한 집을 입는 날을
절실히 열망하게 하소서.

희고 정결한 세마포를 입고(계19:14)
그리스도를 따르는 신부가 되는 날까지
인내하며 소망하게 하소서.

이 땅에 거하든 하늘에 있든
주를 기쁘시게 하는 삶을 살게 하시며(고후5:9),
예수 그리스도 이름으로 기도드립니다. 아멘.

73일 몸의 구속을 기다리느니라

주신 편지 롬8:22-25

[22]피조물이 다 이제까지 함께 탄식하며 함께 고통하는 것을 우리가 아나니 [23]이뿐 아
니라 또한 우리 곧 성령의 처음 익은 열매를 받은 우리까지도 속으로 탄식하여 양자
될것 곧 우리 몸의 구속을 기다리느니라 [24]우리가 소망으로 구원을 얻었으매 보이는
소망이 소망이 아니니 보는 것을 누가 바라리요 [25]만일 우리가 보지 못하는 것을 바
라면 참음으로 기다릴찌니라

창조물이 고통하며 신음하는 이유는, 그 고통의 끝이 있음을 알고 간절히 소망하기 때문이다. 인간의 타락으로 함께 고통하는 피조물들은, 하나님의 아들들이 나타나기를 기다린다. 인간의 죄로 인해 고통받지만, 하나님이 회복하실 것을 믿고 구원의 완성을 소망하는 것이다.

하나님 아들들의 영광이 먼저 있고, 피조물의 영광이 이어진다. 성령은 이미 임하셨지만, 우리는 아직 완전한 구속을 경험하지 못했다. "성령의 처음 익은 열매"란, 예수 그리스도를 믿는 자에게 하나님께서 성령을 주심으로써 장차 이루실 완전한 구원의 시작점을 의미한다. 성령을 통해 우리는 예수님의 재림 때 완성될 구원의 보증과 유업에 대한 확증(엡1:13-14)을 얻는다.

아직 완전한 구속을 누리지는 못했으나, 우리는 몸의 구속, 곧 부활하신 주님과 같은 영광스러운 몸을 입기를 소망한다. 이것은 예수님의 재림 때 완성될 최종적인 구원을 가리킨다.

예수님은 부활의 첫 열매가 되셨고, 우리는 예수와 붙어 있는 첫 열매들(고전15:23)로서, 예수님과 같은 영광을 입을 몸을 바라보며, 첫째 부활의 산 소망(벧전1:3) 안에서 인내하며 살아간다.

피조물도, 우리도 보이지 않는 소망을 인내로 기다린다. 그 소망이 이루어질 때까지의 고난과 고통은 약속을 성취하는 과정일 뿐이다.

창조된 만물이 함께 신음하며

영광의 하나님,
다시 오실 주님을 오래 참고 소망하옵나이다.

창조된 만물이
성령의 첫 열매들과 함께 신음하며
회복하심을 하염없이 부르짖나이다.

하나님의 자녀들의 영광은
창조물에게도 미치오니,
주의 경영하심에 벅찰 따름이옵나이다.

몸의 구속을 이루어질 그날까지
인내할 힘을 더하여 주옵시고,
예수 그리스도 이름으로 간절히 기도드립니다. 아멘.

74일 성령의 생각을 아시나니

주신 편지 롬8:26-27

[26]이와 같이 성령도 우리 연약함을 도우시나니 우리가 마땅히 빌바를 알지 못하나 오
직 성령이 말할 수 없는 탄식으로 우리를 위하여 친히 간구하시느니라 [27]마음을 감찰
하시는 이가 성령의 생각을 아시나니 이는 성령이 하나님의 뜻대로 성도를 위하여 간
구하심이니라

성령은 우리와 함께 하나님의 자녀임을 증거하시고, 하나님의 소유임을 확신하게 하신다. 마침내 우리는 그리스도와 함께 하나님의 공동 상속자가 되어 영광에 이른다.

성령은 연약한 성도들을 위해 일하시며, 기도까지 주관하시고 친히 중보하신다. 말로 표현할 수 없는 깊은 내면의 신음으로 아버지를 향해 외치시며, 그 탄식은 하나님과의 깊은 교제를 이루는 성령의 사역이다.

따라서 기도는 단순히 성령의 도우심을 받는 것을 넘어, 성령께서 친히 기도하시는 것에 귀 기울이는 자리여야 한다. 기도에 앞서 하나님의 말씀에 집중해야 한다.

하나님은 마음을 살피시며(히4:12), 말씀으로 우리의 생각과 의도를 판별하시고 회개케 하시며, 살아 있고 활력이 있는 말씀으로 양날의 어떤 칼보다 예리하게 혼과 영, 관절과 골수를 찔러 가르치시며 진리 가운데 인도하신다.

성령의 생각은 하나님의 진리의 말씀이다.(요14:26 - 보혜사 곧 아버지께서 내 이름으로 보내실 성령 그가 너희에게 모든 것을 가르치시고 내가 너희에게 말한 모든 것을 생각나게 하시리라) 결국 성부 하나님께서 세우신 구원은, 말씀이신 성자 하나님을 통한 중보와 성령의 생각으로 완성된다.

하나님의 말씀이오니

하나님이시여, 막막하여 숨결을 잃나이다.
기도의 실마리를 찾아 헤매이오나,
성령의 세밀한 손길은 정녕 나를 향해 있나이다.

눈물 속에서 말 없는 글을 읽으시고,
적막 속에서 믿음을 들으시옵니다.

하나님께 닿은 깊은 호흡은
말할 수 없는 탄식으로 변하여
예수 그리스도의 이름으로 기도하게 하시나이다.

성령의 생각은 곧 하나님의 말씀이오니,
순전히 진리에 순종하게 하옵소서.

예수 그리스도의 이름으로 기도드립니다. 아멘.

75일 모든 것이 합력하여 선을 이루느니라

주신 편지 롬8:28

우리가 알거니와 하나님을 사랑하는 자 곧 그 뜻대로 부르심을 입은 자들에게는 모든 것이 합력하여 선을 이루느니라

한마디로, '하나님의 섭리'란 그분이 정하신 뜻에 따라 모든 일이 이루어짐을 나타낸다. 하나님이 사랑하시는 자들은 그리스도 안에서, 세상의 기초가 놓이기 전부터 거룩하고 흠 없게 하시려는 목적 가운데 택하심을 받았다.(엡1:4) 이것이 하나님의 사랑을 받은 자라는 첫 근거이다.

예수께 부르심을 받은 우리는 새 계명(요15:12)을 받은 자들이다. "내가 너희를 사랑한 것 같이 너희도 서로 사랑하라" 하신 말씀처럼, 하나님을 사랑하는 자들은 말씀을 따라 서로 사랑함으로 그분의 뜻을 드러낸다. 즉, 삶 속에서 하나님의 거룩하고 흠 없는 목적을 나타내는 것이 참된 사랑의 모습이다.

우리는 아버지의 뜻에 따라 복음을 믿어 부르심을 받고, 성령의 인도 속에서 모든 것이 합력하여 선을 이루게 된다. 하나님의 섭리는 구원 여정 속에서 시험과 악까지도 포함하여, 모든 요소를 사용하시어 결국 선으로 이끄시는 계획이다.

결국 모든 고난과 경험은 우리를 예수의 형상으로 일치시키려는 뜻에 따

라 사용되며, 나의 모든 것이 비워지고 성령으로 채워져 이루어지는 것은 곧 하나님의 아들의 형상이다.

그림자조차 빛을

사랑의 주여,
주를 사랑하는 자들을 더욱 사랑하게 하시고,
새 계명을 분명히 기억하게 하옵소서.

거룩하고 흠 없게 하실 목적으로 택하신 사랑을
그들도 뜨겁게 전하게 하소서.

선은 하나님의 뜻이오니,
자아는 깨끗이 비워지게 하옵소서.

구원의 여정 속에서
그림자조차 빛을 노래하게 하시고,
모든 일이 성령 안에서 합력하여
더 큰 선이 드러나게 하소서.

어떠한 환란에서도
하나님의 손안에 있음을 깨우치게 하시며,
예수 그리스도 이름으로 기도드립니다. 아멘.

76일 미리 아심과 아들의 형상으로의 예정

주신 편지 롬8:29

하나님이 미리 아신 자들로 또한 그 아들의 형상을 본받게 하기 위하여 미리 정하셨으니 이는 그로 많은 형제 중에서 맏아들이 되게 하려 하심이니라

'미리 아신 것'은 관계가 이미 결정되어 있음을 말하며, 사랑의 관계가 예정과 성장의 바탕임을 보여준다. 우리를 생명으로 낳으신 하나님만이 우리를 미리 아실 수 있다.

태초 이전, 하나님은 생명으로 성자를 낳으시고 아들의 형상을 보셨다. 또한 우리를 미리 아시며, 그 눈동자 하나하나에 아들과 함께 새겨진 이야기를 쓰시고 소망을 품으셨다. 우리는 첫아들인 그분을 따르며, 일치의 여정 속에서 목적 있는 존재로 성장하며, 결국 예수의 형상과 일치한 자로 피어난다.

'아는 것'은 영생을 의미하며, 영생은 사람들이 유일하시고 참 하나님이신 아버지와 아버지께서 보내신 예수 그리스도를 아는 것이다.(요17:3) 아는 것은 경험하는 것이며, 신랑과 신부가 서로를 완전히 경험하는 원리와 같다. 나의 영생은 하나님과 예수를 경험하고, 온전히 이끄시는 영광의 자리로 인도되기 위한 첫 관문이다.

따라서 미리 아신 자들은 천지창조 이전부터 거룩하고 흠 없게 하실 목

적으로 선택된 자들이며, 예정은 독생자 예수의 형상에 일치하게 하시려는 하나님의 의도이다.

미리 생명으로 존재했던 우리를 하나님은 형제(히2:11)라고 하시고, 예수 그리스도를 첫아들로 삼으셨다. 우리의 원형은 예수 그리스도이며, 주의 재림 이후 우리는 그와 같은 "아들의 형상"에 이르게 된다. 아버지를 아는 지식과 아들의 능력이 온전히 입혀진 우리의 형상이 그때 완전해진다.

생명 세계에서 이미 이루어진

거룩하고 흠 없으신 아버지여,

생명으로 낳은 자들을 아들의 형상과 일치하게 하시려고,
미리 예정하셨음을 감사드립니다.

첫 태생 되시는 예수와 같은 능력과 품성을 입히시어,
한 형제가 됨에 감격할 뿐입니다.

생명 세계에서 이미 이루어진 일이니,
오, 아들의 형상을 향해 자라나게 하소서.

하늘의 씨앗을 품고 걷는 삶 속에서
마침내 아들의 형상에 이르게 하옵소서.

예수 그리스도 이름으로 기도드립니다. 아멘.

77일 부르심에서 영화롭게 하셨음

주신 편지 롬8:30

또 미리 정하신 그들을 또한 부르시고 부르신 그들을 또한 의롭다 하시고 의롭다 하신 그들을 또한 영화롭게 하셨느니라

하나님께서 시작하신 구원의 계획은 철저하며, 반드시 우리에게 완전한 영광을 누리게 하시는 최상의 상태를 향한다. '거룩하고 흠 없게 하실 목적으로 선택'한 자는 미리 생명으로 낳은 자들이며, '아들의 형상에 일치하게 하려고 예정'하셨다.

예정한 자들을 실제로 부르시는 과정이 이어진다. 그다음, '예수를 믿는 믿음을 통하여 의롭게' 하신다. 즉, 하늘나라 법정에서 죄인인 우리를 예수의 피를 보시고 무죄 선언 하시며, 하나님의 의가 우리에게 입혀진다. 우리는 죄에서 자유롭게 되고, 하나님 앞에서 올바른 관계로 인정받는다. 또한 우리도 예수처럼 부활하여 '영화롭게 하심'을 이루신다. 이는 영광스러운 부활의 몸으로 하나님과 영원히 함께 사는 상태를 의미한다.

주목할 점은, 하나님의 구원 계획이 이미 완료된 것처럼 확실히 간주된다는 것이다. 하나님이 계획하신 일은 반드시 이루어진다는 확신을 보여준다. 우리가 미래에 부활할 것이지만, 하나님 아버지께서는 시간을 초월한 생명 세계 속에서 이미 이루셨다. 역사와 시간이 사라진 무시간적 생명계에서, 성부, 성자, 성령 곧 하나이신 하나님께서 온 세계의 자녀들을 위해

생명 세계를 열어주셨다. 무시간적 개념 속에서 이미 이루어진 구원의 완성을 깨우치게 한다.

모든 통찰을 품은 완전한 실재여

오, 그 깊이와 넓이여!
모든 통찰을 품은 완전한 실재여.

창세 전에 택하심을 받은 자(엡1:4-5)가
하나님의 자녀임을 감사하나이다.

이 진리로 완전히 새로워졌나이다.
우리 이름을 이미 '영화'라 기록하셨나이다.

나의 길은 시작부터 끝까지
아버지의 손안에 있으매,
어떠한 환경 속에서도
그 계획의 완전함을 찬양하게 하소서.

끝내 영화로운 빛으로 맺으시는
아버지께 영광을 돌리며,
주 예수 그리스도 이름으로 기도드립니다. 아멘.

78일 하나님이 우리를 위하시면

주신 편지 롬8:31

그런즉 이 일에 대하여 우리가 무슨 말 하리요 만일 하나님이 우리를 위하시면 누가 우리를 대적하리요

하나님의 구원의 경영 앞에 우리의 말은 어떠한 권위나 능력도 발휘할 수 없다. 하나님께서 하신 선택과 예정, 부르심과 칭의, 그리고 우리를 영화롭게 하시는 일은 우리 존재의 가장 귀한 최고의 사건이다. 이는 매우 강력한 선포이며, 확정된 진리임을 단언할 수 있다. 이보다 더 크신 일은 없다.

최상의 상태로 우리를 선택하시고 정하시며, 성자 하나님과 일치하게 하시는 하나님은 그저 찬양할 수밖에 없는 분이시다. 어떤 말로도 그 깊이를 측량할 수 없으며, 온전히 표현할 길이 없다. 우리는 이 모든 것을 믿기에, 더 이상 우리는 바랄 것이 없다.

성경 전체에서 끊임없이 반복되는 주제는 하나님께서 우리를 위하신다는 사실이다.(신31:6) 하나님께서 우리를 위하셔서 생명으로 출생하시고, 예수를 믿는 믿음을 통해 부르시며, 칭의하시고, 성령으로 영화롭게 하신다.

우리가 하나님께서 인도하심을 따라갈 때, 어찌 사탄이 감히 대적할 수 있겠는가? 결코 대적할 수 없다. 어떤 상황에서도 우리를 위하시는 하나님이 계시기에, 두려워할 필요가 없다. 우리는 결국 승리한다. 할렐루야!

성소에 고요히 머물며

전능하신 하나님,
나를 위하신다는 확신 안에 거하나이다.

사탄의 어떤 대적과 세상의 염려로
마음이 흔들릴 때마다
이 말씀이 제 안에 깊이 새겨지게 하소서.

주님 편에 선 이 하나의 진리가
절망 앞에서 저를 일으키고,
칼 앞에 담대히 깃발을 꽂게 하나이다.

그러므로 주여, 성소에 고요히 머물며
새 노래로 평강을 누리게 하옵나이다.

예수 그리스도의 이름으로
기도드립니다. 아멘.

79일 아들과 함께 모든 것을 은사로 주시지 아니하시겠느뇨?

주신 편지 롬8:32

자기 아들을 아끼지 아니하시고 우리 모든 사람을 위하여 내어주신 이가 어찌 그 아들과 함께 모든 것을 우리에게 은사로 주지 아니하시겠느뇨

하나님은 우리에게 가장 소중한 아들을 아낌없이 주셨다. "아끼지 아니하시고"란 기꺼이 최고의 희생을 감수하신 뜻이다. 예수의 생명으로 얻은 영원한 생명은 최고의 선물이며, 아들을 주셨으니 필요한 모든 것은 하나님께서 책임지신다.

또한 하나님은 성령까지 값없이 주셔서, 아들이 이루신 일을 우리도 이루게 하신다. 아들이 아버지 뜻에 순종하며 피 흘린 일이 성령의 능력으로 완성된 것처럼, 우리에게도 성령의 능력과 은사를 통해 하나님의 능력이 더해진다.

우리는 하나님께서 아들에게 주신 영광, 곧 그 아들의 영광을 사모해야 한다. 우리에게 가장 중요한 것은 하나님께서 우리 안에서 이루실 모든 일을 믿음으로 받아들이는 것이다. 하나님은 믿음을 원하시므로, 우리에게 빛을 더하여 말씀하시며, 예수 그리스도께서 받으신 영광을 우리가 성령을 통해 이루게 하실 때, 하나님은 우리에게 첫 번째이자 **더 큰 믿음**을 요구하신다.

성령의 넘침으로

아들을 아끼지 않으시고 내어주신 이여!
하나님은 영원한 제 편이옵니다.

구원하시고 성령으로 채우시며,
은사로 하나님의 능력을 더하시사
두려움은 사랑 안에서 녹아들고,
모든 부족함은 성령의 넘침으로 채워지나이다.

예수를 주신 아버지께서
주실 상급도 성령으로 이루시매,
더 큰 믿음을 올려드리옵니다.

그리스도 예수 이름으로
감사 기도드립니다. 아멘.

80일 의롭다 하신 이는 하나님이시니

주신 편지 롬8:33

누가 능히 하나님의 택하신 자들을 송사하리요 의롭다 하신 이는 하나님이시니

하나님의 아들의 형상에 일치하려고 예정하시고, 이미 하늘에서 그리스도 안에서 거룩하고 흠 없게 하실 목적으로 택한 자들에게는 혐의를 씌울 자가 아무도 없다. '혐의를 씌울 수 없다'는 말은 **하나님의 목적이 결코 흐려지지 않는다**는 뜻이다. 그러나 사탄은 하나님께서 택하신 자들에게 끊임없이 혐의를 씌우려 한다.

욥의 이야기를 보면, 사탄은 욥이 하나님께 경외하는 이유가 그가 가진 재산 때문이라고 주장하며 혐의를 씌운다. 사탄은 욥의 몸을 건드리지 않는 조건으로, 불로 종들과 양들을 죽이고, 큰바람으로 아들들과 딸들을 죽이는 것을 하나님께 허락받는다. 그러나 욥은 하나님만을 경배하며, "가로되 내가 모태에서 적신이 나왔사온즉 또한 적신이 그리로 돌아 가올찌라 주신 자도 여호와시요 취하신 자도 여호와시오니"(욥1:21)라고 고백하며, 주를 원망하지 않고 죄를 짓지 않았다.

사탄은 멈추지 않고, 생명을 건드리지 않는 조건으로 욥의 뼈와 살을 칠 것을 종용한다. 그러나 욥은 여전히 입술로 죄를 범하지 않았다. 그는 "하나님께 복을 받았은즉 재앙도 받지 아니하겠느뇨"(욥2:10)라며, 아내에게 의로우신 하나님만을 나타냈다.

하나님은 이미 욥을 온전하고 정직하며, 하나님을 두려워하고 악을 피하는 자로 인정하셨다.(욥1:1) 사탄에게도 욥의 온전함을 보여 주시며, 하나님께서 의롭다 하신 판단이 변하지 않음을 선포하셨다.

이처럼 예수의 피를 보고 우리를 죄 없다고 선언하시는 의로운 하나님은, 아들의 형상에 일치시키려는 하나님의 판단을 결단코 번복하지 않으신다.

은혜와 진리 안에서

거룩하고 흠 없게 하실 목적을 두고
의롭다 하신 하나님,
아들의 형상을 따라 예정하신 우리에게
아무도 혐의를 씌울 자는 없나이다.

사탄이 끊임없이 속임을 쓰나,
욥처럼 우리는 주를 경배하리이다.
주신 것도, 취하신 것도 여호와시니,
그분 안에서 우리는 흔들리지 않음이니이다.

예수의 피로 의롭다 하신 우리에게
감히 정죄의 화살을 겨눌 수 있을까요?

은혜와 진리(요1:14) 안에서
예수 그리스도 이름으로 기도드립니다. 아멘.

81일 다시 살아나신 이는 그리스도 예수시니

주신 편지 롬8:34

누가 정죄하리요 죽으실 뿐 아니라 다시 살아나신 이는 그리스도 예수시니 그는 하나님 우편에 계신 자요 우리를 위하여 간구하시는 자시니라

이제 바울은 죽었다가 다시 살아나신 분을 돋보이게 한다. 그분은 우리의 죄 없음을 성령을 받은 이후에도 짓는 죄까지 사해주시는 분, 바로 '그리스도 예수'이시다.

사탄이 우리의 죄를 드러나게 할 때, 그 단계는 세 단계로 발전한다. 첫째, 대적(롬8:31), 둘째, 혐의(롬8:33), 셋째, 오늘 말씀에서 나타난 정죄까지.

그러나 하나님은 성령 안에 있는 우리에게 결코 정죄함이 없다고(롬8:1) 확언하셨다. 더하여, "만일 누가 죄를 범하면 아버지 앞에서 우리에게 대언자가 있으니 곧 의로우신 예수 그리스도시라"(요일2:1)라는 말씀을 통해, 우리의 변호자 되신 분인 예수 그리스도이심을 상기시켜 주신다.

그리스도께서 중보하시고, 변호하신 사랑으로 죄인인 우리를 살리셨다. 하나님의 오른편에 계신다는 것은, 예수님이 최고의 권위를 가지시고 우리를 위해 끊임없이 변호하신다는 의미이다. 하나님이 의롭다 하신 자를 이제 죄인이라고 할 수 있겠는가?

이 확실한 사랑을 담대히 전해야 한다.

변호자 그리스도시여

주님,
죽었다가 다시 사신 그리스도 예수를 찬양하나이다.
사탄의 대적과 혐의와 정죄도
주님의 중보 앞에 힘을 잃나이다.

하나님 오른편 의인 예수 그리스도께서
죄인 된 우리를 변호하시니,
무한 영광을 주께 돌리나이다.

변호자 그리스도시여!
성령 받은 이후에도
여전히 죄짐을 지고 있는 속사람과
주의 자녀들에게도
주님의 변호하심을 증거하게 하소서.

성령 안에서 살리시는
그리스도 예수 이름으로 기도드립니다. 아멘.

82일 누가 그리스도의 사랑에서 끊으리요?

주신 편지 롬8:35

누가 우리를 그리스도의 사랑에서 끊으리요 환난이나 곤고나 핍박이나 기근이나 적신이나 위험이나 칼이랴

삶을 짓누르는 가장 절박한 순간에도 그리스도의 사랑은 결코 끊어지지 않는다. 이는 어떤 대답도 필요 없는, 확신의 진리다.

우리를 선택하시어 거룩하고 흠 없게 하시는 목적(미리 아신 자)은 이미 하늘에서 이루어졌으며, 예정(아들의 형상에 일치하게 하심), 부르심, 칭의, 영화는 땅에서 성취된다. 이 모든 것이 **하나님의 사랑**이다.

그리스도의 사랑은, 사탄의 대적과 혐의, 정죄가 있음에도 **변호인 예수께서 하나님 오른편에서 끊임없이 중보하시는 사랑**이다. 이 사랑을 알게 하시는 분은 **성령**이시며, '누가 우리를 끊으리요?'라는 질문에 대한 대답 또한 성령이시다. 성령께서 우리를 결코 그리스도의 사랑에서 떼어 놓지 않으신다.

그렇다면 성령으로 사는 그리스도인은 무엇을 위해 살아야 하는가? **예수의 생명으로 구원받았음을 증거하며, 자신을 위해 죽으시고 다시 사신 주를 위해 살아가는 것**이다.(고후5:15) 그 결과 **핍박과 죽음을 경험**하지만, 이는 예수의 말씀을 증거할 때 자연스레 따르는 **환란**이다.

환난, 곤고, 핍박, 기근, 적신, 위험, 칼에 이르는 고난은 주께서 친히 받은 고난과 같으며, 우리가 감당해야 할 **고난의 일곱 단계**다.

첫 단계는 **환난**이다. 정신적, 육신적 고통이 시작되며 곤경에 처하게 되지만, 이는 사탄의 시험과 대적 가운데 하나님께 경배하도록 훈련받은 과정이다. **곤고는**, 예수께서 하나님 나라를 전파하시기 위해 권위를 다 사용하지 않으시고 여러 지역을 피하셨던 것과 같다. **핍박**은 하나님의 말씀으로 정절을 지키려 할 때의 쫓김이다. **적신과 헐벗음은,** 더 큰 환란을 대비하도록 성령께서 주시는 훈련이다. 이어지는 이루 말할 수 없는 **위험과** 마지막 **칼** — 곧 죽음조차 성령께서 우리를 넉넉히 이기게 하시며, 결코 그리스도의 사랑에서 결코 끊어지지 못한다.

칼의 위협이 닥칠지라도

그리스도의 하나님,
우편에서 중보하시는 사랑으로
어떠한 정죄도 없나이다.

또한 성령께서 함께하시매,
환난과 심지어 칼의 위협이 닥칠지라도
그리스도의 사랑에서
결코 끊어지지 않게 하시나이다.

예수와 성령께서 함께 하시는 고난이기에,
제가 받는 고난이 아님을 눈물로 고백합니다.

그리스도 예수의 이름으로 기도드립니다. 아멘

83일 도살할 양 같이 여김을 받았나이다

주신 편지 롬8:36-37

36기록된바 우리가 종일 주를 위하여 죽임을 당케 되며 도살할 양 같이 여김을 받았
나이다 함과 같으니라 37그러나 이 모든 일에 우리를 사랑하시는 이로 말미암아 우리
가 넉넉히 이기느니라

신앙의 길은 고난을 피할 수 없는 길이다. 다윗의 입술을 통해 성령으로 말씀하시기를, "우리가 종일 주를 위하여 죽임을 당케 되며 도살할 양 같이 여김을 받았나이다"(시44:22) 하셨다.

시편은 예수님에 관하여 기록된 모든 것이 이루어져야 하므로(눅24:44), 그리스도와 하나 된 우리에게도 동일하게 예언된 것이다. 그러므로 우리는 이 말씀을 직접 자신에게 해당되는 것으로 받아들이고, 응당 마땅하다고 힘주어 고백해야 한다.

'도살당할 양'은 이미 죽임이 확정된 양이므로 절대 스스로 힘을 쓸 수 없는 존재이다. 예수에 대한 증거와 하나님의 말씀으로 인하여(계20:4) 환난에서부터 칼에 이르기까지(롬8:35) 반드시 성취될 역사를 드러내는 것이 바로 '도살당할 양'이다. 즉, 무력한 채 희생당할 수밖에 없는 존재, 복음을 위해 순순히 고난을 감당하며 순교의 길을 걷는 자들을 상징한다.

이미 죽임당한 양으로 구원받은 우리는, 예수님과 같이 자신을 '죽임당할

양'이라 여기며 오직 그분을 위하여 사는 **새로운 피조물**로 살아야 한다.(고후 5:14-17) 죽임당한 양으로 사신 그리스도의 사랑에 압도되어, 우리도 도살당할 양으로 그분을 따라가야 한다.

비록 '환난에서부터 칼'까지의 고난에 처한다 할지라도 결국 그리스도와 함께 성령으로 넉넉히 이기게 하실 것이다.

순교할 믿음을 더하여

삼위일체 하나님,
새 피조물로 살 수 있는 양식을 주시니 감사하옵나이다

'온종일' 고난이 이어져도
도살당할 길을 묵묵히 걸어가겠나이다.

고통은 나를 짓누르지 못하며,
환란은 곧 영광의 길이 되옵니다.

승리케 하시는 말씀으로 무장하여
의의 무기(롬6:13)로 쓰이게 하옵소서.

죽임당할 양과 같이 여기며,
예수님의 순교할 믿음을 더하여 주소서.

마침내 압도적 승리를 주실
그리스도 예수의 이름으로 기도드립니다. 아멘.

84일 다른 아무 피조물이라도 하나님의 사랑에서 끊을 수 없으리라

주신 편지 롬8:38-39

38내가 확신하노니 사망이나 생명이나 천사들이나 권세자들이나 현재 일이나 장래
일이나 능력이나 39높음이나 깊음이나 다른 아무 피조물이라도 우리를 우리 주 그리
스도 예수 안에 있는 하나님의 사랑에서 끊을 수 없으리라

사망은 죽음이요, 생명은 삶이니, 이는 인간사에서 지극히 중요한 문제이다. 그러나 피조물을 주장하시는 하나님보다 더 우위에 둘 수는 없다.

천사들은 하나님께서 부리시는 영들이며, 정사들은 세속을 움직이는 영이고, 권세들은 사탄이 부리는 악한 영들이다. 이 모든 것은 다만 하나님께서 사람을 위하여 지으신 피조물에 불과하다.

현재의 일이든 장차 올 일이든, 그것들은 하나님께서 성령으로 열매 맺게 하시고 우리로 하여금 성령을 의지하게 하시기 위하여 허락하신 시간 속에서만 존재하는 피조물일 뿐이다. 태풍과 폭염, 화산과 용암, 지진과 같은 세력들도 모두 피조물에 속한다.

그러나 사람들은 이런 것들로 인해 조물주 하나님의 위대하심을 제한하고, 피조물을 뛰어넘지 못하여 하나님의 사랑을 저버리기도 한다.

그럼에도 불구하고, 우리가 어찌 하나님이 창조하신 세계 전체와도 비교

할 수 없는, 하나님의 완전한 사랑을 저버릴 수 있겠는가? 성령 안에 있는 우리는, 어떤 피조물도 그리스도 예수 우리 주 안에서 하나님의 사랑에서 결코 끊어질 수 없음을 확신할 수 있다.

온 천하보다 존귀한

만유의 하나님.
그리스도를 모든 만물 위에 머리 되게 하시고(엡1:22),
자녀들을 위해 창조물을 주관하심에 감사합니다.

사망과 생명, 천사와 권세,
죄의 세력과 시련, 두려운 내일도
그 사랑에서 우리를 끊을 수 없음을 확신합니다.

지금, 진리로 영혼을 일으켜 세우사
그 크신 팔에 안기게 하옵소서.

온 천하보다 존귀한 사랑으로 강권하시어
그리스도 예수 주 안에서 오직 하나님께
제 믿음을 드러내게 하소서.

예수 그리스도 이름으로 기도드립니다. 아멘.

동족 유대인에 대한 구원 9장

- 동족 이스라엘 백성을 위한 바울의 진실하고 끊임없는 사랑이 있다.(롬9:1-3)
- 이스라엘인에게 양자 됨과 영광과 언약들과 율법을 주심과 하나님을 섬김과 약속을 주시고, 조상들도 그들의 조상이며 그리스도께서 그들에게 나셨다.(롬9:4-5 - 7가지 특권)
- 약속의 자녀만이 씨로 여김을 받는다.(롬9:8)
- 자식들이 나지도 않았고, 선이나 악을 행하지도 아니하였을 때에 택하심을 따른 하나님의 목적이 행함에 의해서가 아니라 부르시는 그분의 의해서 하신다.(롬9:11)
- 하나님은 자비를 베풀 자에게 자비를, 가엾게 여길 자를 가엾게 여기신다.(롬9:15)
- 의를 따르지 않았던 이방인들이 의에 이르렀고, 이스라엘은 믿음의 의를 얻지 못했다.(롬9:30)
- 유대인들은 행위로 의를 구하였기 때문에, '믿음의 의'인 예수가 그들에게는 걸림돌이다.(롬9:32)

85일 형제를 위하여 바치는 간절한 기도

주신 편지 롬9:1-3

1-2내가 그리스도 안에서 참말을 하고 거짓말을 아니하노라 내게 큰 근심이 있는 것
과 마음에 그치지 않는 고통이 있는 것을 내 양심이 성령 안에서 나로 더불어 증거하
노니 3나의 형제 곧 골육의 친척을 위하여 내 자신이 저주를 받아 그리스도에게서 끊
어질찌라도 원하는 바로라

성령으로 말하는 바울은 진실 앞에 거짓 없이 자신의 참된 양심을 나타낸다. 그의 큰 근심과 슬픔은 동족, 곧 아브라함, 이삭, 야곱 언약과 약속에 참여한 이스라엘 백성에게서 비롯된다.

사도행전 9장 15절에 따르면, 바울은 이방인과 왕들, 또 이스라엘 자손들 앞에서 주의 이름을 증거하기 위해 선택받은 그릇으로 사명을 받았다. 그러나 동족이 구원받지 못함을 보고 그는 절망과 안타까움에 잠긴다.

옛적에 모세도 이스라엘의 죄악 됨과 구원을 위해 자기 이름을 주의 책에서 지워달라고 기도한 적이 있다.(출32:32 - 그러나 합의하시면 이제 그들의 죄를 사하시옵소서 그렇지 않사오면 원컨대 주의 기록하신 책에서 내 이름을 지워버려주옵소서) 이는 사랑하는 동족을 위해 자신마저 영원한 저주 아래 두는 한이 있어도 기꺼이 감수하겠다는 절절한 사랑의 표현이다.

이러한 마음은 하늘의 사랑을 맛본 자만이 가질 수 있는, 꺼지지 않는 애끊음이며 사랑과 희생의 절정이다. 인간으로서는 자신의 구원과 다른 이의

구원을 맞바꾸는 것은 불가능하지만, 하나님께서는 모세와 바울처럼 자녀들의 죄악을 보고 진정으로 간구하는 마음을 기쁘게 받으신다.

복음의 완전한 통로

여호와 나의 주여!
바울과 모세의 심정으로,
무거운 영혼의 짐과
끝없는 슬픔 속에 부르짖나이다.

성령께서 거짓 없는 양심으로 진실을 증거하시니,
자녀들의 죄악과 구원을 위해
먼저 대언자를 세우심을 아옵니다.

육적 이스라엘과 영적 이스라엘,
모든 하나님의 자녀에게 구원이 임하게 하시고,
주님의 의로우심을 세상에 증거하여
복음의 완전한 통로가 되게 하소서.

사랑이 내 속에 흘러넘쳐
기도와 믿음의 행함으로 이어지게 하옵소서.

복음이신 예수 그리스도 이름으로
기도드립니다. 아멘.

86일 그리스도가 이스라엘에게서 나셨으니

주신 편지 롬9:4-5

[4]저희는 이스라엘 사람이라 저희에게는 양자 됨과 영광과 언약들과 율법을 세우신 것
과 예배와 약속들이 있고 [5]조상들도 저희 것이요 육신으로 하면 그리스도가 저희에게
서 나셨으니 저는 만물 위에 계셔 세세에 찬양을 받으실 하나님이시니라 아멘

이스라엘인이라 함은, 하나님의 아들답게 길러지고 그에 합당한 영광과 언약, 율법을 따라 하나님을 섬기며 약속을 붙든 자들을 말한다.

하나님은 모세를 통해 시내산의 영광과 성막을 가득 채운 성전의 영광을 나타내시고, 아담에서 노아, 아브라함, 이삭, 야곱, 모세, 다윗에 이르기까지 구속을 위한 언약들을 차례로 드러내셨다.

율법은 언약 백성을 세우는 보증으로, 십계명을 통해 확실히 밝히셨고, 제사를 통한 예배로 성결한 백성으로 존재하게 하셨다.

이스라엘에게는 메시아가 오실 약속이 주어졌고, 예수께서 오심으로 새 언약을 성취하셨다. 또한 훌륭한 조상들을 통해, 혈통적으로도 그리스도가 이스라엘의 후손임을 상기시키셨다.

하나님의 아들이신 그리스도께서 육신으로 이스라엘에게 오셨음을 기억하라. 그는 신적 권위를 지닌 절대적 구세주이시며, 만물 위에 계셔 영원히

찬양받으실 하나님이시다. 아멘.

만물 위에 계시며

이스라엘의 하나님,
하나님의 아들답게 기르시고
영광과 언약과 율법으로 거룩함을 나타내심을 찬양합니다.

훌륭한 조상들과 약속의 질서를 통해
경이로움의 길 끝에
육신으로 오신 그리스도가 계시나이다.

이스라엘의 후손으로 오신 예수시여,
시간과 역사를 뛰어넘어 만물 위에 계시며
영원토록 찬양받으실 하나님이시옵니다.

유대인에게 보이신 영광과 약속이 빛나듯
이방인 된 우리 역시
온전한 거룩함을 한없이 드러내게 하옵소서.

예수 그리스도 이름으로
감사 기도 드립니다. 아멘.

87일　　이삭으로부터 난 믿음의 씨

주신 편지 롬9:6-7

6또한 하나님의 말씀이 폐하여진 것 같지 않도다 이스라엘에게서 난 그들이 다 이스
라엘이 아니요 7또한 아브라함의 씨가 다 그 자녀가 아니라 오직 이삭으로부터 난 자
라야 네 씨라 칭하리라 하셨으니

하나님의 말씀은 이스라엘에게 주신 약속으로, 결코 취소될 수 없다. 혈통상 아브라함의 후손이라 하더라도 모두가 하나님의 참된 백성이 되는 것은 아니다. 중요한 것은 육신의 핏줄을 넘어서는 영적 계보가 존재한다는 사실이다. 이는 오늘날 모든 그리스도인이 참된 그리스도인일 수 없음을 시사한다.

아브라함에게는 첩 하갈과 후처 그두라를 통해 낳은 자녀들도 있었으나(창25:1-6), 창세기 21장 12절에서 하나님은 "이삭에게서 나는 자라야 네 씨라 칭할 것임이니라"라고 말씀하셨다. 메시아를 통한 구원의 언약은 약속을 통해 낳은 이삭에게 주어졌고, 이후 이삭을 통하여 언약을 이어받은 자들만이 아브라함의 참된 후손이 될 수 있었다.

다시 말해, 믿음의 조상 아브라함의 후손은 믿음 안에 있는 자녀들이다. 갈라디아서 3장 7절도 분명히 말한다. "믿음으로 말미암은 자들은 아브라함의 아들"이라. 결국 참된 그리스도인은 하나님의 약속과 은혜를 믿는 자녀들이다.

당신의 믿음은 혈연 속에 갇힌 소속인가, 아니면 믿음으로 심긴 살아 있는 씨앗인가?

언약의 닻을 깊이 내린

말씀을 이루시는 하나님,
모든 말씀이 헛되지 않음을 믿으며
온 생애 말씀으로 권고하심을 감사합니다.

아브라함의 자손이라 하더라도
다 참된 백성이 아니며,
오직 약속의 씨를 따라
택함받은 자들이 있음을 깨닫게 하소서.

스스로 위안 삼는 자기 의를 버리고,
언약의 닻을 깊이 내린 믿음의 배 위에서
약속의 빛만 보고 따라가게 하옵소서.

구원의 확정됨을 이루시는 하나님을 증거하여,
아들로 인한 약속이 반드시 나타나게 하소서.

예수 그리스도 이름으로 간절히 기도드립니다. 아멘.

88일 약속의 자녀

주신 편지 롬9:8-9

[8]곧 육신의 자녀가 하나님의 자녀가 아니라 오직 약속의 자녀가 씨로 여기심을 받느
니라 [9]약속의 말씀은 이것이라 명년 이 때에 내가 이르리니 사라에게 아들이 있으리
라 하시니라

이 말씀은 하나님의 자녀가 육신의 자녀가 아니라, 오직 약속의 자녀일 때에만 아브라함의 참된 후손으로 인정됨을 뜻한다.

하나님께서 아브라함에게 주신 약속은 창세기 18장 10절에 기록되어 있다.
"기한이 이를 때에 내가 정녕 네게로 돌아오리니 네 아내 사라에게 아들이 있으리라."
곧 내년 이맘때에 하나님께서 아브라함에게 다시 임하시겠다는 말씀이다.

약속이 성취된 것은 사라가 아들을 얻은 사건 자체보다, **하나님이 임하셨다**는 데 본질이 있다. 사라의 아들은 혈육이 아니라 약속, 곧 말씀의 씨로 태어난 것이다.

하나님은 약속대로 이삭을 주셔서 언약의 계보를 잇게 하셨고, 이를 통해 혈통이 아니라 **하나님의 주권적 약속과 은혜**가 기준임을 드러내셨다. 무엇보다 이 약속은 장차 우리에게 임마누엘(사7:14)이 되신 **예수 그리스도**를 예표한다.

임마누엘, 약속의 성취

임마누엘 되심이여!
"기한이 이를 때에 내가 이르리니 사라에게 아들이 있으리라."
오, 약속의 씨로서 이삭이 출생하였나이다.

혈통이 아니라, 주권적 약속과 은혜로
하나님 나라의 계보를 이어가신 주님을 찬양합니다.

임마누엘 되신 예수 그리스도를 통해
구원이 실현되심이 곧 하나님이심을 증거하며,
영원토록 하나님이 거하시는
약속의 장막 안에 거하게 하소서.

예수 그리스도 이름으로
영광 돌리며 기도드립니다. 아멘.

89일

부르시는 이에게로 말미암아

주신 편지 롬9:10-12

10이뿐 아니라 또한 리브가가 우리 조상 이삭 한 사람으로 말미암아 잉태하였는데 11그
자식들이 아직 나지도 아니하고 무슨 선이나 악을 행하지 아니한 때에 택하심을 따라
되는 하나님의 뜻이 행위로 말미암지 않고 오직 부르시는 이에게로 말미암아 서게 하
려 하사 12리브가에게 이르시되 큰 자가 어린 자를 섬기리라 하셨나니

2000년 전에 오신 예수는 곧 말씀이시며 하나님이시다. 임마누엘 되신 예수께서 우리 가운데 거하심은, 곧 하나님께서 아브라함에게 하신 약속이 성취된 것이다.

이삭과 우리 모두는 아브라함의 씨다. 아브라함은 믿음 없음으로 약속을 의심하지 않고, 오히려 믿음으로 견고해져 하나님께 영광을 돌렸으며, 민족들의 아비가 될 것을 확신했다.(롬4:18-20) 이삭이 약속으로 난 자이듯, 우리도 약속의 말씀을 통해 믿음의 효력을 누린다.

또한, 이삭의 아내 리브가에게 자식이 태어나기 전에 "형이 아우를 섬기리라" 하심으로 하나님의 주권적 선택을 드러내셨다. 문화적으로는 장자인 에서가 우선권을 가져야 했으나, 하나님은 차남 야곱을 택하셨다. 이는 하나님의 선택이 선악을 기준으로 하지 않고, 오직 하나님의 계획에 따라 이루어진다는 사실을 보여 준다.

곧, 유대 민족 안에서도 하나님께서 행하시는 일과 목적은 하나님의 주권에 따라 달리 정해진다.

굳건한 믿음으로 완성되게 하소서

전능하신 하나님,
이삭과 리브가에게 자녀를 주실 때
아직 태어나기도 전,
뜻을 정하신 주님을 찬양합니다.

비록 다 알 수 없으나,
형이 아우를 섬기게 하신
주의 신비로운 계획을
마음 깊이 새깁니다.

주께서 정하신 모든 택함이
굳건한 믿음으로 완성되게 하소서.

예수 그리스도 이름으로 이루실 것을 믿으며
기도드립니다. 아멘.

90일 야곱은 사랑하고, 에서는 미워하였다

주신 편지 롬9:12-13

[12]리브가에게 이르시되 큰 자가 어린 자를 섬기리라 하셨나니 [13]기록된바 내가 야곱은 사랑하고 에서는 미워하였다 하심과 같으니라

하나님께서는 창세기 25장 23절에서 리브가에게 말씀하셨다.

"두 국민이 네 태중에 있구나 두 민족이 네 복중에서부터 나누이리라 이 족속이 저 족속보다 강하겠고 큰 자는 어린 자를 섬기리라"

또 말라기 1장 2절에 기록되었다.

"에서는 야곱의 형이 아니냐 그러나 내가 야곱을 사랑하였고"

형 에서가 아우 야곱을 섬기게 된 것은 그들의 행위가 아니라, 하나님의 주권적 뜻과 섭리에 따른 것이다. 영원한 생명을 얻을 자들은 하나님께서 택하신 바에 따라 믿음으로 복음을 받아들이며(행13:48), 이는 전적으로 하나님의 부르심에서 비롯된다.

그러므로 하나님의 사랑을 감정적 편애로 이해할 수 없다. 에서가 불공정한 대우를 받은 것도, 야곱이 단순히 더 사랑받은 것도 아니다. 이는 하나님의 자유로운 뜻 가운데 약속의 씨로 정하신 결과이다. 동시에 특별히 선택받은 유대 민족 안에서도 모두가 참된 후손은 아님을 보여준다.

상상 그 이상의 계획

여호와여, 기도드리나이다.
아직 태어나지도 않은 자,
선이나 악을 행하지도 않은 자를 향한
주님의 뜻이 얼마나 신비롭고 깊은지요!

오, 상상 그 이상의 계획을
오늘도 목격하게 하시니 감사합니다.

저의 마음이 주의 뜻에 합하여
하나님의 자유의지에 순전함을 드러내게 하소서.

은혜를 베푸실 자에게 정하신
놀라운 축복을 소망하며,
주의 이름 예수 그리스도로
찬송과 기도를 올리나이다. 아멘.

91일 하나님께 불의가 있을 수 없다

주신 편지 롬9:14

그런즉 우리가 무슨 말 하리요 하나님께 불의가 있느뇨 그럴 수 없느니라

하나님의 공의에 대해 바울은 우리에게 질문을 던진다. 하나님께서 야곱을 사랑하시고 에서를 미워하신 것을 두고 우리가 불공정하다고 느낄 수 있으나, 바울은 하나님께 불의가 있을 수 없음을 증거한다. 하나님의 주권적 의지 앞에 우리는 감히 반박할 수 없다.

그분은 우리를 거룩하고 흠 없게 하실 목적을 위해 택하셨다. 하나님께서 친히 낳으신 자녀들을 사랑하시는 것에 무슨 불의가 있겠는가? 아들의 영들을 위해 우주 만물과 천사들, 심지어 불택자까지도 창조하신 것이다.

하나님의 자녀들이 육신을 입기 전에 선택하심은, 그들을 성자 하나님과 같은 분량에 이르게 하려는 깊은 계획을 드러낸다. 그러므로 하나님의 사랑과 미움은 불의가 아니라 **'은혜의 선택'**을 강조하는 것이다.

마치 한 시간 일한 자와 하루 종일 일한 자가 같은 삯을 받을 때 불평할 수 없는 것처럼, 하나님께서 주시는 것은 오직 그분의 정하심에 따른 은혜이다. 하나님께서 낳은 자 중 이쪽을 택하고 저쪽을 버리신다는 개념이 아니라, 택하지 않은 자는 애초에 하나님을 믿을 수 없는 것이다.

그러므로 할례자든 무할례자든 오직 믿음으로 의롭다 하시는 분은 하나님 한 분이시다.(롬3:30) 하나님께서 의롭다 하시는 자는 약속을 믿는 믿음으로 정해진 자들뿐이다.

하늘의 잣대를 손에 쥐신

주여,
하늘의 잣대를 손에 쥐신 주께는
불의가 없으시나이다.

육신을 입기 전부터 예정하신 뜻,
성자와 같은 분량으로 세우려는 계획 앞에
우리는 찬송과 경외로 서 있나이다.

오 주여,
이쪽은 택하고 저쪽은 버리신 것이 아니라,
믿을 마음조차 주께서 허락하심이니이다.

은혜의 선택으로 우리를 이끄사
그리스도의 장성한 분량(엡4:13)에 이르게 하시고,
온유와 겸손함으로 묵묵히 따르게 하소서.

예수 그리스도 이름으로 간절히 기도드립니다.
아멘.

92일 오직 긍휼히 여기시는 하나님으로

주신 편지 롬9:15-16

[15]모세에게 이르시되 내가 긍휼히 여길 자를 긍휼히 여기고 불쌍히 여길 자를 불쌍히
여기리라 하셨으니 [16]그런즉 원하는 자로 말미암음도 아니요 달음박질하는 자로 말
미암음도 아니요 오직 긍휼히 여기시는 하나님으로 말미암음이니라

이스라엘의 출애굽과 홍해 사건은 하나님의 주권적 역사가 드러난 대표적 사건이다. 하나님은 이스라엘과 모세를 세우기 위해 이집트를 도구로 사용하시고, 언약 백성에게 영광을 나타내셨다.

그럼에도 이스라엘 백성은 불평하며, 아론과 함께 금송아지를 만들어 범죄하였다. 이에 모세는 백성들의 죄를 용서해 달라고 간구하며, 자신의 이름이 생명책에서 지워지는 한이 있더라도 하나님께 탄원하였다.

비록 이스라엘이 우상 숭배라는 큰 죄를 지었으나, 하나님은 모세의 기도를 들으시고 응답하셨다. 그들을 완전히 멸망시키지 않으시고, 오히려 은총을 베푸셨다.

출애굽기 33장 17-19절은 말씀한다.

"너의 말하는 이 일도 내가 하리니 너는 내 목전에 은총을 입었고 내가 이름으로도 너를 앎이니라 … 은혜 줄 자에게 은혜를 주고, 긍휼히 여길 자에게 긍휼을 베푸느니라."

하나님은 은혜를 베푸실 자에게 은혜를 주시며, 긍휼히 여길 자에게 긍휼을 베푸시는 분으로, 모든 피조물 위에 보편적인 은혜와 자비를 비추신다.

어두움 속에서도

주님이시여!
은혜 베풀 자에게 주신 은혜로 숨 쉬나이다.

부르심과 가엾게 여기심 모두
주의 크신 자비이므로
눈물이 하염없이 흐르옵니다.

피조물 위에도 비추신 은혜로
자녀의 구원을 온전히 이루심을 믿사옵니다.

어두움 속에서도 주님의 구원을 맛보며 나아가니,
부족함은 가려주시고
흘러넘치는 자비로 채워 주옵소서.

긍휼을 베푸시는
예수 그리스도 이름으로,
기도드립니다. 아멘.

93일 하고자 하시는 자를 강퍅케 하심

주신 편지 롬9:17-18

[17]성경이 바로에게 이르시되 내가 이 일을 위하여 너를 세웠으니 곧 너로 말미암아 내
능력을 보이고 내 이름이 온 땅에 전파되게 하려 함이로라 하셨으니 [18]그런즉 하나님
께서 하고자 하시는 자를 긍휼히 여기시고 하고자 하시는 자를 강퍅케 하시느니라

하나님께서 바로를 세우신 목적이 분명히 드러난다.

성경은 파라오에 대해 기록한다.
"내가 너를 세웠음은 나의 능력을 네게 보이고 내 이름이 온 천하에 전파되게 하려 하였음이니라"(출9:16)

파라오는 하나님의 능력을 증명하는 도구였다. 하나님은 의도적으로 죄를 조성하지 않으시지만, 완악하게 쓰일 자로 미리 조성된 파라오를 자신의 뜻에 따라 사용하셨다. 그는 백성을 압제하며 악을 행했으나, 이를 통해 하나님의 능력과 이름이 더욱 높아졌다.

하나님이 택하지 않은 자까지 세우시는 이 섭리는 절대적 주권을 드러내며, 인간이 헤아릴 수 없는 판단이다. 이는 하나님이 사람을 완악하게 만들었다는 뜻이 아니라, 본래 완악한 자를 그 상태로 내버려두신다는 의미이다.

모세의 이적에도 출애굽을 거부한 파라오는 스스로 완악함 속에서 더 큰

죄를 짓고 심판에 이르렀다.(출8:15, 8:32, 10:1) 이 과정을 통해 하나님의 전능하심이 더욱 분명히 드러났다.

결국 하나님은 완악한 자에게 진노를, 은혜를 받을 자에게 자비를 베푸실 것을 염두에 두시고 모든 일을 세우신다.

권능과 권위를 드러내심

온 땅에 충만하신 하나님,
완악한 자를 쓰시면서까지
권능과 권위를 드러내심을 찬양하나이다.

주님의 마음에 합하도록
계획의 영과 능력의 영(사11:2)을 허락하소서.

주께서 역사를 주관하시며
사람의 마음까지 계획 안에 두심을 깨닫나이다.

제가 완악해질 때에도,
주의 능력으로 겸손히 자비를 구하게 하소서.

주의 진노와 자비를 확실히 알게 하신
예수 그리스도 이름으로 기도드립니다.
아멘.

94일 누가 감히 하나님을 힐문하겠느뇨?

주신 편지 롬9:19-21

[19]혹 네가 내게 말하기를 그러면 하나님이 어찌하여 허물하시느뇨 누가 그 뜻을 대적
하느뇨 하리니 [20]이 사람아 네가 뉘기에 감히 하나님을 힐문하느뇨 지음을 받은 물건
이 지은 자에게 어찌 나를 이같이 만들었느냐 말하겠느뇨 [21]토기장이가 진흙 한 덩이
로 하나는 귀히 쓸 그릇을, 하나는 천히 쓸 그릇을 만드는 권이 없느냐

하나님의 뜻에 따라 창조하실 절대적인 권리를 깨닫게 된다.

우리는 하나님의 뜻 안에서 지음받은 존재다. 때로는 세상을 바라보며, 또 자기 삶을 돌아보며 이런 질문을 던질 때가 있다.

"하나님은 왜 이렇게 만드셨을까? 왜 나를 이런 길에 두셨을까?"

또한 "만약 하나님께서 파라오를 죄에 빠지도록 내버려두셨다면, 어떻게 그를 책망하실 수 있을까?"라는 의문도 생길 수 있다. 그러나 하나님의 행하심을 인간의 판단으로 재단하는 것은 완악한 자의 태도와 다르지 않다. 누가 감히 하나님께 "왜 나를 이렇게 만드셨습니까?"라고 물을 수 있겠는가?

바울은 이를 토기장이의 비유로 설명한다. 토기장이가 진흙 한 덩어리로 귀히 쓸 그릇과 평범하게 쓸 그릇을 빚을 권리를 가진 것처럼, 피조물은 창조주의 뜻에 대해 아무 권리를 주장할 수 없다.

결국 하나님은 모든 피조물 위에 간섭할 수 없는 절대적인 주권자이시

다. 그분의 주권을 묵상하는 일은 때로 두렵고 무겁게 느껴진다. 그러나 동시에 깊은 위로가 된다. 모든 것이 그분의 뜻 안에 있다는 사실은 곧 내 삶 또한 결코 헛되지 않음을 말해주기 때문이다.

창조주의 마음을 아는 자에게

절대 지존이신 창조주 하나님.
주님은 토기장이시고,
우리는 주님의 손에 빚어진 질그릇입니다.(고후4:7)

아버지의 뜻대로 지으셨으니,
나의 만족도 하나님께로부터 옵니다.(고후3:5)

그럼에도 다른 이를 향해
“왜 그를 그리 만드셨나?” 하고 항변할 수도 있으나,
그것도 토기장이의 절대 권한입니다.

창조주의 마음을 아는 자에게
순종의 마음을 더하소서.

같은 흙에서 귀함과 천함을 함께 빚으시니,
부족함을 핑계 삼지 않고
귀히 쓰실 영광의 그릇이 되게 하소서.

간절히 원하오며
예수 그리스도 이름으로 기도드립니다. 아멘.

95일

진노의 그릇과 긍휼의 그릇

주신 편지 롬9:22-24

[22]만일 하나님이 그 진노를 보이시고 그 능력을 알게 하고자 하사 멸하기로 준비된
진노의 그릇을 오래 참으심으로 관용하시고 [23]또한 영광받기로 예비하신바 긍휼의
그릇에 대하여 그 영광의 부요함을 알게 하고자 하셨을찌라도 무슨 말 하리요 [24]이
그릇은 우리니 곧 유대인 중에서 뿐아니라 이방인 중에서도 부르신 자니라

하나님은 자신의 능력을 나타내실 당연한 권리를 가지신다. 이는 두 가지 방식으로 드러난다. 하나는 멸망할 진노의 그릇을 통해, 다른 하나는 영광에 이르도록 예비된 자비의 그릇을 통해서다.

스스로 죄악의 길에 빠져 멸망할 수밖에 없는 인간에게 하나님은 진노와 능력을 나타내신다. 당장 심판하지 않으시는 것도 하나님의 공의 계획 안에서 이루어지는 인내임을 알 수 있다.

또한 하나님은 자신의 풍성한 영광을 모든 사람이 볼 수 있도록, 자비를 베풀기로 작정하신 사람들에게 은혜를 베푸실 권리를 행사하신다. 따라서 하나님께서 어떤 권리를 사용하시더라도 결코 문제가 없다.

영광받기로 예비된 자비의 그릇들을 위해, 진노의 그릇들을 사용하시면서까지도 하나님은 자신의 풍요로운 영광을 드러내신다. 죄를 심판할 권리도, 자비를 베풀 권리도 모두 하나님의 영광을 나타내는 과정이다.

곧 하나님은 우리를 영광의 풍요함에 참여하게 부르셨으며, 이는 유대인뿐 아니라 이방인인 우리 모두를 향한 부르심임을 보여 준다. 복음을 전할 때, 자비의 그릇은 그 복음을 받아들이게 된다.

영광을 드러낼 준비

영광의 하나님,
오래 참으사 진노의 그릇을 참고
주의 능력을 나타내시니 찬송하나이다.

자비의 그릇으로
택하신 은혜를 믿음으로 받사옵니다.

모든 그릇과 모든 사람은
주님의 손안에 있사오니
영광을 드러낼 준비가 되어있나이다.

믿음으로 받은 감격을
자비를 베푸실 자에게 증거하여
영광을 위한 도구로 쓰이게 하소서.

예수 그리스도 이름으로
송축하며 기도드립니다. 아멘.

96일

사랑치 아니한 자를 사랑한 자라 부르리라

주신 편지 롬9:25

호세아 글에도 이르기를 내가 내 백성 아닌 자를 내 백성이라, 사랑치 아니한 자를 사랑한 자라 부르리라

"내 백성 아닌 자"는 고멜과 같이 죄에 빠진 이스라엘을 가리키며, 하나님의 계획은 그들을 처음대로 회복시켜 하나님의 백성으로 다시 세우시는 것이다. 호세아 2장 23절에는 이렇게 기록되어 있다.

"내가 나를 위하여 저를 이 땅에 심고 긍휼히 여김을 받지 못하였던 자를 긍휼히 여기며 내 백성 아니었던 자에게 향하여 이르기를 너는 내 백성이라 하리니 저희는 이르기를 주는 내 하나님이시라 하리라"

반면, "사랑치 아니한 자"는 정하신 때에 구원하실 이방인을 의미한다. 하나님께서 미리 아신 자들 가운데, 예수 그리스도의 구원을 믿게 될 이방인이 있으며, 이는 예수께서 오셔서 자기 백성을 죄에서 구하실 깊은 뜻을 드러내시기 위함이다. 믿음으로 약속의 씨로 여김을 받은 자 중에 이방인인 우리도 여기에 포함된다.

자비는 약속으로 이어지며, 약속을 믿는 자에게 긍휼이 동반된다. 은혜를 베푸시는 하나님은 이스라엘의 회복과 이방인의 구원을 통해 자신의 계

획과 사랑을 나타내신다. 이를 통해 우리는 하나님의 은혜를 받은 자답게 살아가고 있는지, 또한 하나님의 백성으로서 얼마나 온전하게 살아가는지 돌아보게 된다.

오직 은혜로 구원을 이루시는

자비를 베푸시는 하나님,
주신 사랑을 담대히 찬양하나이다.

허물과 죄로 죽었던 우리를(엡2:1-10),
그리스도께서 살리셨나이다.

믿음으로 택하신 자들에게(행13:48)
그리고 여전히 이방인과 같은 자녀들에게도
땅끝까지 구원을 베푸시는 긍휼을 허락하소서.(행13:47)

오직 은혜로 구원을 이루시는
예수 그리스도 이름으로 기도드립니다. 아멘.

97일 하나님의 아들이라 부름을 얻으리라

주신 편지 롬9:26

너희는 내 백성이 아니라 한 그 곳에서 저희가 살아 계신 하나님의 아들이라 부름을 얻으리라 함과 같으니라

호세아 1장 10절의 말씀이다.

"그러나 이스라엘 자손의 수가 바닷가의 모래 같이 되어서 측량할 수도 없고 셀 수도 없을 것이며 전에 저희에게 이르기를 너희는 내 백성이 아니라 한 그곳에서 저희에게 이르기를 너희는 사신 하나님의 자녀라 할 것이라"

바울은 구약의 말씀을 통해, 선민사상에 갇힌 유대인들에게 하나님의 깊은 뜻을 일깨운다. 본래 이스라엘은 선택된 백성이었지만, 불순종으로 인해 심판을 받았다. 그러나 하나님은 그들을 버리지 않으시고, 회복을 약속하셨다. 더 나아가, 이 약속은 이스라엘만을 위한 것이 아니라, 믿음을 가진 모든 이방인에게도 확장된다. 믿음으로 하나님의 자녀가 된다는 은혜의 길은 오늘을 살아가는 우리에게도 여전히 열려 있다.

하나님의 자녀 됨은 혈통이나 외적 조건에서 오는 것이 아니다. 그것은 믿음과 순종 속에서 드러나며, 우리 삶의 모든 순간 속에서 증명된다. 우리는 그분의 약속 안에서, 믿음을 통해 참된 자녀로 살아가도록 부름받았다.

바울은 구약과 신약을 잇는 말씀 속에서, 유대인들에게는 율법의 틀을

넘어 예수 그리스도를 믿음으로 의롭게 될 것을 권면하고, 이방인에게는 이미 이루어진 구원의 은혜를 밝힌다. 이 진리를 묵상할 때, 우리는 겸손과 감사, 그리고 하나님의 깊은 사랑을 새삼 깨닫게 된다.

오늘도 나를 부르신 그분의 손길 안에서, 믿음으로 살아가며, 하나님의 자녀로서 숨 쉬는 기쁨을 마음 깊이 묵상할 수 있기를 소망한다.

하나님의 의지대로

생명의 주인이신 하나님!
전에는 언약 밖에 있던 자를
살아 계신 하나님의 아들로 부르심을 감사드리나이다.

창세 이전부터 정하신 뜻 가운데
유대인들을 먼저 부르시고(롬3:2),
그 후 이방인을 그리스도 안에서 한 몸으로 부르셨나이다.

모른 척하며 무시당하던 자들이
주의 자녀임을 깨닫게 하시고,
다시 외면하는 죄악에 빠지지 않게 하소서.

하나님의 의지대로 부르심을 따라
남은 자의 구원을 위해 헌신하게 하옵소서.

예수 그리스도 이름으로 기도드립니다. 아멘.

98일

남은 자만 구원을 얻으리니

주신 편지 롬9:27-28

27또 이사야가 이스라엘에 관하여 외치되 이스라엘 뭇자손의 수가 비록 바다의 모래
같을찌라도 남은 자만 구원을 얻으리니 28주께서 땅 위에서 그 말씀을 이루사 필하시
고 끝내시리라 하셨느니라

이스라엘의 일부가 구원받지 못함을 예언한 이사야와 바울의 가르침을 비교하면, 하나님의 구원 계획이 분명해진다. 이사야 10장 22절의 말씀, "네 백성이 바다의 모래 같을찌라도 남은 자만 돌아오리니 넘치는 공의로 훼멸이 작정되었음이라"는 육적 이스라엘을 넘어 궁극적으로 영적 이스라엘, 곧 이방인에게까지 확장될 구원의 비밀을 담고 있다.

구약의 노아 홍수 사건에서도 이 원리가 나타난다. 하나님은 노아와 그의 가족 여덟 명을 구원하셨는데, 이는 단순한 육신의 생명 보존이 아니라 영적 구원을 나타낸 사건이다. 방주는 심령의 방주를 의미하며, 이를 짓지 않으면 열매 없는 죽음 속에 머물 수밖에 없다. 그러나 구원을 통해 마지막 나타날 온전한 구원을 예표하셨다.

오늘날도 이 원리는 동일하다. 노아는 환란 때 쓰임받는 하나님의 종(행2:19,계11:3)을, 방주 안의 가족들은 믿음으로 순교할 성도들(계6:9)을 예표한다. 첫째 부활을 사모하며 심령 성전을 세우고, 잣나무 같은 진리로 무장하여 환란 날 증거할 남은 자들이 세워지는 때가 바로 은혜 시대이다. 이렇게

여덟 명의 남은 자라는 대표적 원리를 통해, 하나님은 수많은 이스라엘 자손 중에서도 환란 때 남을 온전히 신부 될 남은 자로 보여 주신다.

초대교회에서도 성령을 받은 백이십 명이 남아 교회를 세웠듯, 하나님께서는 남은 자를 통해 작정된 의를 땅에 온전히 이루실 것이다.

마지막 남은 한 사람까지도

구원의 문을 여시는 하나님,
이스라엘의 일부가 아직 돌아오지 않았어도
구원의 길을 닫지 아니하시고
영적 이스라엘인 우리에게 먼저 허락하셨나이다.

마지막 때 나타날 구원(벧전1:5)을 이루실
주님을 찬양하며,
마지막 남은 한 사람까지도,
믿음으로 인도하여 주기를 원하옵나이다.

예수 그리스도의 이름으로 기도드립니다. 아멘.

99일 씨를 남겨 두시지 아니하셨더면

주신 편지 롬9:29-31

29또한 이사야가 미리 말한바 만일 만군의 주께서 우리에게 씨를 남겨 두시지 아니하
셨더면 우리가 소돔과 같이 되고 고모라와 같았으리로다 함과 같으니라 30그런즉 우
리가 무슨 말 하리요 의를 좇지 아니한 이방인들이 의를 얻었으니 곧 믿음에서 난 의
요 31의의 법을 좇아간 이스라엘은 법에 이르지 못하였으니

하나님께서는 소돔과 고모라를 멸망시키셨지만, 이스라엘을 완전히 버리지 않으시고 남은 자를 보존하셨다.

이사야가 말하였다. "만군의 여호와께서 우리를 위하여 조금 남겨 두지 아니하셨더면 우리가 소돔 같고 고모라 같았었으리로다"(사1:9)

여기서 "씨를 남겨 두시지 아니하셨더면"은, 하나님께서 정하신 남겨진 자만이 절대 주권과 섭리 안에서 마지막 구원을 받을 것임을 의미한다.

율법을 따르던 유대인들은 하나님의 의이신 예수를 받아들이지 않고, 스스로의 노력으로 구원에 이르려 했다. 결국 그들은 실패하고, 행위로 의롭다 함을 얻으려 했기 때문이다.

반면 의의 법이 없던 이방인은 믿음으로 난 의를 따라 은혜로 부르심을 받고 의롭게 되었다.

그럼에도 신실하신 하나님께서는 이스라엘을 향한 은혜의 날을 여전히 예비하시고, 그날이 오기를 기다리고 계신다.

정하신 남은 자로

만군의 여호와 하나님,
믿음의 길을 찾지 않음이
소돔과 고모라와 같음을 고백하나이다.

주님, 믿음으로 의롭다 하심을 얻은 이방인처럼
우리도 성령 안에서 굳게 서게 하소서.

정하신 남은 자로
마지막 구원의 날을 누리게 하시며,
구원의 증언자로 세워 주옵소서.

예수 그리스도 이름으로
간구하며 기도드립니다. 아멘.

100일 부끄러움 없는 자의 반석

주신 편지 롬9:32-33

32어찌 그러하뇨 이는 저희가 믿음에 의지하지 않고 행위에 의지함이라 부딪힐 돌에
부딪혔느니라 33기록된바 보라 내가 부딪히는 돌과 거치는 반석을 시온에 두노니 저
를 믿는 자는 부끄러움을 당치 아니하리라 함과 같으니라

율법의 의는 율법을 통해 의로움에 이르는 것이며, 믿음의 의는 믿음을 통해 의로움에 이르는 것이다. 유대인들은 율법의 의를 힘껏 추구했지만, 하나님께 의롭다고 인정받지 못했다. 그 이유는 스스로의 행위로 의로움을 얻으려 했고, 하나님께서 주시는 은혜를 거부했기 때문이다.

이스라엘은 믿음의 길을 외면하고, 예수 그리스도를 걸림돌로 여겼다.(사8:14, 28:16) 그 결과 스스로 걸려 넘어지고, 믿음의 의를 이루지 못했다. 오늘날에도 스스로 의롭다 하는 의는 믿음을 흔들고, 예수님을 보지 못하게 하며 하나님의 은혜를 무효로 만든다. 그러나 시험한 돌이자 견고한 기초돌이신 예수 그리스도를 믿는 자는 부끄러움을 당하지 않는다.

예수를 믿지 않고 율법과 행위에 의존한 자에게는 예수님이 걸림돌이 되었지만, 믿는 자들은 구원에 이른다. 부끄러움을 당하지 않는 자는 순교하여 첫째 부활의 영광에 들어가, 어린양의 혼인식에 참여하며 세마포 흰옷을 입은 자이다.(계16:15)

당신은 부활의 몸으로 다시 오실 주님과 함께 하늘에서 거할 자로 세우실 그분을 믿는 자이다.

부딪힐 돌, 믿음의 반석

반석이신 하나님,
'예수 그리스도'라는 부딪힐 돌에 넘어졌던 이스라엘이
바로 저였나이다.

스스로 의로움을 구했으나,
결국 제가 걸림돌이 되었나이다.

주께 가까이 나아갈 기회를 허락하심에 감사드리며,
돌이시자 반석이신 예수님만 의지하게 하소서.

제가 걸려 넘어지지 않고,
오직 주께 나아가게 하소서.

하늘에 속한 삶(엡2:5)을 살게 하시고,
육신으로 부끄러움을 당하지 않으며
세마포 흰옷을 입고 주 앞에 서게 하소서.

반석 위에 서는 자는
영광의 몸으로 부활하신 주님과 함께 거하며
찬양하게 하소서.

예수 그리스도 이름으로 기도드립니다. 아멘.

전도와 선교의 원리 10장

- 이스라엘은 하나님의 의에 대하여 복종하지 않았다.(롬10:3)
- 믿음으로 난 의는 첫째, 하늘에 올라가신 의(죄 없으신 하나님의 아들)를 믿는 것이며, 둘째, 하늘에 올라가시기 전에 사망 권세를 깨뜨리려 무덤 깊은 곳으로 먼저 내려가신 것을 믿는 의이다.(롬10:7)
- 마음으로 의에 이르고, 입으로 고백하여 구원에 이른다.(롬10:10)
- 믿음은 들음에서 나오며, 들음은 하나님의 말씀에 의한다.(롬10:17)

101일 하나님께 열심은 있으나

주신 편지 롬10:1-2

[1]형제들아 내 마음에 원하는 바와 하나님께 구하는 바는 이스라엘을 위함이니 곧 저희로 구원을 얻게 함이라 [2]내가 증거하노니 저희가 하나님께 열심이 있으나 지식을 좇은 것이 아니라

바울의 기도 제목은 이스라엘이 하나님의 의 자체이신 예수를 믿어, 믿음으로 의롭다 하심을 얻는 것이었다. 구원은 믿음으로만 주어지기에, 그들의 죄 문제 또한 믿음을 통해 해결되어야 했다. 곧 속죄의 구원을 받는 것이다.

바울은 자기 동족을 위해 기도하는 심정을 숨김없이 드러낸다. 사랑하는 이가 어둠 속에서 방황하는 모습을 지켜보는 듯한 안타까움이 그에게 가득하다. 이스라엘은 열정적으로 하나님을 찾았으나, 그 열심이 진리의 지식에 기초하지 못했음을 고백한다.

율법 학자와 바리새인, 서기관처럼 하나님을 향한 열성은 대단했지만, 말씀에 순종하지 않았다. 오히려 걸림돌이신 예수, 곧 반석에 부딪혀 스스로 그분을 거부했다. 하나님의 의보다 자기 의를 앞세우며, 열성은 있었으되 믿음은 없었던 것이다.

이 모습은 오늘 우리에게도 비친다. 행위를 붙잡고, 믿음은 놓친다. 이스

라엘이 예수를 시험의 돌로 여겨 십자가에 못 박았듯, 결국 하나님의 의를 저버린 것이다.

하나님의 의를 거부한 그들은 지식 없는 자들이었으며, 곧 믿음 없는 자들이었다.

그렇다면, 당신은 진정 지식 있는 자인가?

마음의 깊은 바람

하나님 아버지,
지식의 근본이신 예수님을 알지 못한 채
어둠 속을 걷는 이스라엘을 밝히 드러내소서.

구원으로 인도할 자들에게
지혜와 지식(고전12:8)의 은사를 충만히 부으시고,

바울처럼 절박한 심정으로
이스라엘과 미혹된 그리스도인을 위해
마음 다해 기도하게 하소서.

제 마음의 깊은 바람이
아버지께 닿기를 원하오며,
예수 그리스도 이름으로 기도드립니다. 아멘.

102일 자기들의 의를 세우려고 힘써

주신 편지 롬10:3

하나님의 의를 모르고 자기 의를 세우려고 힘써 하나님의 의를 복종치 아니하였느니라

유대인들이 자기 의와 하나님의 의를 혼동함을 보여준다. 마태복음 7장 24절에서 산상보훈을 통해 예수께서 말씀하시길, 반석 위에 지은 현명한 사람은 예수를 믿고 그 말씀을 듣고 행하는 자다. 그는 하나님의 의에 복종하며, 기초인 반석(사28:16)을 믿고 따른다.

반대로, 모래 위에 지은 어리석은 사람은 겉으로는 하나님을 섬기는 듯하나 말씀을 듣고 행하지 않는다. 그는 하나님의 의에 불순종하며, 자기 의—즉 율법의 행위—로 구원을 얻으려 한다.

하나님은 예수가 주체가 되느냐, 내가 주체가 되느냐에 따라 사람의 마음이 하나님의 의에 복종하는지를 아신다. 모래 위에 지은 심령은 자기 의에 기대어 무지한 열성만 드러내며, 결국 무너질 수밖에 없다. 이는 하나님께서 큰 길을 내셨음에도 스스로 작은 길을 내려는 모습과 같다.

모래 위에서 허물어졌나이다

은혜로 구원하시는 주여,
반석을 통해 영광을 입히시는 사랑을 찬양하나이다.

그러나 스스로 반석 위에 선 줄 알았던
저의 의는 모래 위에서 허물어졌나이다.

오 주여,
진실로 자신감으로 똘똘 뭉쳐있던 어리석음에서
속히 벗어나게 하옵소서.

예수께서 주체 되신 믿음의 기초 위에 굳게 서서
순종하며 나아가게 하소서.

반석이신 예수 그리스도 이름으로
모든 간구를 올리나이다. 아멘.

103일 율법의 마침이 되시니라

주신 편지 롬10:4

그리스도는 모든 믿는 자에게 의를 이루기 위하여 율법의 마침이 되시니라

그리스도, 곧 나를 위해 죽었다가 다시 사신 부활하신 주님은 율법의 실체이시다. 예수께서 죽으신 이유는, 율법 자체로는 그 끝을 이루었다는 것을 보여 주시기 위함이다.(마5:17 - 내가 율법이나 선지자나 폐하러 온 줄로 생각지 말라 폐하러 온 것이 아니요 완전케 하려 함이로라)

율법, 곧 정결법과 제사법은 이제 힘을 잃었다. 그분은 우리를 새로운 피조물(고후5:17)로 되게 하시려고, 죄를 알지 못하셨으나 우리를 위해 죄가 되셨다. 이를 통해 우리는 그분의 손길 속에서 녹아 하나님의 의로 피어난다. 하나님의 의는 오직 믿음으로만 이루어진다.

(갈2:20 - 내가 그리스도와 함께 십자가에 못 박혔나니 그런즉 이제는 내가 산 것이 아니요 오직 내 안에 그리스도께서 사신 것이라 이제 내가 육체 가운데 사는 것은 나를 사랑하사 나를 위하여 자기 몸을 버리신 하나님의 아들을 믿는 믿음 안에서 사는 것이라)

율법은 예수님을 알아보게 하고, 예수를 믿도록 인도하는 역할만을 위해 존재했다. 예수님께서 율법을 완성하시고 개혁하신 것이 바로 그분의 의이며, 구약 시대에도 소나 양의 피, 제사법을 통해 초림하신 예수님을 바라보았다.

오늘날 우리는 다시 오실 예수 그리스도를 기다리며, 주를 위해 살고 죽는 새로운 피조물로서 삶을 살아간다.

'마침'이자 '완성'이신

영광의 아버지,
나를 위해 죽었다가 다시 사신 그리스도께서
율법의 실체이심을 찬양하나이다.

율법의 마침으로
의로움의 한계는
힘을 잃었나이다.

아버지의 독생자의 영광(요1:14)으로
은혜와 진리가 충만하여
하나님의 뜻을 알게 하시니이다.

이제 다시 오실 주님을 기다리며
새로운 피조물(고후5:17)로서
그분의 손길 아래 완성되나이다.

'마침'이자 '완성'이신
예수 그리스도 이름으로 기도드립니다.
아멘.

104일 율법으로 말미암는 의

주신 편지 롬10:5

모세가 기록하되 율법으로 말미암는 의를 행하는 사람은 그 의로 살리라 하였거니와

율법을 지켜 얻는 의의 무게를 다시 짚어본다. 결코 가벼운 길이 아님을 드러낸다.

레위기 18장 5절에 하나님께서 말씀하신다.

"너희는 나의 규례와 법도를 지키라 사람이 이를 행하면 그로 인하여 살리라 나는 여호와니라"

율법을 통한 의는, 율법을 지켜 행한 의이다. 율법을 따라 행한 사람은, 그 행위로 육체의 생명이 끊어지지 않음을 최고의 가치로 여긴다. 그러나 이것은 영을 살리는 것이 아니라, 육체를 정결케 하는 데에 그친다. 율법에서 난 의는 오직 율법 자체를 끝까지 지켰을 때만 '의'라 단정할 수 있다. 한 걸음, 한 걸음 행함으로 그 의를 끝까지 증명해야 한다.

반면, 믿음으로 난 의는 예수를 믿는 믿음으로 모든 죄가 사함을 받고, 의로운 자임이 확정되는 것이다. 하나님은 예수 그리스도를 통해, 율법이 아닌 은혜로 열리는 새로운 구원의 길을 여셨다.

따라서, 당신은 율법으로 살린 자가 아니라, 오직 믿음으로 살린 자임을 기억하라.

정점에 닿기 전

영을 구원하시고,
죄를 사하신 예수시여!

모든 것을 작정하신 아버지시여!
모세의 율법으로 주를 알았나이다.

산지를 오르는 듯
발걸음마다 의를 새기나,
정점에 닿기 전 지친 저를 아시나이다.

높은 하늘에서 열린 길,
율법을 넘어 흐르는
은혜의 강물을 보았나이다.

율법에 매인 자들에게
예수 안에서
살리심을 전하게 하소서.

부활하시어 의롭게 하신
예수 그리스도 이름으로 기도드립니다.
아멘.

105일 하늘에 올라가신 그리스도를 믿는 것

주신 편지 롬10:6

믿음으로 말미암는 의는 이같이 말하되 네 마음에 누가 하늘에 올라가겠느냐 하지 말라 하니 올라가겠느냐 함은 그리스도를 모셔 내리려는 것이요

믿음으로 말미암는 의는 그리스도께서 하늘에 올라간 것을 믿는 데 있다. 우리는 그분이 하나님의 아들이심을 믿는다.

하나님의 아들, 성자 하나님은 본래 죄 없으신 분이시나 말씀으로 육신을 입고 이 땅에 오셨을 때는 죄인의 자리까지 내려오셨다. 예수께서 "의에 대하여라 함은 내가 아버지께로 가니 너희가 다시 나를 보지 못함이요"(요16:10)라고 하신 것처럼, 하나님의 의는 아버지께로 올라가실 그리스도를 가리킨다.

하나님의 의, 곧 예수는 사람의 모습으로 오셔서 죄인으로 죽으셨으나, 부활과 승천으로 다시 하늘에 오르심으로 죄인이 아님이 확증되었다. 그러나 율법을 통해 의롭다 여기는 자들은, 이 사실을 믿지 못하며 마치 하늘에 올라가신 그리스도를 다시 끌어내려 증명해 보라 하는 듯 멀리서 그분을 찾는다.

믿음은 스스로 손을 뻗어 하늘에 이르는 것이 아니다. 믿음은 이미 우리 가까이에 계신 그분을 받아들이는 것이다. 우리가 애타게 찾기 전, 우리의 입술이 부르짖기 전부터, 그분은 이미 우리 안에 숨 쉬고 계신다.

하나님의 아들을 믿는 믿음

하늘에 계신 우리 아버지,
그리스도께서 하늘 위에 오르신 것을 믿나이다.

이미 하늘에 계셨던
죄 없으신 하나님의 아들(갈2:20),
그 안에서 제가 사는 것이 아니라
그리스도가 사나이다.

하늘에 오르려 애쓰는 자들에게
"이미 가까이 계시니, 믿음으로 주를 품으라"
외치게 하소서.

하늘에 올라야만 하나님을 볼 수 있다고 믿는 이들에게
그리스도를 보여
믿음을 굳게 세우게 하소서.

뜻이 하늘에서 이루어진 것같이
땅에서도 이루게 하신
아버지께 영광 돌리며
예수 그리스도 이름으로 기도드립니다.
아멘.

106일

깊은 곳으로 내려가신 그리스도를 믿는 것

주신 편지 롬10:7

혹 누가 음부에 내려가겠느냐 하지 말라 하니 내려가겠느냐 함은 그리스도를 죽은 자 가운데서 모셔 올리려는 것이라

믿음의 의는, 그리스도께서 하늘에 오르시기 전에 사망 권세를 깨뜨리시기 위해 먼저 무덤 깊은 곳으로 내려가신 것을 믿는 데서 비롯된다. 마음속으로 "누가 지옥과 음부에 내려가 그리스도를 모셔 오겠는가?"라며 스스로 구원을 이루려는 시도는 헛된 발버둥일 뿐이다.

신앙은 이러한 헛됨에 매달리는 것이 아니다. 신앙은 이미 이루어진 구원을 믿고 받아들이는 것이다. 그리스도께서 우리를 대신하여 깊은 곳으로 내려가 모든 일을 이루셨기에, 우리가 다시 내려갈 필요가 없다. 하나님께서 이미 그리스도를 죽은 자 가운데서 살리셨기 때문이다.

에베소서 4장 9-10절과 시편 68편 18절은 이를 증거한다.

"올라가셨다 하였은즉 땅 아랫 곳으로 내리셨던 것이 아니면 무엇이냐 … 모든 하늘 위에 오르신 자니 이는 만물을 충만케 하려 하심이니라."

"주께서 높은 곳으로 오르시며 사로잡은 자를 끌고…"

십자가에서 피 흘리신 예수님은 과거와 현재, 미래의 우리의 죄를 사하시기 위해 무덤에 묻히고 땅 아래 깊은 곳으로 내려가셨다. 그리고 그 몸을 부활의 생명으로 끌어올리시어 하늘에 오르시고, 우리를 영생의 몸으로 인도하셨다.

이로써 하나님의 아들이신 예수 그리스도의 권세, 곧 부활의 권세가 확증되었다. 이것이 믿음에서 난 의이며, 사망 권세를 깨뜨리신 하나님의 아들을 믿음으로 우리가 의롭다 칭함을 받는 것이다.

죽음의 길을 지나신 주

영원한 생명의 주여,
열어 두신 그 문 앞에 서 있나이다.

죽음의 길을 지나신 주,
부활의 권세로 하늘에 계시나이다.

캄캄한 흑암 속에서도
그 아래 깊은 곳을 내려다보지 않게 하시고,
생명의 성령으로 우리를 더욱 새롭게 하옵소서.

하늘 높이 오르신
예수 그리스도의 이름으로 기도드립니다. 아멘.

107일　　가까이에 있는 믿음의 말씀

주신 편지 롬10:8

그러면 무엇을 말하느뇨 말씀이 네게 가까와 네 입에 있으며 네 마음에 있다 하였으니 곧 우리가 전파하는 믿음의 말씀이라

믿음의 말씀은 내 가까이에 있다.
그렇다면, 이것이 무엇을 뜻할까?

신명기 30장 12-14절에서 말씀하시기를,
"하늘에 있는 것이 아니니 … 바다 밖에 있는 것이 아니니 … 오직 그 말씀이 네게 심히 가까와서 네 입에 있으며 네 마음에 있은즉 네가 이를 행할 수 있느니라."

바로 이 말씀이 우리가 전파하는 믿음의 말씀이다. 이 말씀은 예수님을 죽은 자 가운데서 살리신 사건을 우리 입과 마음에 주셨으며, 우리는 이를 믿는다.

말씀의 생명력은 단순한 기록이 아니라 살아 있는 존재이다. 손을 뻗어야 닿는 것이 아니라, 숨결 속에 머물며, 보이지 않지만 항상 피부에 닿는 바람과 같다.

믿음의 말씀은, 예수님께서 죄인의 모습으로 죽으시고 음부에 내려가셨

다가, 지금도 열매 없는 죽음 가운데 있는 우리의 죄까지 사하시며, 다시 살리실 주를 믿게 한다. 이 말씀은 입술 위에 머물고 마음에 울려 퍼지며, 생명의 나무로 자라 바로 옆에 있다.

그러나 율법으로 난 이스라엘은 여전히 예수를 멀리서 찾고 있다.

이미 가까이

우리 마음에 계신 주님,
말씀이 제 입술 위에 살포시 머무나이다.

진리를 찾아 헤매던 나그네에게도
이미 가까이, 제 안에 계심을 속삭이시나이다.

살리실 자를 위해
제 혀 밑에 꿀과 젖(아4:11)을 허락하소서.

진정 사랑하는 이에게 꼭 전해야 할 고백처럼,
생명의 언어로 듣고 말하며 품게 하소서.

또한 성령님의 생각으로 주시는 모든 말씀이
믿는 자들의 마음과 입술에도 거하게 하소서.

예수 그리스도의 이름으로 기도드립니다. 아멘.

108일 예수를 주로 시인함과 믿음

주신 편지 롬10:9

네가 만일 네 입으로 예수를 주로 시인하며 또 하나님께서 그를 죽은 자 가운데서 살리신 것을 네 마음에 믿으면 구원을 얻으리니

우리는 하늘로 올라가신 분이 하나님의 아들이심을 깨달았으며, 땅 깊은 곳으로 내려가셨다가 다시 올라가신 분 또한 하나님의 아들이심을 믿는다.

그 깨달음을 마음에 믿는 자들은 주 예수를 입으로 시인한다.

'입으로 시인'은 단순한 말의 고백이 아니라, 예수 그리스도의 신성과 구속의 능력을 세상에 선포하고 내면의 믿음과 일치시키는 행위다. 곧 예수가 죽었다가 부활하여 우리를 영생에 이르게 한 것을 선언하는 것이며, 입은 믿음의 증언이자 하나님과의 관계를 보여주는 창이 된다.

'마음에 믿는다'는 것은 삶의 변화와 진정한 구원의 시작을 의미한다. 속사람인 영혼이 예수를 믿고, 옛사람이 죽고 새사람으로 부활함을 받아들이는 것이다. 새사람은 죄 사함을 받고, 예수와 같은 몸과 인격을 입어 영원히 산 자로 살아간다. 이는 곧 속죄의 구원을 받음을 뜻한다.

입술의 고백이 믿음을 현실로 이끌고, 마음의 믿음이 의로움을 이루게 한다. 마음은 단순한 감정이나 생각이 아니라, 내면의 진실과 삶의 근본적

변화를 일으키는 신뢰와 순종으로 드러난다.

이처럼 믿음의 선언과 마음의 변화는 분리될 수 없는 흐름이며, 그 속에서 우리는 구원의 은혜를 뜨겁게 경험한다.

주 예수의 형상으로

아버지 하나님,
예수님을 제 삶의 주인으로 시인하며,
그분을 따르기로 마음으로 결단하나이다.

죄인으로 살던 옛사람은
예수와 함께 죽었나이다.

부활 된 새사람으로 살게 된 것을 전하며
구원의 기쁨을 입술로 증거하게 하소서.

주 예수의 형상으로
저를 온전히 입히실 날을 사모하며
예수 그리스도 이름으로 기도드립니다.
아멘.

109일　마음의 믿음과 입의 시인(증거)

주신 편지 롬10:10

사람이 마음으로 믿어 의에 이르고 입으로 시인하여 구원에 이르느니라

마가복음 16장 16절은 "믿고 세례를 받는 사람은 구원을 얻을 것이요"라고 증거한다. 이 구원은 성령으로 의에 이르는 **성화구원**을 뜻한다. 마음으로 믿어 의에 이르고, 속사람인 영혼이 예수를 믿어 겉사람인 몸까지 침례를 받아 그리스도의 것이 된 자들이 성령 안에서 누리는 구원이다.

사도행전 16장 14절에서 주께서 여인 루디아의 마음을 여셔서, 그녀가 바울이 전한 복음을 듣고 예수를 받아들이게 하셨다. 그리하여 루디아와 그의 집안이 세례를 받았다. 루디아가 예수를 믿었다는 것은, 그녀의 속사람과 겉사람이 그리스도의 마음과 생각 안에서 하나 되어 그리스도를 영접했음을 뜻한다. 성경이 '루디아'와 '루디아의 집안'이라고 기록한 것은 영혼만 믿은 것이 아니라, 영혼을 담는 몸까지도 그리스도의 것으로 온전히 드려 신앙생활을 했음을 보여 준다. 다시 말해, 세례를 받음으로써 믿음이 속사람과 겉사람 모두에게 나타났다는 뜻이다.

또한 '입으로 시인하여 구원에 이른다'는 것은 단순한 고백을 넘어, 어느 곳에서든 예수를 대적하는 권세 앞에서도 담대히 말씀을 증거하는 것이다. 주께서 말씀하시기를, "사람 앞에서 나를 시인하면 나도 아버지 앞에서 저를 시인하리라"(마10:32) 하셨다. 예수께서도 진리를 증거하다가 핍박과 죽

음을 당하셨듯, 우리 또한 그 길을 따르되 끝까지 주를 시인해야 한다.

그러므로 입술로만 시인하는 것에 머물러서는 안 된다. 말씀을 증거하며 목숨을 다해 믿음을 드러낼 때, 우리는 예수와 같은 죽음을 통해 영광에 이르고 영원히 의에 이른다.

영원한 복음을 전하는

믿음으로 구원하시는 하나님,
예수 그리스도께서 죽음에서 살아나심을
마음으로 믿으며,
그분이 우리의 구주이심을 입술로 고백하나이다.

주께서 말씀하시기를,
"사람들 앞에서 나를 시인하면
아버지께서도 우리를 시인하시리라" 하셨사오니,

권세자들 앞에서도 흔들리지 않게 하시고
그 증언이 수많은 영혼을
주님께로 이끄는 통로가 되게 하소서.

모든 민족과 백성에게
영원한 복음(계14:6)을 전하는
향기로운 제물이 되게 하옵소서.

이 모든 일을 성령께서 친히 이루실 것을 믿으며
그리스도 예수 이름으로 기도드립니다. 아멘.

110일

부르는 모든 사람에게 부요하시도다

주신 편지 롬10:11-12

11성경에 이르되 누구든지 저를 믿는 자는 부끄러움을 당하지 아니하리라 하니 12유
대인이나 헬라인이나 차별이 없음이라 한 주께서 모든 사람의 주가 되사 저를 부르는
모든 사람에게 부요하시도다

이사야 28장 16절은 하나님의 모퉁잇돌, 곧 메시아 예수를 믿는 자는 흔들리지 않고 굳건하다는 약속을 담고 있다. 이는 유대인뿐 아니라 모든 이방인에게도 적용된다.

여기서 "부끄러움"은 단순한 수치심이 아니라, 심판에서 멸망당하지 않음을 의미한다. 예수를 믿는 자는 영원한 생명을 보장받으며, 차별 없는 은혜와 풍성한 부요함 속에서 더욱 견고하게 서게 된다.

우리는 주 예수를 부르며, 그를 믿고 새사람이 된다. 믿음으로 침례를 받고 그리스도의 것으로 살며, 의에 이르고 주를 위해 죽기까지 헌신한다. 또한 부활의 몸으로 주의 재림을 맞이할 자로 준비된다.

유대인이든 헬라인이든, 주를 부르는 이를 하나님은 믿음으로 고백하게 하시며, 자비를 베푸실 마음을 열어 하나님의 자유의지 아래 그들에게 충만히 부어주신다. 이것이 하나님의 차별 없는 은혜다.

주의 때와 방법으로

권능의 주 하나님,
예수를 믿는 자는 부끄러움을 당하지 않으리라는
그 약속을 제 마음 깊이 새기나이다.

주의 공평하심이
이방인에게도 흘러
저 또한 은혜와 부요함을 받았사오니,
주의 사랑과 자비를 찬양하나이다.

말씀으로 구원의 길을 비추시고,
믿음의 충만함으로 걸음을 인도하시는 주님.
당신의 뜻대로 우리를 이끄소서.

주의 때와 방법으로
구원하실 자를 구원하시는
예수 그리스도의 이름으로 기도드립니다.
아멘.

111일 주의 이름을 부르는 자

주신 편지 롬10:13

누구든지 주의 이름을 부르는 자는 구원을 얻으리라

하나님의 택하신 자들은 예수를 믿음으로 구원을 얻는 것이다.

주의 이름을 부른다는 것은 단순한 호칭이 아니라, 영혼 깊은 신뢰와 간절한 부르짖음이다.

성령께서는 우리의 마음을 흔들어 말씀을 듣게 하시며, 구원의 은혜로 인도하신다. 그러나 구원은 우리가 먼저 시작하는 것이 아니라, 하나님께서 이미 예비하신 길 위에서 이루어지는 것이다.

요엘 2장 32절은 말씀한다.

"누구든지 여호와의 이름을 부르는 자는 구원을 얻으리니 … 남은 자 중에 나 여호와의 부름을 받을 자가 있을 것임이니라."

이 말씀은 예수를 부르고 증거하는 자, 곧 하나님의 남은 자를 구원하시는 약속을 담고 있다. 복음은 유대인과 이방인 모두에게 주어졌다. 믿음으로 주의 이름을 부를 때, 우리는 하나님의 약속 안에 서게 된다. 구원은 하나님의 말씀과 믿음을 통해 이루어지며, 그 부르심에 순종할 때 비로소 우리의 영혼은 구원의 길을 걷게 되는 것이다.

오늘도 주의 이름을 부르며, 하나님의 인도하심과 은혜를 신뢰하는 것이 마땅하다.

영광의 복음을 따라

하나님이시여!
주의 이름을 부르는 저를 구원하셨나이다.

그 이름을 부를 때마다
은혜의 깊이에 가슴이 저미나이다.

그러나 주의 이름을 증거하려 할 때면
정녕 부족한 입술을 부끄럽고 가려지나이다.

오히려 미리 아신 자(롬8:29)들에게
받은 구원의 은혜를 다시금 삶으로 갚게 하소서.

그들로 하여금 영광의 복음(딤전1:11)을 따라
다다를 수 없는 은혜를 맛보게 하옵소서.

주의 이름을 부르짖는 순간마다
성령의 도우심으로 넉넉히 승리하게 하소서.

예수 그리스도의 이름으로 기도드립니다. 아멘.

112일 좋은 소식을 전하는 발

주신 편지 롬10:14-15

14그런즉 저희가 믿지 아니하는 이를 어찌 부르리요 듣지도 못한 이를 어찌 믿으리요
전파하는 자가 없이 어찌 들으리요 15보내심을 받지 아니하였으면 어찌 전파하리요
기록된바 아름답도다 좋은 소식을 전하는 자들의 발이여 함과 같으니라

복음을 듣고 믿음을 갖는 과정은 순차적으로 이루어진다. 어둠 속의 이에게 한 줄기 빛이 필요하고, 진리를 모르는 자에게는 하나님께서 정하신 목소리가 요구된다. 누군가가 말하고, 듣는 자가 믿으며, 믿음은 다시 전파되어야 한다.

하나님께서는 마음을 열 자에게 사명을 맡기시고, 그 사명을 통해 말씀을 전하게 하시며, 듣는 자로 하여금 믿고 다시 증거하게 하신다.

이사야 52장 7절은 이렇게 전한다.
"좋은 소식을 가져오며 평화를 공포하며 복된 좋은 소식을 가져오며 구원을 공포하며 시온을 향하여 이르기를 네 하나님이 통치하신다 하는 자의 산을 넘는 발이 어찌 그리 아름다운고"

하나님의 말씀을 전하려면, 하나님께서 세우신 교회와 사명자가 필요하다. 사명자는 화평의 복음을 전하는 발을 가져야 하며, 구원의 빛진 자로서 복된 발걸음을 걷는다.

우리는 화평의 복음을 통해 죄 사함을 받고, 믿음의 의로 하나님과 화목하게 되었다. 이제 구원의 소식을 전하는 자로서, 다른 이를 위해 복음의 신발을 신어야 한다.(엡6:15) 그 발걸음은 하나님의 사랑이 닿는 흔적이며, 생명수가 흐르는 길이며, 그 길 끝에는 구원이 있다.

많은 물소리

주님,
성소에서 '할렐루야'를 크게 외칩니다.
화평의 복음으로 사명자들을 부르시고
진리의 음성을 듣게 하심을 감사드립니다.

거친 발걸음마다 생명이 움트고
화해의 직분과 말씀(고후5:19)을 허락하사
듣는 자는 믿게 하시고,
믿는 자는 증거하게 하소서.

어떠한 곤경 속에서도
걸음을 쉬지 않게 하시고,
예수의 음성, 곧 많은 물소리에(계1:15)
귀 기울이게 하소서.

예수 그리스도 이름으로 기도드립니다. 아멘.

113일 누가 믿었나이까

주신 편지 롬10:16

그러나 저희가 다 복음을 순종치 아니하였도다 이사야가 가로되 주여 우리의 전하는 바를 누가 믿었나이까 하였으니

전파하는 자가 복음을 전했다 하더라도, 듣는 모든 사람이 그 복음을 받아들이는 것은 아니다. 이것은 중요한 현실을 보여 준다.

이사야 53장 1절은 이를 탄식한다.
"우리의 전한 것을 누가 믿었느뇨 여호와의 팔이 뉘게 나타났느뇨"

이사야는 유대인들이 하나님의 말씀에 순종하지 않음을 안타까워하며, 깨끗한 샘물이 메마른 땅에 스며들지 못하는 모습을 떠올리듯, 복음이 그들의 마음에 닿지 못함을 예견했다.

바울 역시 유대인들이 예수의 복음을 듣고도 거부한 현실을 전한다. 왜 그런가? 그들의 불순종으로 인해 하나님께서 그들의 마음을 온전히 열지 않으셨기 때문이다. 선민 유대인이 믿음의 의에 이르지 못하게 하시고, 그 구원을 이방인에게 베푸셨다. 그러나 언젠가는 이방인이 영적 유대인이 되고, 다시 유대인의 마음도 열려 그리스도를 영접할 날이 올 것이다.

그러므로 말씀을 전하는 자는 절망하지 말고, 하나님의 계획을 신뢰하며

그분의 역사하심에 자신을 맡겨야 한다.

마지막으로, 스스로에게 질문하라.

나는 진정으로, 전인격적으로 복음에 반응하고 있는가?

다시 부르시는 주의 뜻 안에

주여!
기쁜 소식을 전하는 자가 여기에 있나이다.

이사야의 절규와 바울의 탄식처럼
전하는 자의 발이 헛되이 여김을 받더라도,
주의 이름을 두려워하며 경외하게 하소서.

믿음의 씨앗은 뿌려졌으나,
닫힌 마음밭에 닿아 싹 틔우지 못함도
다시 부르시는 주의 뜻 안에 있나이다.

오직 은혜만을 구하오며,
예수 그리스도 이름으로 기도드립니다.
아멘.

114일

믿음은 들음에서 들음은 그리스도의 말씀으로

주신 편지 롬10:17

그러므로 믿음은 들음에서 나며 들음은 그리스도의 말씀으로 말미암았느니라

믿음의 전 단계는 절대적으로 하나님의 은혜이다. 하나님께서 마음을 열어주셔야 믿음이 생기며, 믿음은 들음에서 난다. 그러므로 하나님의 말씀은 계속 들어야 한다. 믿음으로 의롭게 되는 것은 전적으로 하나님의 완전한 은혜다. 말씀을 듣지 않으면 믿을 수 없으며, 믿음은 순간순간 말씀에 귀 기울이는 가운데 자란다.

그분의 말씀을 듣고, 그분의 숨결이 우리 영혼에 닿는 것, 그것이 믿음의 시작이자 완성이다. 요한복음 6장은 유대인들이 하나님의 말씀을 믿지 않았음을 보여 준다. 반면, 하늘로 올라가신 예수 그리스도(롬10:6)를 믿는 우리는, 예수께서 하나님의 아들이심과 땅에 오신 사실을 함께 믿는다.

요6:41 유대인들은 예수가 하늘에서 내려온 빵이라 하자, 육신으로는 요셉의 아들일 뿐이라며 믿지 않는다.

요6:44 주께서 보내신 아버지께서 이끌어 주지 않으면 아무도 예수께 올 수 없다.

요6:47 예수를 믿는 자는 영생을 얻으며, 생명의 빵을 먹는 자는 죽지 않는다.

요6:51-56 예수의 살과 피를 먹는 자는 그 안에 거하고, 예수도 그 안에 거한다.
요6:60-65 생명의 말씀은 영으로 받아야 하며, 아버지께서 허락하신 자만 올 수 있다.
요6:66-69 많은 사람이 떠나고 열두 제자만 남으며, 살아계신 하나님의 아들 그리스도를 믿는 것이 영생임을 확증한다.

하나님의 은혜로 생긴 믿음은 내 영혼 깊이 뿌리 내리며, 그 말씀을 하나님의 말씀으로 믿게 한다.

주께서 바라시는 대로

내 영이 주를 송축하나이다.
그리스도의 것으로,
생명의 성령의 법(롬8:2)으로
살아가게 하심에 감사드리나이다.

정녕, 주께서 바라시는 대로
저에게 영광을 풍성히 베푸시옵소서.

예수 그리스도 이름으로 기도드립니다. 아멘.

115일

그 소리가 온 땅에 그 말씀이 땅끝까지

주신 편지 롬10:18

그러나 내가 말하노니 저희가 듣지 아니하였느뇨 그렇지 아니하다 그 소리가 온 땅에 퍼졌고 그 말씀이 땅끝까지 이르렀도다 하였느니라

하나님의 말씀이 온 땅에 퍼졌고, '예수'라는 기쁜 소식이 세상에 전해졌다. 이것이 바로 복음이다. 그러나 복음을 믿었던 자들 가운데서도 믿음의 정절을 저버리고 타락하는 경우가 많다.

이제 우리는 은혜 위에 은혜, 진리 위에 더 높은 진리의 말씀이 절실히 필요하다. 성령으로 구원에 이르고, 다시 오실 주님에 대한 예언의 말씀을 깨달아야 한다. 진리의 말씀을 통해 구원의 복음에서 더 높은 단계로 나아가, 하늘나라의 영생의 도가 있음을 알아야만 승리할 수 있다. 그것이 우리를 영광으로 인도하실 진리의 말씀이다.

그러나 유대인들이 복음에 순종하지 않았듯, 이방인들도 진리를 듣지 않아 배도하여 예수를 팔 자가 있음을 깨달아야 한다. 이는 마치 구원의 날을 그림자로 예비하시는 하나님의 섭리와 같다. 따라서 진리의 말씀이 퍼져 주님을 맞이할 수 있도록 우리 또한 그들에게 빚진 자처럼 증거하며, 그들을 살리는 영(고전15:45)으로 살아야 한다.

창조의 순간부터 말씀은 새겨져

온 땅은 주를 경외하나이다.
창조의 순간부터 말씀은 새겨져
세상의 구석구석에 닿아
모든 이에게 전해졌나이다.

듣지 못했다 변명할 수 없는
하늘의 소식은
화평의 복음으로 증거되어
이미 이 땅에 임하였으며,
세상 끝날까지 계속될 것이나이다.

모든 창조물은
진리를 노래하며 메아리치오니,
믿음의 정절로 말씀으로 덧입혀져
세상에 타락되어 가는 자들을
승리로 인도하게 하옵소서.

예수 그리스도 이름으로
전심으로 기도드리나이다. 아멘.

116일 **시기와 노여움 속 구원의 길**

주신 편지 롬10:19-21

19그러나 내가 말하노니 이스라엘이 알지 못하였느뇨 먼저 모세가 이르되 내가 백성
아닌 자로써 너희를 시기나게 하며 미련한 백성으로써 너희를 노엽게 하리라 하였고
20또한 이사야가 매우 담대하여 이르되 내가 구하지 아니하는 자들에게 찾은바 되고
내게 문의하지 아니하는 자들에게 나타났노라 하였고 21이스라엘을 대하여 가라사대
순종치 아니하고 거스려 말하는 백성에게 내가 종일 내 손을 벌렸노라 하셨느니라

유대인들이 선지자들의 말씀을 듣고도 알아듣지 못했을까? 결코 그렇지 않다. 그들은 모세 때부터 하나님의 말씀을 꾸준히 들어 잘 알고 있었다.

그러나 하나님께서는 미리 말씀하셨다.

"그들이 하나님이 아닌 자로 나의 질투를 일으키며 그들의 허무한 것으로 나의 진노를 격발하였으니 나도 백성이 되지 아니한 자로 그들의 시기가 나게 하며 우준한 민족으로 그들의 분노를 격발하리로다"(신32:21)

또한 이사야는 선포하였다.

"나는 나를 구하지 아니하던 자에게 물음을 받았으며 나를 찾지 아니하던 자에게 찾아냄이 되었으며 내 이름을 부르지 아니하던 나라에게 내가 여기 있노라 내가 여기 있노라 하였노라"(사65:1)

이는 하나님께서 이방인에게도 자신을 드러내시겠다는 선언이다. 선민

이스라엘이 잠시 끊어졌으나, 하나님께서는 우리 이방인을 영적 이스라엘(롬2:28)로 충만케 하셨다.

앞으로 이스라엘은 이방인을 질투하게 될 것이다. 하나님의 구원의 경륜 속에서, 그들이 복음에 순종하지 않았기에 먼저 이방인에게 복음이 전해졌고, 그 시기와 노여움이 결국 정한 때에 유대인도 복음을 받아들이게 될 것이다.

내가 여기 있노라

정하신 때에 역사하시는 하나님,
이방인인 저에게
"내가 여기 있노라, 내가 여기 있노라" 드러내셨고,
제 귀는 그 부름에 떨렸나이다.

주를 기뻐하는 자들에게
구원을 이루게 하시고,
담대히 그 사랑을 증거하게 하소서.

미련한 자들을 들어
새 생명으로 깨우시는
예수 그리스도 이름으로
감사드리며 기도드립니다. 아멘.

구원론의 완성 11장

- 하나님은 이스라엘을 버리지 않으신다.(롬11:1)
- 하나님은 미리 아신 자들을 버리지 않으시며, 남겨 두신다.(롬11:4)
- 지금도 은혜의 선택하심을 따라 남은 자가 있다.(롬11:5)
- 이스라엘의 거역으로 이방인들이 구원을 얻었다.(롬11:7)
- 하나님께서는 이스라엘을 다시 접붙이실 것이다.(롬11:23-25)
- 하나님의 은사와 부르심에는 후회가 없으시다.(롬11:29-32)
- 하나님의 지혜와 부요함은 삼위일체 하나님으로 구체적으로 나타내시며, 만물이 그 분께로 나와 그분께로 통하여 그분께로 귀속된다.(롬11:36)

117일 바울의 고백, 하나님의 신실하심

주신 편지 롬11:1

그러므로 내가 말하노니 하나님이 자기 백성을 버리셨느뇨 그럴 수 없느니라 나도 이스라엘인이요 아브라함의 씨에서 난 자요 베냐민 지파라

하나님께서는 이스라엘을 버리지 않으셨다. 오히려 이스라엘이 하나님을 버렸다. 유대인들은 다윗의 자손 예수를 십자가에 못 박았고, 그 피를 자신들과 후손에게 돌리라며 민족적으로 메시아를 거부하였다.

그러나 하나님은 그들의 마음을 잠시 내버려두셨을 뿐, 회개의 때를 남겨두셨다. 아브라함에게 하신 약속을 이루실 날을 이미 예비해 두신 것이다.

빌립보서 3장 5절에서 바울은 자신을 증거로 내세운다. 그는 태어난 지 8일 만에 할례를 받은 정통 이스라엘인이며, 베냐민 지파 출신 바리새인으로 누구보다 열심히 예수를 박해한 자였다. 그러나 하나님께서는 그조차 버리지 않으셨다. 바울이 자신의 혈통을 언급한 이유는 분명하다. 하나님께서 자기 백성을 버리지 않으셨음을 확신시키기 위함이다. 만일 하나님께서 이스라엘을 완전히 버리셨다면, 바울도 존재할 수 없었을 것이다.

하나님의 은혜로 바울에게 남은 자의 구원이 이루어진 것처럼, 우리를 통해 유대인의 남은 자 구원 또한 예고되어 있다. 마치 뿌리 깊은 나무가 잎은 시들어도 뿌리는 여전히 살아 있는 것과 같다.

작은 자 속에 남기신 기억

이스라엘의 하나님,
자기 백성을 끝까지 지키시는 분,
그 사랑을 이방인에게도 보여주셨나이다.

아브라함의 씨,
베냐민의 자손, 작은 자 속에 남기신 기억은
꽃처럼 활짝 피어나나이다.

이스라엘의 구원을 예비하시며,
이방인인 저까지 껴안아 구원하셨나이다.

영적 이스라엘이라 부르시며,
아들의 영광을 믿게 하신 하나님을
영원토록 송축하나이다.

예수 그리스도 이름으로 기도드립니다. 아멘.

118일

엘리야와 칠천의 남은 자

주신 편지 롬11:2-4

2하나님이 그 미리 아신 자기 백성을 버리지 아니하셨나니 너희가 성경이 엘리야를
가리켜 말한 것을 알지 못하느냐 저가 이스라엘을 하나님께 송사하되 3주여 저희가
주의 선지자들을 죽였으며 주의 제단들을 헐어버렸고 나만 남았는데 내 목숨도 찾나
이다 하니 4저에게 하신 대답이 무엇이뇨 내가 나를 위하여 바알에게 무릎을 꿇지 아
니한 사람 칠천을 남겨 두었다 하셨으니

하나님께서는 미리 아신, 곧 생명으로 낳으신 자기 백성을 결코 버리지 않으신다.

열왕기상 17-19장을 보면, 바알 선지자의 딸 이세벨은 아합왕과 결혼해 이스라엘 백성에게 바알 숭배를 강요했다. 하나님의 제단은 무너졌고, 종들은 죽임을 당했다. 이에 엘리야는 갈멜산에서 불을 내려 참 하나님을 증거했으나, 목숨의 위협을 피해 호렙산으로 도망쳐 하나님께 호소한다. 그는 통곡하며 말한다. "이스라엘은 하나님을 배도했고, 이제 남은 경배자는 나뿐입니다."

그러나 하나님께서는 엘리야만이 아니라, 바알에게 무릎 꿇지 않은 칠천 명을 남겨 두셨다. 남은 자들의 구원은 하나님의 절대 주권 아래 있음을 보여준다.

바울 시대에도 유대인들은 예수를 배척했으나, 하나님은 열두 사도를 남은 자로 두셨다. 예수께서 승천하신 후에는 성령 충만한 예루살렘 교회가

세워지고, 수많은 성도와 일꾼들이 일어났다. 이스라엘은 멸망의 위기에 있었으나, 그중 일부는 복음을 믿고 구원받았다.

오늘날도 하나님은 마음을 여신 이들, 엘리야 시대의 칠천 명과 같은 남은 자들을 예비하고 계신다.

신실한 무릎을 지키게 하옵소서

오, 신실하신 주님,
끝내 자기 백성을 버리지 않으심을 찬양하나이다.

엘리야가 '나만 홀로 남았다'고 절망할 때에도
바알 앞에 무릎 꿇지 않는 7천 명을 남기셨나이다.

마음을 열어 믿음을 주시고,
믿음에 뿌리내릴 자도 이미 정하신 주여,
저희 또한 그 7천 중 하나로
신실한 무릎을 지키게 하옵소서.

예수 그리스도의 이름으로
경배하며 기도드립니다. 아멘.

119일

은혜의 선택

주신 편지 롬11:5

그런즉 이와 같이 이제도 은혜로 택하심을 따라 남은 자가 있느니라

바울 시대의 첫 번째 남은 자는 바울과 같이 표면적 유대인 중에서 믿음을 지킨 자들이었다.

두 번째 남은 자는 로마서 2장 28-29절에서 말씀하듯, '표면적 유대인이 유대인이 아니요, 이면적 유대인이 유대인'이라는 선언 안에 있다. 곧 이방인 중에서 믿음으로 의롭게 된 자들이다. 그들은 그리스도 안에서 새사람이 되어 참세례를 받고, 끝까지 인내하며 하늘의 소망을 붙드는 새로운 피조물이다.

오늘날의 남은 자들은 하나님의 말씀으로 믿음을 지키며 세상과 타협하지 않는 영적 이스라엘이다. 그들은 **바알 앞에 무릎 꿇지 않고 은혜로 길러져, 다시 오실 주님을 증거하고 예언하는 자들**이다.

또한, 육적 이스라엘이 타락했듯 영적 이스라엘도 배반할 수 있음을 보이시기 위해, 하나님은 환란 가운데서도 믿음을 지키고 주께 목숨을 바칠 자들을 준비하신다. 그들은 환란의 날에 사역할 두 증인(계11:3)과 같은 존재이다.

남기신 은혜로 존재하나이다

나의 근원 되신 하나님이시여!
남기신 은혜로 제가 존재하나이다.

새 피조물로 빚으사,
그리스도를 위해 살 수 있는 큰 믿음,
무엇과도 바꿀 수 없는 보배이옵니이다.

세상 풍조를 따르지 않으며,
말씀의 정절을 붙드는 자로
하늘의 소망만을 붙잡아
끝까지 그 길을 감당하게 하옵소서.

은혜의 여정 속에서 선택한
남은 자들을 위해 구원하시는
예수 그리스도 이름으로 기도드립니다. 아멘.

120일 택하심과 완악함 사이

주신 편지 롬11:6-7

[6]만일 은혜로 된것이면 행위로 말미암지 않음이니 그렇지 않으면 은혜가 은혜되지 못
하느니라 [7]그런즉 어떠하뇨 이스라엘이 구하는 그것을 얻지 못하고 오직 택하심을 입
은 자가 얻었고 그 남은 자들은 완악하여졌느니라

은혜로 선택된 자들은 바알 앞에 무릎 꿇지 않고 남겨진 칠천 명과 같다. 그 가운데 바울과 같은 이들이 있었다. 이는 구원이 우리의 행위가 아니라, 하나님의 은혜로 마음을 열어 주시고 믿음을 주심으로 속죄에 이르게 됨을 보여 준다.

그 후, 참세례로 그리스도의 것이 된 자는 성화의 길을 걸어간다. 주께서 "그 날에는 내가 아버지 안에, 너희가 내 안에, 내가 너희 안에 있는 것을 너희가 알리라"(요14:20) 하신 말씀처럼, 성령 안에서 자신이 '남은 자'임을 깨닫고 모든 것이 하나님의 은혜임을 영으로 고백한다.

그러나 이스라엘은 구원을 간구했으나 얻지 못하였다. 오직 은혜로 선택된 자들만이 예수를 믿어 의롭다 하심을 받았다. 나머지는 완고하여 지금까지도 예수를 하나님의 아들로 인정하지 못하고, 율법으로 의를 이루려 한다. 그러나 하나님께서는 여전히 그들을 위한 구원의 때를 남겨 두셨다.

은혜는 바람처럼, 햇살처럼

의의 하나님,
은혜는 바람처럼, 햇살처럼
마음속 깊이 스며들었나이다.

바알 앞에 무릎 꿇지 않는 자,
곧 우상 앞에 절하지 않는 자로
오직 하나님만을 섬기며
믿음으로만 주를 바라보나이다.

세상 영광에 허덕이는 자들은
스스로의 우상을 만들고 있으니,

그 입술에 참은혜만을 두사
참예수를 온전히 받아들이게 하소서.

완고한 자에게도 은혜를 베푸실 이름,
예수 그리스도 이름으로 기도드립니다. 아멘.

121일 영적 어둠 속 진행되는 은혜

주신 편지 롬11:8

기록된바 하나님이 오늘날까지 저희에게 혼미한 심령과 보지 못할 눈과 듣지 못할 귀를 주셨다 함과 같으니라

바울은 이스라엘이 복음을 거부한 것이 곧 완전한 버림을 뜻하지 않음을 밝힌다. 이는 복음이 이방인에게 전해지는 과정의 한 부분이며, 동시에 우리도 영적인 눈이 어두워지면 하나님을 보지 못하고 듣지 못할 수 있음을 경고한다. 그러나 이스라엘에게도 결국 구원의 기회가 있음을 분명히 한다.(롬11:25-26)

이사야 29장 9-12절은, 이스라엘의 영적 혼미가 포도주나 독주 때문이 아니라 하나님께서 깊은 잠을 부어 선지자와 선견자의 눈을 가리신 데 있음을 전한다. 그 결과, 그들은 보아도 보지 못하고 들어도 듣지 못했다.

그러나 하나님의 구원 계획은 멈추지 않았다. 하나님은 선지자와 지도자들의 눈을 열어, 초림하신 예수 그리스도의 구원을 증거하게 하셨다.

오늘날도 이 역사적 사건은, 재림하시는 주님을 믿지 않는 인간의 모습을 거울처럼 비춘다. 또한 요한계시록 1장 1-2절이 증거하듯, 하나님은 주의 종들의 마음을 열어 믿게 하시고, 그들에게 말씀을 맡기셔서 다시 오실 주님을 증거하게 하신다. 이것이 바로 하나님께서 이루시는 구원의 큰 그림이다.

진리 속에 침묵을 깨소서

화평과 질서의 하나님,
초림하신 예수를 보게 하시고
다시 오실 주를 듣게 하시니,
그 이름에 아멘으로 응답하나이다.

하나님의 시간은 결코 멈추지 않으시니,
혼미한 마음의 정적을 거두시고
닫힌 눈과 귀를 열어
진리 속에 침묵을 깨소서.

예수 그리스도의 이름으로
기도드립니다. 아멘.

122일 올무와 덫 속 하나님의 정의

주신 편지 롬11:9-10

9또 다윗이 가로되 저희 밥상이 올무와 덫과 거치는 것과 보응이 되게 하옵시고 10저
희 눈은 흐려 보지 못하고 저희 등은 항상 굽게 하옵소서 하였느니라

시편 69편 21-23절의 말씀은 전한다.

"저희가 쓸개를 나의 식물로 주며 갈할 때에 초로 마시웠사오니 저희 앞에 밥상이 올무가 되게 하시며 저희 평안이 덫이 되게 하소서 저희 눈이 어두워 보지 못하게 하시며 그 허리가 항상 떨리게 하소서"

이는 예수께서 십자가 위에서 극심한 고통과 갈증을 겪으실 때, 사람들로부터 식초를 받으실 사건을 미리 예언한 말씀이다. 곧 유대인들이 예수를 끝내 죄인의 자리로 몰아넣은 현실을 드러낸다.

다윗의 기도는 예수께 잔인하게 베푼 '식초의 식탁'이 오히려 그들 자신에게 올무와 덫이 되게 하소서 하는 간구이다. 또한 그들의 눈이 어두워 하나님의 영광을 보지 못하고, 굽은 등으로 땅만 바라보는 자가 되게 하소서 하는 탄원의 성격을 띤다. 이는 예수를 거부한 유대인의 완악한 모습을 날카롭게 비춘다.

그러나 이 기도는 단순한 복수의 외침으로 끝나지 않는다. 그들의 완고함은 여전히 남아 있지만, 하나님의 긍휼은 멈추지 않는다. 바울이 증언한

이스라엘 회복의 약속처럼, 눈먼 자도 언젠가 다시 눈을 들어 하늘의 빛을 보게 될 것이라는 소망이 담겨 있다.

예수 안에 이루는 다윗의 기도

하늘에 계신 우리 아버지,
다윗의 기도가 예수 안에서 이루어짐을 보게 하소서.

영원 전부터 유대의 구원까지 품으시는 주님,

먼저 저의 완고함을 비추사,
덫과 올무에 눈이 가려지지 않도록
주의 손으로 인도하소서.

등이 땅만 보아 굽지 않게 하시고
하늘의 영광만을 구하게 하옵소서.

철저히 예수를 죄인으로 만들었던
이 죄 된 몸을 건져 내신,
예수 그리스도의 이름으로 기도드립니다. 아멘.

123일 실패에서 충만으로

주신 편지 롬11:11-12

[11]그러므로 내가 말하노니 저희가 넘어지기까지 실족하였느뇨 그럴 수 없느니라 저희의 넘어짐으로 구원이 이방인에게 이르러 이스라엘로 시기나게 함이니라 [12]저희의 넘어짐이 세상의 부요함이 되며 저희의 실패가 이방인의 부요함이 되거든 하물며 저희의 충만함이리요

이스라엘의 넘어짐은 곧 이방인의 구원으로 이어지는 신비한 역설이었다. 그들의 실패조차 하나님의 주권적 섭리를 드러내는 증거요, 구원의 문을 여는 전환점이었다.

하나님은 유대인을 완전히 버리신 것이 아니라 잠시 혼미한 영 가운데 두셨다. 그들은 율법에 매여 초림하신 예수를 믿지 못했으나, 그 열성만큼은 여전히 하나님을 향해 있었다. 그리하여 구원의 길은 이방인에게로 옮겨졌고, 이제 이방인의 충만한 수가 차면 유대인 또한 시기함을 통해 믿음에 이르게 될 것이다. 이것이 바로 주도면밀하신 하나님의 주권적 역사다.

바울은 이 역사의 증인이었다. 율법주의자에서 은혜의 사도로 부름받은 그는, 유대인의 실족과 이방인의 부요를 동시에 보았다. 그리고 확신했다. 유대인의 쇠퇴가 이방인의 풍성함이 되었다면, 장차 유대인이 예수를 받아들일 때 임할 충만함은 더욱 크고 놀라우리라.

풍요의 찬란함으로 새로이

남은 자의 하나님,
이스라엘의 넘어짐이 이방인의 구원으로 피어남을,
주의 지혜로써 밝히 드러내셨나이다.

실로, 유대인의 실족함과
이방인의 부요함이 나타났나이다.

점점 더 유대인에게도
구원의 때가 다가옴을 일깨우시니,
깨어진 그리움으로 다시 일으키시고
풍요의 찬란함으로 새로이 채워 주소서.

이스라엘의 구원의 섭리가
이방인 우리에게 있음을 묵상하며,
예수 그리스도 이름으로 기도드립니다. 아멘.

124일 골육을 시기케 하여

주신 편지 롬11:13-15

13내가 이방인인 너희에게 말하노라 내가 이방인의 사도인만큼 내 직분을 영광스럽
게 여기노니 14이는 곧 내 골육을 아무쪼록 시기케 하여 저희 중에서 얼마를 구원하
려 함이라 15저희를 버리는 것이 세상의 화목이 되거든 그 받아들이는 것이 죽은 자
가운데서 사는 것이 아니면 무엇이리요

바울의 가슴에는 사랑의 열정과 하나님의 구원 계획이 함께 뛰고 있었다. 그는 사명과 소망 사이에서 울부짖는 연주자와 같았다. 하나님의 은혜로 택함 받은 '남은 자'로서, 바울은 이방인의 구원을 맡은 사도로 세워졌다. 유대인으로서 그는 이방인이 복음을 받는 일을 더욱 기뻐하며 감격했다.

그러나 유대인들은 그가 이방인을 구원으로 이끌었다는 이유로 오히려 그를 죽이려 했다. 이방인과 바울을 바라보며 시기와 질투에 사로잡혔다. 그럼에도 바울은, 그렇게 해서라도 동족이 구원받기를 간절히 원했다.

하나님은 유대인을 버리신 것이 아니라 잠시 유예하셨다. 이는 이방인과 하나님 사이에 화해를 이루기 위함이었다. 완고한 유대인보다 이방인이 먼저 구원에 이르는 것은 하나님의 신비로운 계획이다. 그리고 마침내 유대인들이 예수를 받아들일 때, 그들도 부활의 생명으로 살게 될 것이다.

하나님의 구원은 거절과 버림으로 끊어지지 않는다. 오히려 그것을 넘어

더욱 깊이 흐른다. 하나님의 일은 언제나 회복과 구원을 향하며, 그 끝에는 '죽은 자들로부터 살아나는' 소망이 기다리고 있다.

죽은 자들로부터 살아나는 소망

생명의 주관자이신 주님,
구원의 섭리는 결코 멈추지 않음을 믿나이다.
이스라엘을 잠시 죽은 자처럼 두신 것도
이방인의 구원을 위한 오묘한 뜻임을 고백합니다.

버려진 듯한 순간에도
시기마저 구속의 도구로 사용하시는 주님,
이제 속히 일어날 일들을 보이시는 종(계1:1)을 세우사
죽은 자들로부터 살아나는 소망을 이루게 하소서.

예수 그리스도의 이름으로 기도드립니다.
아멘.

125일

처음 익은 곡식 가루가 거룩한즉 떡덩이도 그러하고

주신 편지 롬11:16(1)

제사하는 처음 익은 곡식 가루가 거룩한즉 떡덩이도 그러하고

만물의 첫 열매는 예수 그리스도이시다. 그분은 생명의 근원이자 만물의 으뜸이 되신다. 골로새서 1장 15-18절은 그리스도가 보이지 않는 하나님의 형상이자 만물보다 먼저 나신 자이며, 교회의 머리이심을 밝힌다.

아버지께로부터 첫 출생이신 성자 예수님은 거룩하시며, 그분이 주시는 열매 또한 거룩하다. 만일 그 열매가 빵이 된다면, 그 빵도 거룩할 수밖에 없다.

그리스도께 속한 자들은 거룩한 첫 열매에 붙은 가지와 같으며, 열두 사도는 열두 덩어리의 빵과 같다. 부활의 첫 열매이신 예수님께 붙어 있는 우리는 또한 부활의 첫 열매들이다.(고전15:23) 이 진리를 믿을 때 우리의 거룩함은 더욱 깊어진다.

바울은 이스라엘과 이방인의 관계 속에서 거룩함이 전이됨을 설명한다. 민수기 15장 19-21절에서 곡식의 첫 열매가 하나님께 드려질 때 모든 곡식이 거룩해지듯, 조상들이 받은 은혜가 후손에게 이어져 거룩한 열매를 맺는다.

첫 열매 되신 주를 송축하나이다

거룩하신 아버지,
첫 열매 되신 주를 송축하나이다.

그리스도를 으뜸으로 세우시고,
그 첫 열매에 붙어있는 우리 또한
으뜸이 되게 하셨나이다.

예수님을 기쁘게 받으신 것처럼,
저의 삶 또한 주께서 받으소서.

거룩한 하나의 빵 덩이가 되어
세상 속 자녀들에게 나누어지고,
그 손길 따라 구원이 퍼져가게 하소서.

예수 그리스도의 이름으로 기도 올리옵나이다. 아멘.

126일 뿌리가 거룩하니, 가지도 거룩하다

주신 편지 롬11:16(2)

뿌리가 거룩한즉 가지도 그러하니라

뿌리가 거룩하다는 것, 곧 뿌리이신 성자 하나님께서 거룩하시다는 뜻이다. 그 뿌리는 **육체로 이 땅에 오신 예수 그리스도**이시다. 요한계시록 5장 5절은 증언한다.

"유대 지파의 사자 다윗의 뿌리가 이기었으니"

예수님은 육체로는 다윗보다 나중에 오셨지만, 말씀으로 다윗을 세우시고 그의 영광 또한 뿌리로부터 흘러오게 하셨다. 다윗이 세운 왕국은 장차 만왕의 왕으로 오실 예수 그리스도께서 세우실 천년왕국을 예표한다.(렘30:9, 계20:4)

'뿌리가 이기었다'는 것은 예수님께서 사망 권세를 이기시고 부활하심으로 우리를 생명의 길로 인도하셨음을 의미한다.

또한, **하늘에 영으로 계셨던 멜기세덱 또한 거룩하시다**.

요한계시록 5장 6절에는 "내가 또 보니 보좌와 네 생물과 장로들 사이에 어린 양이 섰는데 일찍 죽임을 당한 것 같더라 일곱 뿔과 일곱 눈이 있으니 이 눈은 온 땅에 보내심을 입은 하나님의 일곱 영이더라"라고 기록되어 있다. 여기서 '죽임을 당한 것 같은 어린 양'은 육신으로 오신 예수님과 달리, 하늘 제사장으로 계셨던 멜기세덱을 가리킨다. 멜기세덱은 범죄한 아담과 함께 지옥의 심판 아래 있던 하나님의 자녀들을 천국으로 인도하셨다. '죽임을 당한 것 같다'는 표현은 예수님께서 육신으로 이 땅에 오시기 전 이미 멜기세덱으로 승리하셨음을 보여준다. 이후 예수님께서는 멜기세덱의 반차를 따라 이 땅에 오셔서 실제로 피를 흘리며 죽임을 당함으로 죄 사함의 구원을 완성하셨다.

그러므로 다윗의 뿌리가 성자 하나님이듯, 우리의 뿌리도 같다. 다윗의 뿌리이신 성자 하나님으로 인해 우리가 그리스도인으로 존재하며, 거룩한 뿌리로부터 붙들림을 받는다. 가지는 유대인을 상징하며, 유대인은 믿음으로 아브라함을 조상으로 둔 원가지이다. 뿌리가 거룩하므로, 가지 또한 거룩하다.

영적 유대인의 거룩함

광대하신 주 여호와 하나님,
그리스도인들의 뿌리가 되신
성자 하나님께 경배드리나이다.

뿌리에서 나온 가지들이 거룩함을 입었듯,
영적 유대인인 우리가
순전한 거룩함을 나타내게 하소서.

예수 그리스도 이름으로
영광 돌리며 기도드립니다. 아멘.

127일 유대인들이 얼마나 꺾여지고 이방인이 접붙여져서

주신 편지 롬11:17

또한 가지 얼마가 꺾여졌는데 돌감람나무인 네가 그들 중에 접붙임이 되어 참감람나무 뿌리의 진액을 함께 받는 자 되었은즉

하나님의 구원 계획을 비유로 설명한다. 감람나무(올리브나무) 비유를 사용하여 유대인과 이방인의 관계를 드러낸다.

- 참감람나무 = 원가지들(이스라엘)
- 꺾인 가지 = 믿지 않은 유대인들
- 돌감람나무 = 이방인
- 접붙임 = 이방인들을 하나님의 구원 계획에 포함시킴

아브라함을 조상을 둔 이스라엘은 참감람나무의 원가지이다. 그러나 그들 중 일부는 믿음을 버려서 꺾인 가지가 되었다.

하지만 하나님의 은혜로 택함을 받은 이방인, 곧 돌감람나무 가지가 접붙여진다. 이들은 원가지인 유대인에게 붙음으로써, 아브라함에게서 비롯된 믿음의 가문에 참여하게 된다. 즉, 생명의 아버지는 하나님이시고, 믿음의 아버지는 아브라함이 된다.

예수 그리스도로부터 흘러나온 진액, 곧 생명을 공급받는다는 것은 죄 없는 몸으로 영생을 확증받는 것과 같다. 유대인에게 접붙임을 받은 이방인들은, 하나님의 의를 입고 예수의 생명, 곧 영생을 공급받는다. 이는 영원히 지옥 갈 수 없는 영의 구원과 속죄 구원으로 완성되며 내 안에서 부활하신 예수의 생명으로 살아가게 한다.

또한 성령은 예수의 생명이 내 안에 있는 자에게 부어지며, 열매 맺는 성령의 생명으로 충만하게 하신다. 이렇게 하나님의 구원 계획은, 유대인과 이방인을 하나로 연결하고, 믿음의 가문 안에서 모두를 생명의 열매로 인도하시는 섭리를 보여 준다.

영생의 확증

홀로 지혜로우신 아버지,
원가지 된 유대인을 꺾으시고
이방인인 우리를 접붙이사
영생을 확증하셨나이다.

오래된 약속 위에 새로이 접붙여진 은혜를
헛되이 받지 않도록
뿌리의 생명으로 충만케 하소서.

성령이여, 진액으로 적시고
겸손의 꽃이 피어나게 하사
주와 영원히 함께 사는 날까지
생명으로 덧입혀 주소서.

예수 그리스도의 이름으로
간구하며 기도드립니다. 아멘.

128일 뿌리가 너를 보전하는 것

주신 편지 롬11:18

그 가지들을 향하여 자긍하지 말라 자긍할찌라도 네가 뿌리를 보전하는 것이 아니요 뿌리가 너를 보전하는 것이니라

바울이 접붙여진 가지인 이방인을 향해 책망한다. 여기서 가지란 원가지, 곧 온 유대 민족을 뜻한다. 바울은 이방인 유대인들 앞에서 스스로 자랑하지 말라고 경고한다. 이 말씀은 이미 '남은 자'로 구원을 이룬 바울과 같은 유대인들뿐 아니라, 아직 하나님께서 마음을 열어주지 않으신 유대인들까지 포함한다.

우리는 접붙여진 가지이지만, 결코 원가지인 유대인들을 향해 스스로 높아져서는 안 된다. 이방인의 구원은 스스로의 선택이 아니라, 오직 예수 그리스도를 통해 하나님과의 관계가 회복된 결과이다. 믿음으로 자랑한다 한들, 열매는 뿌리 되신 예수께서 붙들어 주셔야만 맺어진다.

가지는 결코 뿌리를 공급할 수 없으며, 뿌리 되신 예수의 자리에 결코 사람이 들어갈 수 없다. 그럼에도 종종 교만하여, 마치 자랑하듯 이 근본 진리를 잊고 실수를 범한다.

뿌리의 향기

생명으로 나를 낳으신 성부 하나님,
뿌리이신 성자 하나님께 입 맞추나이다.

가지가 뿌리를 붙드니
제 영혼이 흔들리지 아니하나이다.

열매 맺게 하시는 성령님(갈5:22),
말씀과 성령의 물줄기로
제 가지를 하염없이 적셔 주옵소서.

뿌리의 향기를 따라
온유와 겸손의 열매가 피어나게 하소서.

예수 그리스도 이름으로
진심으로 기도드립니다. 아멘.

129일 꺾임과 접붙임, 구원의 섭리

주신 편지 롬11:19

그러면 네 말이 가지들이 꺾이운 것은 나로 접붙임을 받게 하려 함이라 하리니

'가지들'은 곧 유대인들이며, "가지들이 꺾이운 것"은 그들의 불신앙으로 인해서 하나님께서 선택한 민족으로서의 특권을 잃었음을 뜻한다.

그렇다면 왜 살아 있는 가지를 꺾으셨는가? 그것은 바로 우리 이방인들을 접붙이기 위함이었다. 하나님께서는 이스라엘이 비록 형식적이라 할지라도 이방인보다 더 엄격하게 하나님 중심으로 살아왔음에도 불구하고 그들을 꺾으시고, 대신 우리를 접붙이셨다. 이는 시간을 꿰어내시는 구속의 섭리이다.

하나님께서 이방인들에게 구원의 길을 열어주신 사실은, 교만을 경계하고 하나님의 은혜에 감사하라는 깊은 가르침을 담고 있다. 지금 이 시대에 가지를 접붙이신 이유 역시 더욱 탁월하다. 가지가 접붙여져 성령으로 기름진 것을 공급받고, 예수님처럼 마지막을 순교의 삶으로 장식하며 풍성한 열매를 맺는다면, 우리는 첫째 부활의 영광을 누리게 된다.

영적 고통 속에서도 그 고통이 원동력이 되어 살아가게 하시는 하나님의 역사는, 유대인보다 더 큰 구원을 이루시는 놀라운 섭리이다.

거룩한 꺾임 위에 자라난 가지

전지전능하신 하나님,
이스라엘과 우리를 향한 신비한 계획을 기억하나이다.

완고한 유대 속에서도
우리를 접붙이신 은혜와
그 거룩한 꺾임 위에 자라난 가지,
주의 영광을 찬양하나이다.

불신앙을 경계하게 하시고
주님 안에 굳게 거하게 하소서.

접붙임 받은 우리가
성령의 열매를 풍성히 맺어
더 큰 영광으로 나아가게 하소서.

예수 그리스도의 이름으로
감사드리며 기도드립니다.
아멘.

130일

높은 마음을 버리고 두려움 속에 서라

주신 편지 롬11:20-21

[20]옳도다 저희는 믿지 아니하므로 꺾이우고 너는 믿으므로 섰느니라 높은 마음을 품
지 말고 도리어 두려워하라 [21]하나님이 원 가지들도 아끼지 아니하셨은즉 너도 아끼
지 아니하시리라

하나님께서는 유대인이 예수 그리스도를 믿지 아니하였기에 그들을 꺾으셨고, 이방인에게는 믿음을 통해 구원의 뜻을 이루셨다. 그러나 유대인의 넘어짐을 본 이방인이 자만한다면, 동일한 결과를 피할 수 없음을 명심해야 한다. 하물며 하나님께서 원래의 가지조차 꺾으셨는데, 믿음 없이 교만해진 접붙은 가지는 어찌 되겠는가?

이방인인 우리에게 주시는 말씀은 분명하다. 그들보다 높아져 교만하지 말고, 오히려 '하나님을 더욱 두려워하라'는 것이다. 이스라엘의 과거는 지금 우리에게 주시는 거룩한 경고이자 울림이다. 하나님께서 이스라엘조차 아끼지 않고 잘라내신 것처럼, 믿음을 버린다면 우리에게도 동일한 공의가 적용된다. 믿음 없이는 유대인이든 이방인이든 설 수 없다.

그러나 우리의 믿음은 들음에서 나며, 그 들음은 하나님의 말씀(롬10:17)에서 비롯된다. 우리는 하나님께서 말씀을 듣게 하시고, 믿어 구원에 이르게 하신 자녀이다. 붙어 있음도 은혜이며, 내일도 서 있으리라는 장담하지

않는 겸손이 참된 자녀의 자세이다.

낮아지게 하소서

옳은 길로 인도하시는 하나님이시여,
본 가지들도 아끼지 않으셨듯이

저 또한 믿음을 잃지 않도록
경외하는 마음으로 주 앞에 나아갑니다.

꺾인 것은 믿지 않음 때문이요
서는 것은 믿음 때문이니
자만을 꺾어 낮아지게 하소서.

구원받은 백성에게 아직 남아 있는
두렵고 떨림으로 이루어 갈 구원의 시간을(빌2:12)
서둘러 깨우치나이다.

진리의 영으로 인도하시는
그리스도 예수 이름으로 기도드립니다.
아멘.

131일 하나님의 인자와 엄위

주신 편지 롬11:22

그러므로 하나님의 인자와 엄위를 보라 넘어지는 자들에게는 엄위가 있으니 너희가 만일 하나님의 인자에 거하면 그 인자가 너희에게 있으리라 그렇지 않으면 너도 찍히는바 되리라

우리는 하나님의 선하심과 준엄하심을 균형 있게 바라보는 신앙의 안목을 가져야 한다. 곧, 하나님의 은혜 안에 거하며 받은 믿음을 지키는 것이 중요하다.

하나님의 **선하심은 이방인에게, 준엄하심은 유대인에게** 드러났다. 그분의 선하심 안에 거하면 기름진 것을 공급받아 예수의 생명을 얻고, 성령의 충만함으로 살아갈 수 있다. 그러나 인자 안에 거하지 않는다면, 이방인도 유대인처럼 꺾일 수 있음을 경고하신다. 우리는 하나님의 은혜를 결코 당연하게 여겨서는 안 된다.

유대인에게 나타난 하나님의 진노와 마음을 닫으심은, 그분의 경륜대로 우리에게도 준엄함으로 나타날 수 있음을 상기시킨다. 이 시대에도 세상의 영광에 눈먼 육적 그리스도인들이 믿음의 정절을 버릴 때, 유대인들처럼 꺾일 수 있음을 보여 주신다.

하나님의 선하심은 따뜻한 손길이지만, 동시에 번개 같고 불꽃 같은 공

의를 품고 있다. 그 은혜 안에 거하면 우리는 빛 가운데로 걸으나, 은혜를 떠나면 스스로 그 빛을 등지고 어둠으로 달려가는 자가 된다.

적막 속에 울리는 진노

하나님, 나의 하나님이시여!
선하신 하나님은 참으로 준엄하십니다.

공의로우신 주님 앞에
지혜로 돌이키게 하옵소서.

육적인 그리스도인들에게 보이실 준엄함을
옛적 유대인들에게 내리신 심판으로
이미 경고하셨나이다.

주의 음성은 칼과 같아
외식과 교만을 도려내시며
넘어지는 자에게는
적막 속에 울리는 진노가 되나이다.

믿음의 정절로 순전함을 더하게 하옵소서.
예수 그리스도 이름으로 기도드립니다.
아멘.

132일 접붙이실 능력이 하나님께 있음

주신 편지 롬11:23-24

23저희도 믿지 아니하는데 거하지 아니하면 접붙임을 얻으리니 이는 저희를 접붙이
실 능력이 하나님께 있음이라 24네가 원 돌감람나무에서 찍힘을 받고 본성을 거스려
좋은 감람나무에 접붙임을 얻었은즉 원 가지인 이 사람들이야 얼마나 더 자기 감람나
무에 접붙이심을 얻으랴

이방인이 받은 은혜와 유대인의 더 큰 가능성은 요한복음 15장 1-6절을 통해 드러난다.

"내가 참 포도나무요 내 아버지는 농부라 … 가지가 포도나무에 붙어 있지 아니하면 절로 과실을 맺을 수 없음 같이 너희도 내 안에 있지 아니하면 그러하리라 … 나를 떠나서는 너희가 아무 것도 할 수 없음이라…"

이 말씀은 오직 접붙이실 능력이 농부이신 하나님께 있음을 깨닫게 한다.

이방인들은 이전에 마귀의 종이었으나, 하나님께서 접붙이셔서 이제 영적 유대인이 되었다. 반면 원가지였던 유대인은 하나님 안에 있음에도 열매를 맺지 못하고 시든 가지가 되었으나, 다시 접붙여질 날이 이미 예비되어 있다. 또한 본래의 가지였던 유대인들이 더 잘 붙는 것은 자연스러운 일이다.

아버지와 밀착하여

농부이신 하나님 아버지,
예수 그리스도를 통해
생명 나무에 붙게 하심을 감사드립니다.

예수께 붙은 가지가 시들지 않게 하시고,
영적 유대인이 된 우리가
그리스도의 장성한 분량에 이르러(엡4:13)
아버지와 하나 되게 하소서.

또한 본래의 가지를 멸시하지 않게 하시고,
돌아와 접붙여질 그들을 위해
기도하게 하옵소서.

예수 그리스도의 이름으로
기도드립니다.
아멘.

133일

구원의 비밀, 충만한 이방인

주신 편지 롬11:25

형제들아 너희가 스스로 지혜 있다 함을 면키 위하여 이 비밀을 너희가 모르기를 내가 원치 아니하노니 이 비밀은 이방인의 충만한 수가 들어오기까지 이스라엘의 더러는 완악하게 된 것이라

이 신비는 이방인과 이스라엘의 구원에 대한 하나님의 계획을 보여 준다. 이스라엘의 구원은 이방인의 구원이 충만해져야 이루어진다. 바울은 이를 깨닫고, 새사람 된 이방인 형제들에게 권면한다. 그는 자신이 예수를 믿어 새사람이 된 경험을 통해, 같은 새사람이 된 우리에게 말씀을 전한다.

그러나 온전히 새사람 되지 못하고 스스로 지혜 있다고 자만하는 자들에게도 경고한다. 유대인이 믿지 않아 이방인에게 기회가 주어졌기에, 이방인은 자만할 수 없다. 하나님은 농부와 같아 접붙이는 권한이 오직 그분에게 있으며, 원가지인 유대인이 다시 붙여질 가능성도 그분의 뜻 안에 있다.

또한 "이방인의 충만한 수가 들어오기까지"라는 표현은 정확한 숫자가 아니라, 하나님의 정하신 때의 유효한 이방인 구원을 의미한다. 그때까지 일부 유대인은 완고하게 남지만, 하나님의 때가 되면 회복될 것이다.(롬11:26) 결국 이방인의 구원 시기도, 이스라엘의 구원의 시기도 모두 하나님의 섭리에 달려 있다.

신비한 사랑이 성취될 것

미리 아신 자들(롬8:29)을 사랑하시는 하나님,

이스라엘의 마음은 잠시 굳어졌으나
주님의 신비한 사랑이 성취될 것을 기다립니다.

구원의 기회를 붙들게 하신 저는
형용할 수 없는 은혜를 입은 자이니이다.

진리를 따르는 저의 모습이 여전히 부족하오니
먼저 진리 가운데 온전히 정착하게 하소서.

주께서 정하신 때에
온 이스라엘이 하나님의 영광을 보게 하소서.

예수 그리스도 이름으로
간절히 기도드립니다. 아멘.

134일 온 이스라엘이 구원을 얻으리라

주신 편지 롬11:26-27

26그리하여 온 이스라엘이 구원을 얻으리라 기록된바 구원자가 시온에서 오사 야곱
에게서 경건치 않은 것을 돌이키시겠고 27내가 저희 죄를 없이 할 때에 저희에게 이
루어질 내 언약이 이것이라 함과 같으니라

온 이스라엘이 구원을 받을 것이 계시된다.

첫째, 예수 그리스도를 통한 죄 사함과 새 언약의 완성으로, 하나님의 구원의 약속이 유대인과 이방인 모두에게 확장됨을 보여 준다. 예레미야 31장 31-34절은 "보라 날이 이르리니 내가 이스라엘 집과 유다 집에 새 언약을 세우리라 … 그들의 죄악을 사하고 다시는 그 죄를 기억지 아니하리라"고 기록한다.

둘째, 예수께서 다시 오실 때 유대 민족이 대대적으로 회심할 것임을 예언한다. 이사야 59장 20-21절은 "구속자가 시온에 임하며 야곱 중에 죄과를 떠나는 자에게 임하리라 … 나의 말이 네 후손에게까지 떠나지 아니하리라"고 증거한다. 이는 바울이 말한, 현재 시대 유대인 중 남은 자의 구원을 의미한다.

또한 이방인의 충만함이 이루어진 후, 완고했던 유대인들의 구원은 스가랴 12장 10절에 구체적으로 나타난다. "내가 다윗의 집과 예루살렘 거민

에게 은총과 간구하는 심령을 부어 주리니 그들이 그 찌른바 그를 바라보고 그를 위하여 애통하기를 독자를 위하여 애통하듯 하며 그를 위하여 통곡하기를 장자를 위하여 통곡하듯 하리로다"

하나님의 지혜로

언약을 이루시는 하나님,
참되심을 찬양하나이다.(고후1:18)

모든 약속이 그리스도 안에서 굳게 서니,
주 안에서 '아멘'으로 화답하게 하소서.

말씀을 믿는 자를 세우시는 하나님,
이스라엘의 구원이 이루어지기까지
이방인의 구원도 주께 맡기나이다.

주여, 그날을 기다리며
쏟아부으시는 영광을 바라보오니

하나님의 지혜로 구원을 이루시는
예수 그리스도 이름으로 기도드립니다. 아멘.

135일 은사와 부르심에는 후회가 없음

주신 편지 롬11:28-31

28복음으로 하면 저희가 너희를 인하여 원수 된 자요 택하심으로 하면 조상들을 인하
여 사랑을 입은 자라 29하나님의 은사와 부르심에는 후회하심이 없느니라 30너희가
전에 하나님께 순종치 아니하더니 이스라엘의 순종치 아니함으로 이제 긍휼을 입었
는지라 31이와 같이 이 사람들이 순종치 아니하니 이는 너희에게 베푸시는 긍휼로 이
제 저희도 긍휼을 얻게 하려 하심이니라

하나님은 여전히 이스라엘을 사랑하시며 그들을 회복시키실 계획을 우리에게 보여 주신다. 먼저 이방인에게 자비를 베푸심으로 결국 이스라엘도 자비를 받게 될 것임을 밝히신다. 이는 이전에 불순종했을지라도, 불순종이 끝이 아니며 은혜의 문이 닫히지 않았음을 보여 준다.

유대인들은 복음을 배척했으나, 여전히 하나님의 선택을 받은 백성이다. 하나님께서는 반드시 그들을 다시 부르실 것이다. 또한 하나님께서 주시는 은사와 부르심에는 인간이 개입할 수 없으며, 후회하심이 없는 하나님께서 남은 유대인들도 구원하시는 날을 예정하셨다.

하나님은 원수 같던 이방인들에게 자비를 베푸셔서 구원하셨고, 유대인은 그대로 두셨다. 이방인이 예수를 믿게 된 것도 유대인이 믿지 않았기에 기회가 주어진 것이다. 이를 통해 유대인도 결국 구원에 이르게 하시는 **하나님의 완전한 지혜**가 드러난다. 우리에게 주어진 은혜 또한, 다른 사람을 살리는 도구가 될 수 있다.

공평히 긍휼을 베푸시고

자비를 베푸시는 하나님 앞에 나아갑니다.

이스라엘의 믿음이 잠시 멈추었을 때에도
그 은혜는 이방 땅 위에 흘러
다시금 그들에게 임하나이다.

주께서 원하시는 때에
공평히 긍휼을 베푸시고 우리를 부르시나이다.

하나님의 동역자(고전3:9)로 세우심을
믿음으로 받사오니,

구원의 부르심에 후회 없으신
하나님만을 높이고 찬양하나이다.

영원하신 예수 그리스도의 이름으로
기도드립니다. 아멘.

136일 모든 사람에게 긍휼을 베푸심

주신 편지 롬11:32

하나님이 모든 사람을 순종치 아니하는 가운데 가두어 두심은 모든 사람에게 긍휼을 베풀려 하심이로다

하나님께서 "모든 사람을 순종치 아니하는 가운데 가두어 두심"은 "모든 사람이 죄를 범하였으매 하나님의 영광에 이르지 못하더니"(롬3:23)와 연결된다. 이는 인간 스스로 구원받을 수 없는 상태임을 깨닫게 하시고, 오직 예수 그리스도를 통하여 은혜로 구원하시려는 하나님의 계획을 보여 준다. 구원의 본질은 유대인이든 이방인이든 차별 없이 하나님의 자비를 받을 수 있도록 마련되어 있다.

하나님은 우리를 가두어 두신 자리에서도 우리를 만나 은혜를 베풀기 위해 기다리신다. 이스라엘에게는 율법을 통해 죄의 현실을 깨닫게 하시고 영적인 눈이 가려지게 하셨지만, 그럼에도 복음에 완고하고 이방인을 시기하는 유대인에게도 구원의 날이 예정되어 있다. 이는 하나님의 공정과 공평을 보여 준다.

결국 이스라엘 덕택에 이방인은 구원받을 수 있었다. 만약 유대인 모두가 구원받았다면, 이방인의 구원은 불가능했을 것이다. 따라서 이방인의 구원을 위해 유대인을 일시적으로 상팍하게 하신 것도 하나님의 주도면밀한 계획의 일부임을 알 수 있다.

불순종의 어둠조차

오, 사랑이여!
어찌 그 깊이를 말로 다 담을 수 있을까요?

이방인들의 양식(눅2:7)을 위해
예수를 보내신 아버지의 본심을 헤아리나이다.

불순종 가운데 있는 자를 가두셨으나
그 어둠조차 사랑을 가릴 수 없나이다.

이방인은 예수로 은혜를 알게 하시고,
유대인들은 이방인을 시기함으로
주의 자비를 다시 깨닫게 하시나이다.

남은 자의 구원을 위해
주의 신실함을 드러내시기를 구하며
예수 그리스도 이름으로 감사와 기도를 드립니다. 아멘.

137일　깊도다 하나님의 부요함이여

주신 편지 롬11:33

깊도다 하나님의 지혜와 지식의 부요함이여, 그의 판단은 측량치 못할것이며 그의 길은 찾지 못할 것이로다

바울은 하나님의 깊은 지혜와 지식의 부요함을 감탄하며 찬양한다. 하나님께서 세우신 구원의 계획은 인간의 지혜로 판단할 수 없으며, 인간의 생각으로는 도달할 수 없는 깊이를 지녔다. 바울은 그 거룩하신 지혜와 지식을 마주하며 말문이 막히고, 그 깊이를 담아내려 애쓴다. 얕은 눈으로는 볼 수 없고, 피상적 사고로는 따라갈 수 없는 깊이이다.

"의인은 없나니 하나도 없다"(롬3:10)라는 말씀처럼, 불순종 가운데 빠진 인간에게 이제는 율법 없이 하나님의 의(롬3:21)가 나타난다. 하나님의 의는 죄를 지었던 불의한 인간들에게 예수 그리스도의 구속을 믿게 하셔서 값없이 의롭다고 선언하시는 것이며(롬3:22-24), 믿는 자에게 차별이 없다. 이 의는 인간의 행위에 근거하지 않고, 전적인 하나님의 자비(롬9:16)에 근거한다. 믿음 또한 인간의 노력으로 얻어지는 것이 아니라, 하나님께서 믿음을 허락하실 때 비로소 생겨난다.(롬11:6)

더욱 놀라운 점은, 하나님이 긍휼을 베푸시기 위해 인간을 순종하지 않는 가운데 가두시기도 하시고, 그 속에서 구원하여 믿음을 주시고 의롭다고 선언하신다는 사실이다.(롬11:32)

바울은 하나님의 판단과 구원의 시작부터 창조와 심판까지 지나간 모든 길을 찬양으로 고백하며, 전적으로 하나님께 의지한다.

길을 잃음마저

삼위일체 하나님(엡4:6),
저의 길을 잃음마저 은혜이옵니다.

나의 생각으로 주를 가둘 수 없고,
글로 다 담을 수 없사오나
주 안에서 평안히 안식하나이다.

하나님의 지혜와 판단은 깊고 넓으며,
지나간 길은 부요하시나이다.

성령께 절대 의지하여
주의 존귀를 더하게 하시고,
저의 전 존재를 하나님께 돌리나이다.

만유는 주께로 나와 통하며, 돌아가니,
영광이 하나님께 영원히 있으리이다.

예수 그리스도 이름으로 기도드립니다. 아멘.

138일 만물이 주에게서 나와, 돌아감이라

주신 편지 롬11:34-36

[34]누가 주의 마음을 알았느뇨 누가 그의 모사가 되었느뇨 [35]누가 주께 먼저 드려서 갚으심을 받겠느뇨 [36]이는 만물이 주에게서 나오고 주로 말미암고 주에게로 돌아감이라 영광이 그에게 세세에 있으리로다 아멘

하나님의 생각과 주권을 송축한다. 이사야 40장 13-14절은 기록한다.

"누가 여호와의 신을 지도하였으며 그의 모사가 되어 그를 가르쳤으랴 그가 누구로 더불어 의논하셨으며 누가 그를 교훈하였으며 그에게 공평의 도로 가르쳤으며 지식을 가르쳤으며 통달의 도를 보여 주었느뇨"

사람의 지혜로는 하나님의 깊은 지혜를 헤아릴 수 없으며, 감히 그 섭리에 조언할 수도 없다.

하늘나라에서 하나님의 본체는 하나이시며, 인격으로는 아버지와 아들과 성령 세 분이시다.(요일5:7) 세 인격은 각기 일하시되 분리되지 않고 인격적 교제 안에서 협력하시며, 본질과 존재, 능력과 목적, 영광까지 동일하시다.

성부 하나님의 생각은 세상에 기초를 놓기 전부터, 미리 아신 자를 위해 거룩하고 흠 없게 하실 목적을 선택하시고, 우리를 자신의 자녀로 예정하시며, 양자의 영으로 길러, 아들의 형상에 일치하게 하시려는 뜻에 있다. 사람이 감히 이를 헤아릴 수 있는가? 그리스도 안에서 성자 하나님과 의논하시어 우리 구원을 미리 예비하셨다. 욥기 41장 11절은 말한다.

"누가 먼저 내게 주고 나로 갚게 하였느냐 온 천하에 있는 것이 다 내 것이니라."

하나님께 무언가를 먼저 드려야 은혜를 받는 것이 아니다. 모든 것은 하나님의 것이며, 하나님의 자녀는 값없이 은혜를 받는다.

또한 하나님의 지나간 길과 계획은 성령을 통해 알 수 있다. 성령께서 인도하시는 대로 살며, 삶의 마지막은 창조주의 섭리에 따라 하나님께 귀속된다. 그러므로 모든 영광을 하나님께 돌리는 것이 정한 이치이다.

주께 면류관을 던지며

영광을 받으시기에 합당하신 하나님(계4:10-11),
그리스도께서도 하나님의 것임을 송축드리며,
주께 면류관을 던지며 고백하나이다.

모든 만물이 주의 것, 저 또한 주의 것임을 알고
삶의 주권이 온전히 주께 있음을 믿으오니,
모든 말씀에 '아멘'으로 화답하게 하소서.

이날도 주의 것이오니,
오직 주의 영광을 돌리는 시간으로만 살게 하소서.

주의 영광이 영원히 있기를 바라며,
그리스도 예수 이름으로
감사와 찬송으로 기도드립니다. 아멘.

헌신의 대한 권면 및 성도의 행함

12장

- 너희 몸을 하나님께서 기뻐하시는 거룩한 산 제물로 드리라.(롬12:1)
- 믿음의 분량에 따라 자신을 평가하라.(롬12:3)
- 그리스도의 지체가 되어 은혜에 따라 주신 다른 은사로 예언, 섬김, 교육, 권면, 구제, 지도, 자선을 베풀라.(롬12:6-8)
- 거짓 없이 형제를 사랑하고, 소망 가운데 즐거워하며 기도하라.(롬12:9-12)
- 서로 같은 생각을 품고 스스로 지혜 있는 체하지 말라.(롬12:16)
- 원수 갚는 것은 주께 맡기고, 선으로 악을 이겨라.(롬12:21)

139일　거룩한 산 제물

주신 편지 롬12:1

그러므로 형제들아 내가 하나님의 모든 자비하심으로 너희를 권하노니 너희 몸을 하나님이 기뻐하시는 거룩한 산 제사로 드리라 이는 너희의 드릴 영적 예배니라

'이렇게' 깊은 하나님의 은혜와 예수 그리스도의 사랑에 '어떻게' 응답할 것인가는 우리의 과제이다. 구원의 신비를 깨닫고 복음으로 하나 된 형제들을 향한 길에서, 사도 바울은 하나님의 자비와 긍휼과 은혜를 받은 자답게 겸손히 서 있다.

그는 먼저 우리의 몸을 산 제물로 드리라고 전한다. 제물은 본래 죽은 것이지만, 바울은 산 제물로 몸을 드리라고 한다. 이는 참된 세례를 받고 그리스도의 것 된 우리들이 예수의 죽음과 부활에 연합되었기 때문이다. 우리의 몸은 생명의 새로움으로 살아나, 이미 산 제물로 주께 드릴 수 있다. 구약의 죽은 희생 제물이 아니라, 하나님 기뻐하시는 예배의 삶 전체가 우리가 드릴 제물이다.

완전한 산 제물은 우리의 몸이 완전히 변하여 예수처럼 죄 없고 부활된 영광의 몸이 되는 때이다. 빌립보서 3장 21절은 증언한다.

"그가 만물을 자기에게 복종케 하실 수 있는 자의 역사로 우리의 낮은 몸을 자기 영광의 몸의 형체와 같이 변케 하시리라."

이것이 첫째 부활의 영광이며, 우리가 붙들 소망이다.

우리는 아직 완전한 산 제물은 아니지만, 그 여정 속에 있다. 비록 부족하고 불완전하더라도, 우리의 삶 자체가 하나님께 드려지는 예배가 될 수 있다. 결국 하나님께 드려지는 목숨, 그것이 합당한 예배이다.

멀리 보는 망대처럼

삶을 받으심에 예배 받으시는 하나님,
저 자신을 기쁨으로 주께 드리나이다.

멀리 보는 망대처럼(아7:4)
완전히 산 제물이 되는 날을 사모하나이다.

주여, 저를 불사르사
허물은 사라지고,
예수 그리스도의 생명으로
주의 제단 위에서 새롭게 살아나게 하소서.

하나님께서 기뻐하시는
거룩한 예배의 삶이 되기를
간절히 원하오며.
예수 그리스도 이름으로 기도드립니다. 아멘.

140일 마음을 새롭게 함으로

주신 편지 롬12:2(1)

너희는 이 세대를 본받지 말고 오직 마음을 새롭게 함으로 변화를 받아

이 세상과 일치하지 않기 위해서는 먼저 죄의 세력을 이겨야 하며, 그 길은 성령을 통해서만 열린다. 세상이 원하는 것과 하나님께서 원하시는 것에는 큰 차이가 있으며, 성령께서는 우리 안에서 생각과 마음을 변화시키기를 원하신다. 그러나 오늘날 많은 교회가 세상과 닮아가고 있다.

우리가 산 제물이라 여김을 받았다 해도, 육체를 입은 한 죄의 세력은 여전히 존재한다. 성령 없이는 열매 없는 죽음 가운데 머물 수밖에 없다. 사도 바울은 말한다.(롬6:12-13)

"그러므로 너희는 죄로 너희 죽을 몸에 왕노릇하지 못하게 하여 … 오직 너희 자신을 죽은 자 가운데서 다시 산 자 같이 하나님께 드리며 너희 지체를 의의 병기로 하나님께 드리라."

우리의 몸과 지체가 죄의 도구에서 벗어나 의의 도구로 드려지는 것은 오직 하나님의 영을 통해 가능하다. 영적 전쟁에서 승리하려면 하나님의 전신 갑주를 입고(엡6:11), 말씀과 성령으로 마귀의 술책에 대항해야 한다. 바울은 또한 증언한다.(롬8:10)

"그리스도께서 너희 안에 계시면 몸은 죄로 죽었으나, 영은 의를 인하여 산 것이니라."

마음에 대해서도 말씀하신다.(롬6:17-18)

"하나님께 감사하리로다 너희가 본래 죄의 종이더니 … 마음으로 순종하여 죄에게서 해방되어 의에게 종이 되었느니라."

말씀대로 마음과 몸이 성령 안에서 변화될 때, 우리는 세상의 죄 된 기준에 휘둘리지 않고 하나님의 뜻을 깨닫는 삶, 곧 의의 종으로 새롭게 사는 삶을 살게 된다.

'변화'는 곧 '분별'이며 동시에 '창조'이다. 영혼이 하나님의 숨결을 이해하고, 속사람의 혁명이 일어나는 신비로운 사건이다.

내 마음에 채우소서

생명의 주인이신 하나님,
그리스도의 소유로 부르심 받은 우리를
의의 도구로 세워 주셨나이다.

이제 말씀에 깊이 뿌리내려
마음으로 순종하는
참된 의의 종이 되게 하소서.

헛된 외침과 허상 속에서 벗어나,
속사람이 날마다 새롭게 창조되게 하소서.

그리스도 예수의 이름으로 기도드립니다. 아멘.

141일 선하시고 기뻐하시고 온전하신 뜻

주신 편지 롬12:2(2)

하나님의 선하시고 기뻐하시고 온전하신 뜻이 무엇인지 분별하도록 하라

하나님의 선하시고 기뻐하시고 온전하신 뜻은 최고의 조화이며, 곧 나의 몸과 마음이 일치되는 것이다. 이 깨달음은 인생의 방향을 바꾸는 말씀이다. 세상의 가치관에 저항하며 내면에서 새로워지는 순간, 하나님의 뜻이라는 햇살을 맞는 예배자의 마음이 살아난다. 이것이 **예수, 곧 새사람**이 되는 길이다.

에베소서 4장 22-24절은 말씀한다.

"너희는 유혹의 욕심을 따라 썩어져 가는 구습을 좇는 옛 사람을 벗어 버리고, 오직 심령으로 새롭게 되어 하나님을 따라 의와 진리의 거룩함으로 지으심을 받은 새 사람을 입으라."

또한 갈라디아서 6장 14절은 증거한다.

"세상이 나를 대하여 십자가에 못 박히고 내가 또한 세상을 대하여 그러하니라."

세상이 나를 주장할 수도 없고, 나 역시 세상에 얽매이지 않는다. 오직 몸과 마음이 일치된 새사람으로 살아가는 것이며, 이 길은 아들의 형상과 일치하는 길이다.

하나님의 자비하심을 권고하며, 다른 이들도 아들의 형상과 일치하도록 말씀을 증거할 때, 믿음으로 자발적으로 순종하는 자에게는 영광과 은혜가 풍성히 더해진다.

이 말씀 안에서 하루하루는 깨어 있는 창조의 순간이 된다. 새사람 된 우리는 세상의 소음 속에서도 고요한 하나님의 음성을 들을 수 있으며, 우리를 통해 또 다른 이도 하나님의 뜻 안에서 새사람으로 변화된다.

아들의 형상과 일치

주 하나님,
성령으로 예수를 '주'로 부를 수 있게 하신
주의 은혜에 깊이 감격하나이다.

아들의 형상과 일치하도록
열매 맺게 하심을 감사드리나이다.

하나님의 뜻을 입증하는 자로서
몸과 마음이 하나 되어 전인격적으로
예수의 형상을 입는 영광을 누리게 하옵소서.

영광에서 영광에 변모되는 형상을 바라며
그날을 간절히 사모하나이다.(고후3:18)

독생자 예수 그리스도의 이름으로
기도드립니다. 아멘.

142일

믿음의 분량대로

주신 편지 롬12:3

내게 주신 은혜로 말미암아 너희 중 각 사람에게 말하노니 마땅히 생각할 그 이상의 생각을 품지 말고 오직 하나님께서 각 사람에게 나눠주신 믿음의 분량대로 지혜롭게 생각하라

바울은 자신이 대단해서 말하는 것이 아니라, 자신에게 주신 은혜로 권면한다고 고백한다. 우리는 자신을 마땅히 생각할 만큼만 높게 보고, 교만하지 않아야 한다. 마귀의 죄는 내면 깊은 교만, 곧 자신을 과대평가하는 데서 비롯되며, 이는 하나님과의 관계를 어그러뜨리는 출발점이 된다.

지금의 나를 높게 보는 것은 나를 있게 하신 하나님을 부정하는 일이다. 내가 처한 상황은 하나님의 계획 속에서 허락된 자리이므로, 나를 과대평가하면서 하나님을 믿는다고 말한다면 사실상 내 욕망을 위해 하나님을 이용하는 것이 된다. 사람은 자신을 높게 평가하는 한 하나님과 올바른 관계를 맺을 수 없고, 참된 평안도 머물 수 없다.

"믿음의 분량대로 지혜롭게 생각하라"는 말씀은 큰 믿음과 작은 믿음을 비교하라는 것이 아니라, 주어진 믿음의 힘으로 자신을 바르게 평가하라는 의미이다. 믿음은 성장의 씨앗과 같아 반드시 자라야 한다. 지금의 상황을 그대로 인징하고 믿음의 힘을 의지해야 하며, 자기 생각에 사로잡히면 헛된 열심에 빠지기 쉽다.

하나님께서는 우리 모두에게 믿음의 분량을 나눠주셨다. 구원받은 자라면 믿음을 받았으나, 믿음이 자라느냐는 그것을 어디에 두느냐에 달려 있다. **하나님의 말씀 위에 믿음을 두고** 자신이 변화되기를 소망하는 자의 믿음은 자라지만, 세상의 방식에 맞추려는 자의 믿음은 정체된다.

그러므로 우리는 더 큰 믿음을 구하며 말씀 위에 굳게 서야 하며, 그 길이 곧 참평안으로 인도한다.

은혜로 감내하게 하시니이다

믿음의 창시자이신 주님(히12:2),
말씀으로 하나님의 생각을 일러 주심에 감사드립니다.

저의 길, 저의 몫, 저의 자리를
은혜로 감내하게 하시니이다.

온유와 겸손이
제 심장 깊이 뿌리내리게 하시어
말씀에 순종하게 하시고,
날마다 의지하는 믿음을 더하여 주소서.

예수 그리스도 이름으로
간절히 기도드립니다. 아멘.

143일 그리스도 안에서 한 몸이 되어

주신 편지 롬12:4-5

[4]우리가 한 몸에 많은 지체를 가졌으나 모든 지체가 같은 직분을 가진 것이 아니니 [5]이
와 같이 우리 많은 사람이 그리스도 안에서 한 몸이 되어 서로 지체가 되었느니라

바울은 믿음의 눈으로 세상을 바라보며, 여러 지체가 모여 한 몸을 이루듯, 각기 다른 기능을 가진 우리가 그리스도를 머리로 한 몸임을 깨닫는다.

그리스도의 몸인 교회에 속한 우리는, 예수 그리스도를 믿는 순간 이미 그 크신 생명 안에서 숨 쉬며 한 몸이 된다. 지체들은 각자 맡은 역할과 기능이 다르지만, 서로 연결되어 온전한 몸을 이룬다. 내가 지체가 된 이상, 나는 그분께 없어서는 안 될 존재가 된다.

예수의 지체로서, 어떤 이는 손으로 섬기고, 입으로 예언하며, 눈으로 가르치고, 귀로 고통을 듣고, 행동으로 위로를 전한다. 지체들은 서로 기뻐하고 의지하며 충실히 감당하고, 무엇보다 머리의 지시를 따른다. 이로 인해 몸 안에는 통일성과 조화가 흐른다. 지체들은 서로 시기하지 않으며, 비교하지 않는다. 자랑할 것은 자신의 이름이 아니라, 누구의 지체인지를 아는 것이다. 우리는 오직 예수 그리스도의 지체로 존재한다.

우리는 같은 목적을 향해 나아간다. 하나님과 그리스도가 하나이듯, 그 뜻을 따르며, 하나님의 사랑 안에서 서로를 살린다.

온전한 사람

하나님의 형상(창1:26)대로
생명으로 우리를 낳으신 성부시여,

하나님의 모습을 따라
아들의 영으로 우리를 지으신 성자시여,

온전한 사람으로
우리를 세우시는 성령이시여,

교회를 세우사 우리를 그리스도의 지체로 삼으시고,
하나님의 영광을 입게 하셨나이다.

주께서 빚으신 지체의 다양성 속에서
하나님의 사역을 깊이 깨닫게 하시며,

삼위 하나님의 뜻하신 바가
우리의 삶에 풍성한 열매로 맺히게 하소서.

교회의 머리 되신 예수 그리스도(골1:18) 이름으로
기도드립니다. 아멘.

144일 은혜대로 받은 은사

주신 편지 롬12:6-7

6우리에게 주신 은혜대로 받은 은사가 각각 다르니 혹 예언이면 믿음의 분수대로, 7혹
섬기는 일이면 섬기는 일로, 혹 가르치는 자면 가르치는 일로,

하나님께서 자녀에게 주신 믿음은 동일하지만, 은사는 서로 다르다. 우리가 어떤 은사를 받고, 어떤 은사를 받지 못했는지는 모두 하나님의 은혜에 따른다. 그러므로 받은 은사를 귀히 여기고, 받지 못한 것에 마음을 두기보다, 받은 은사를 어떻게 사용하여 하나님께 영광을 돌릴지 생각해야 한다. 이것이 하나님께서 정하신 분량대로 은혜를 나누신 뜻에 합당하게 사는 길이다.

성경은 하나님께서 맡겨주신 말씀이며, 시대마다 성령께서 깨닫게 하시고 증거하게 하는 것이 예언이다. 주신 은사대로 예언하는 자는 사도와 선지자의 직분(고전12:28)에 속한다.

'섬김'은 곧 '사역'이자 '기다림'이다. 섬기는 사람은 어떤 일이 일어나기 전에 준비하고 이루어지도록 돕는 사람이다. 하나님께서는 우리로 하여금 다시 오시는 주님을 사모하며 기다리는 자가 되기를 원하신다. 주님을 기다린다는 것은 곧 주님과 하나 된 자들을 섬기며 하나님의 뜻을 기다리는 삶을 사는 것이다.

또한 "가르치는 자"는 가르치는 은사를 받아 교육하는 자이며, 삶 자체로

말씀을 드러내고 전하는 자를 말한다.

삶의 결 속에 스며들어

온 땅의 주관자 되신 하나님,
은사를 주심에는 후회가 없으시며,

각 사람에게 나누어 주신 선물 속에
하나님의 차별 없으심이 드러나나이다.

예언과 섬김과 가르침의 은사를 받은 자로서,
분별하여 지혜롭게 말하게 하시고,

섬길 때에는
기꺼이 손발이 되게 하시며,

가르칠 때에는
삶의 결 속에 스며들어
그리스도와 하나 됨을 이루게 하소서.

우리의 모든 발걸음이
주 뜻 안에서
함께 불타오르게 하옵소서.

그리스도 예수 이름으로 기도드립니다. 아멘.

145일

권위하며, 성실함으로, 부지런함으로, 즐거움으로

주신 편지 롬12:8

혹 권위하는 자면 권위하는 일로, 구제하는 자는 성실함으로, 다스리는 자는 부지런함으로, 긍휼을 베푸는 자는 즐거움으로 할 것이니라

"권위(권면)하는 자"는 서로 말씀으로 영을 북돋우는 사람을 말하며, "구제하는 자"는 성실하게, 생색내지 않고 단순한 마음으로 베푸는 사람을 말한다. "다스리는 자"는 부지런히 말씀의 약속대로 행하며, "긍휼을 베푸는 자"는 하나님께서 주신 힘으로 즐겁게 섬기는 사람이다.

하나님께서는 어떤 이에게는 말씀을 맡은 직분을, 또 어떤 이에게는 말씀을 가르치는 은사를, 혹은 권면과 구제의 능력, 지도와 봉사의 마음을 주신다. 그러나 누구에게 어떤 은사가 주어졌든, 그 은사대로 주님과 주님의 몸 된 교회를 섬겨야 한다. 섬길 힘조차 주님이 주시는 것이며, 이는 우리의 의지에서 비롯된 것이 아니다.

주께서 주신 은사가 있다면, 그 빛을 숨김없이 밝혀야 한다. 특히 공동체 안에서 서로의 은사가 협력하고 어우러질 때, 더 큰 불꽃이 된다. 이는 나를 빛내기 위함이 아니라, 다른 이의 빛을 살리고 세우기 위함이며, 이것이 바로 하나님 나라의 방식이다.

말씀의 능력으로

영을 살리시는 하나님,
성령의 은사로 주님을 충성되이 섬기게 하셨나이다.

권면하는 자는
책임과 무게 있는 말로 세우게 하시고,

구제하는 자는
기꺼이 손을 펴 나누게 하소서.

지도하는 자는
성실로 주의 신실을 드러내게 하시며,

자비를 베푸는 자는
주님의 일에 즐거이 감당하게 하소서.

몸 된 지체로서 맡은 모든 일을
말씀의 능력 안에서 서로를 빛나게 하소서.

예수 그리스도의 이름으로 기도드립니다. 아멘.

146일 사랑엔 거짓이 없나니

주신 편지 롬12:9

사랑엔 거짓이 없나니 악을 미워하고 선에 속하라

사랑은 우리의 전부를 가리킨다. 칭의받은 그리스도인들의 신앙의 본질은 바로 하나님의 사랑이다. 근본에서부터 나타나는 모든 것이 예수로 나타나며, 하나님의 사랑이 반드시 드러나야 한다. 하나님께 사랑받은 사는 사랑할 수밖에 없으며, 구원받았음을 깨달을 때 그 사랑은 자연스럽게 나타난다. 그러나 예수님보다 더 사랑하는 것이 있다면, 그것은 예수님을 모독하고 우상에게 마음을 두는 것이다.

아브라함에게 이삭이 우상이 되었듯, 하나님보다 마음이 다른 데로 기울면 그 마음을 번제로 드리도록 하신다. 우리가 사랑하는 자는 진리로 하나된 그리스도인이며, 주님이 사랑하시는 자를 사랑하게 된다. 나를 사랑하는 주님이 그들도 사랑하시기에, 나 역시 그들을 사랑할 수 있다.

거짓된 사랑은 사람의 사랑이며, 육신적·죄 된 욕망까지 포함될 수 있다. 그러나 하나님의 사랑은 세상 속에서 거짓과 타협을 거부할 용기를 준다. 그리스도의 것으로 산 제물이 된 사랑은 죄와 상관없이, 그리스도의 것이 된 내가 전제가 되어 형제를 사랑할 때만 진실한 사랑이 가능하다.

요한1서 3장 16절에서 나타난 하나님 사랑은, 자신을 내어준 예수의 죽기까지의 사랑이다. 형제 사랑도 마찬가지로 자신을 내어드리는 것이 마땅하며, 값없이 받은 사랑을 온전히 몸으로 되갚는 것이 거짓 없는 사랑이다. 인간의 기준으로 하는 사랑은 악이지만, 그리스도와 연합한 사랑은 선이며, 진리 안에서 사랑하려면 악을 증오하고 선과 연합해야 한다.

사랑할 자를 붙드는

사랑의 주 하나님,
그리스도께 속한 자들의 사랑은
곧 진리 안의 사랑이옵니다.

예수께서 자신을 내어주심으로
그 사랑을 우리에게 보여 주셨나이다.

악을 증오하되
정죄하지 않게 하시고,

어둠을 분별하는 마음이
빛을 잃지 않게 하소서.

선으로 사랑할 자를 붙드는
생명이 되게 하시며,
예수 그리스도 이름으로 기도드립니다. 아멘.

147일 사랑하기를 먼저 하며

주신 편지 롬12:10

형제를 사랑하여 서로 우애하고 존경하기를 서로 먼저 하며

예수의 생명으로 사는 그리스도의 몸과 성령의 생명으로 살아가는 마음, 그리고 믿음의 힘을 의지해 생각하는 사람들은 곧 그리스도의 지체이자 형제이다.

형제 사랑은 단순한 친절이나 인간적 애정이 아니다. 이는 아가페(agape), 곧 사람을 향한 하나님의 사랑을 의미한다. 따라서 형제 사랑은 억지 다정다감함이 아니라, 다른 이를 이해하고 존중하는 것이다.

그리스도의 지체로서 주신 직분과 서로에게 주신 은사를 인정하며, 이해하려면 늘 상대보다 낮은 자리에서 바라보아야 한다. 남을 먼저 배려하고 높이 생각하며, 나만 하나님의 사랑을 받는다고 여기지 않아야 한다. "나보다 낫게 여기는 마음"은 하나님의 사랑으로 가능하며, 존경으로 이어진다. 예컨대 부자가 가난한 자를 멸시할 수 없는 이유는 재물이 자신의 수고가 아니라 하나님께 맡기신 것이기 때문이다.

형제애는 이렇게 하나님 안에서 새로워진 사랑이다. 서로를 이해하고 존중하며, 그리스도의 지체로서 서로를 인정하는 것이다.

형제 안에 새겨진

사랑의 본체이신 하나님,
형제 안에 새겨진 하나님의 형상을 보게 하소서.

그리스도의 지체로만 볼 수 있는
영의 눈을 열어 주시고,

교회에게 그리스도(엡1:22)를 주셔서
그 뜻을 충만히 이루신 것처럼,

지체들이 머리를 굳게 붙잡고 순종하며
각자의 직분과 은사를 인정하여
서로를 통해 주의 빛이 한층 드러나게 하소서.

그리스도 예수 이름으로 간구하며 기도드립니다. 아멘.

148일 열심과 소망으로 주를 섬기라

주신 편지 롬12:11-12

11부지런하여 게으르지 말고 열심을 품고 주를 섬기라 12소망 중에 즐거워하며 환난 중에 참으며 기도에 항상 힘쓰며

하나님의 사랑은 성령께서 우리 안에 거하시며 우리를 성전 삼으신 사실로 확증된다.(고전6:19) 이제 하나님의 일이 곧 나의 일이 되며, 성령께서 내 안에서 뜨겁게 역사하신다. 그러므로 육신을 따라 일하지 않고, 오직 성령을 의지하여 주의 일을 감당한다. 성령 안에서 하는 일에는 게으름이 있을 수 없다. 그것은 단지 손발의 분주함이 아니라, 영혼의 깨어 있음이다. 하나님이 친히 하시는 일을 바라보기에 열심을 낼 수밖에 없다.

'열심'은 내면에서 타오르는 거룩한 불꽃이며, 주를 사랑하는 섬김으로 지속되어야 한다. 이는 억지의 명령이 아니라 소망에서 흘러나오는 기쁨의 헌신이다. 이 소망은 세상의 영광이 아니라, 하나님께서 약속하신 하늘의 영광, 곧 첫째 부활의 영광에 있다. 하나님은 정하신 시기와 경계 안에서 말씀으로 그 소망을 전해 주시며, 우리는 그 기쁨 가운데 살아간다.

환난 중에도 인내할 수 있는 것은 믿음으로 이미 영광이 확증되었기 때문이다. 하늘의 소망이 세상의 환난을 이기게 한다. 스데반은 영광의 주께서 주시는 면류관을 바라보며 성령으로 충만하여, 돌에 맞는 고통 속에서도 끝내 소망 가운데 견디어냈다.(행7:55)

또한 기도는 연약한 인간의 깊은 곳에서 울려 나오는 하나님과의 대화요, 거룩한 울림이다. 억눌린 명령 아래의 섬김이 아니라, 기쁨에서 흘러나온 헌신이다.

타오르는 뜨거운 영으로

기름 부으시는 하나님이시여(고후1:21),
계으름의 그늘 아래 눕지 않게 하시고,
타오르는 뜨거운 영으로 주를 섬기게 하소서.

하늘의 소망만을 붙드는 것이
어둠 속에 새겨진 믿음의 등불이니이다.

끈질긴 인내로 눈물이 흐를지라도
마음은 무너지지 않고 오히려 깊어지게 하소서.

영혼의 깨어있음과 기쁨의 헌신으로
끊임없는 기도로 주의 길을 내딛게 하소서.

예수 그리스도의 이름으로 기도드립니다. 아멘.

149일 기도와 나누기를 힘쓰라

주신 편지 롬12:12-13

12소망 중에 즐거워하며 환난 중에 참으며 기도에 항상 힘쓰며 13성도들의 쓸 것을 공급하며 손 대접하기를 힘쓰라

왜 우리는 기도해야 할까? 만일 우리가 전능하다면 기도의 필요는 없을 것이다. 그러나 기도는 단순한 감사와 찬송이 아니라, 우리의 무능함을 전능하신 하나님께 아뢰며 응답을 받는 은혜의 행위이다.

예수님 또한 곳곳에서 기도하셨다. 마태·마가·요한복음이 하나님의 아들 되심을 강조한다면, 누가복음은 인사로서 육신의 연약함 가운데 아버지께 기도하시는 모습을 보여준다. 예수님은 사람의 몸을 입고 전능하신 아버지께 능력을 구하셨으며, 제자들을 세우실 때조차 간구하신 뒤 부르셨다.

우리 역시 그 본을 따라야 한다. 연약함을 아뢰며 꾸준히 기도할 때, 아버지의 뜻이 우리의 삶 가운데 이루어지고 하나님의 힘이 공급된다. 눈을 감고 뜨는 순간마다, 숨을 들이쉬고 내쉴 때마다, 마음이 하늘을 향할 때 우리는 하나님과 교제하는 것이다. 기도는 영혼의 호흡이며, 하나님과 우리를 잇는 생명의 끈이다.

또한 우리는 그리스도의 지체된 성도들의 필요를 돌아보아야 한다. 말씀을 전하여 함께 영광에 참여하게 하고, 부족함을 채우는 것은 곧 내 영혼의

풍요로움으로 이어진다. 이는 주님을 섬기듯 성도를 섬기는 길이며, 사랑은 반드시 손과 발을 통해 드러나는 것이다. 필요를 채우고 문을 열며 따뜻한 영의 양식을 나눌 때, 사랑은 살아 움직이는 것이다.

사랑의 탯줄로

전능하신 하나님,
소망은 하늘로 눈을 들게 하시고,
인내는 믿음의 뿌리를 깊게 내리며,
기도는 사랑의 탯줄로 우리를 잇나이다.

기도의 눈물은 마음의 불이 되어
하나님의 때에 닿게 하소서.

은혜는 사랑을 전하는 힘이 되고
나의 존재는 위로의 성소가 되게 하소서.

예수 그리스도의 이름으로 기도드립니다. 아멘.

150일 축복과 동행의 길

주신 편지 롬12:14-15

[14]너희를 핍박하는 자를 축복하라 축복하고 저주하지 말라 [15]즐거워하는 자들로 함께 즐거워하고 우는 자들로 함께 울라

"핍박하는 자를 축복하라"는 말씀은 인간의 본성과 반대되는 명령이다. 저주 대신 축복의 씨앗을 뿌리는 것은 하나님께서 주신 고귀한 방식이다. 그 씨앗은 금세 자라지 않지만, 박해하는 자에게도 생명을 축복하는 초월적 실천이다.

박해는 우리가 세상과 같지 않고, 진리에 속해 있기 때문에 찾아온다. 그들은 복음을 따르는 자들을 대적하지만, 하나님은 오히려 그들을 축복하라고 하신다. 이는 그들의 영혼조차 하나님의 도구로 쓰이게 하셔서, 우리에게 상급과 영광을 주시려는 뜻이다. 그러므로 우리는 그들을 저주할 수 없으며, 불쌍히 여기며 축복해야 한다.

또한 "즐거워하는 자들과 함께 즐거워하고 우는 자들과 함께 울라"는 말씀은 마음의 귀를 열라는 초대이다. 오늘날처럼 개인화된 시대에는 서로의 기쁨을 함께 나누고, 실족의 슬픔을 함께하기가 쉽지 않다. 그러나 질투 없이 기쁨을 나누고, 냉담함 없이 눈물을 함께하는 삶이야말로 그리스도의 지체로 사는 삶이다.

그리스도의 몸 된 우리가 한 지체임을 깨닫는다면, 함께 즐거워하고 함께 울며, 심지어 주 안에서 함께 죽을 수도 있다. 기쁨과 슬픔의 공명이 일어날 때 비로소 '공동체'라는 아름다운 음악이 울려 퍼진다.

말 없는 설교자

만복의 근원 되신 주여,
영광의 소망을 품게 하실 때
심지어 박해하는 자들까지도 허락하시니,

참된 용기로 축복하게 하시고
영의 눈을 밝혀 거룩한 마음을 지키게 하소서.

즐거워하는 자들의 소리에
내 가슴도 함께 기쁘게 울리게 하시고,

우는 자들의 한숨에는
내 영혼도 고요히 무릎 꿇게 하소서.

그들의 말 없는 설교자가 되게 하시며,
우리 주 예수 그리스도의 이름으로
간구하며 기도드립니다. 아멘.

151일 낮은 자리에서 마음을 같이 하라

주신 편지 롬12:16

서로 마음을 같이 하며 높은데 마음을 두지 말고 도리어 낮은데 처하며 스스로 지혜 있는체 말라

교회 공동체는 일치와 영적 연합을 지향해야 한다. 각기 다른 산에서 흘러내린 물줄기가 하나가 되듯, 그리스도인들이 같은 생각을 품는 것은 오직 복음으로만 가능하다. 다시 오실 신랑 예수를 기다리며, 우리는 모두 그리스도의 지체로서 한 몸을 이루어야 한다.

그러나 누가복음 15장의 타락한 둘째 아들처럼 스스로를 과대평가하며 아버지의 것을 자신의 힘으로 얻으려 하거나, 바리새인들처럼 자신은 죄인이 아니라고 거만하게 여기는 자들이 있다. 하나님은 그런 자들에게 스스로의 의로 높은 것을 추구하지 말라고 말씀하신다. 이는 교만과 권력, 우월과 명예를 향한 눈을 거두라는 뜻이다.

반대로 마태복음 9장에는 세리와 죄인들과 함께하신 예수님의 모습이 나온다. 바리새인들이 “어찌 그들과 함께하느냐” 묻자, 주님은 죄인을 부르러 오셨다고 하셨다. 또한 신랑과 함께 있는 동안은 금식할 수 없다고 말씀하시며, 주님과 함께하는 것이 형식적 금식보다 더 중요함을 가르치셨다.

그러므로 우리는 낮은 데 처한 이들과 함께해야 한다. 또한 믿음으로 받

은 지혜를 자랑할 수 없다. 지혜의 참된 소유주는 삼위일체 하나님이시며, 창조와 구원, 피조물의 조화는 모두 그분의 지혜에서 비롯된다. 진정한 지혜는 겸손 속에서 피어나며, 그 겸손이 곧 하나님의 지혜와 연결된다.

하나님의 형상을 비추게 하옵소서

지혜의 근본이신 하나님,
다시 오실 주님을 사모하는 한 마음으로
온전히 섬길 수 있음에 찬양드리옵니다.

그러나 마음 깊이 애통함은
교만함이 멸망에 앞서며,
거만한 영이 몰락에 앞서 있다(잠16:18)는 말씀으로
저를 권고하심에 있나이다.

회개할 자들과 함께하며,
저 또한 죄인임을 자복하나이다.

서로에게 하나님의 형상을 비추게 하옵시며,
예수 그리스도 이름으로 간절히 기도드립니다. 아멘.

152일 악을 이기고 선을 행하라

주신 편지 롬12:17

아무에게도 악으로 악을 갚지 말고 모든 사람 앞에서 선한 일을 도모하라

핍박하는 자(롬12:14)를 대할 때, 악을 어떻게 맞이하느냐는 우리의 영적 삶에서 매우 중요한 문제이다. "악을 악으로 갚지 말라"라는 말씀은 인간 안에 자리한 보복의 충동을 제어하라는 명령이며, 단순한 절제를 넘어 조월을 요구한다. 이는 악에 악으로 반응하는 순환의 사슬을 끊어내는 용기의 선언이자, 조용하지만 강력한 하나님의 명령이다.

그러므로 우리는 악한 이를 불쌍히 여기며 축복하고, 말씀과 기도로 선으로 맞서야 한다. 특히 십자가 위에서 원수들을 용서하신 예수님의 기도를 기억해야 한다. 하늘의 영광과 존귀로 관을 쓰신 예수께서, 하나님의 아들들을 영광(히2:10)에 들어가게 하시려고 자신을 죽인 자를 절대 악으로 갚지 않으신 것처럼 하나님께 속한 일을 행하는 것이야말로 가장 선한 길이다. 영혼을 살려 영원한 복으로 이끄는 것, 그것이 참된 선과 정직이다.

따라서 우리는 악에 대해 단순히 '갚지 않는 것'에 머무르지 않고, 모든 사람 앞에서 적극적으로 선한 일을 도모해야 한다. 이는 지혜를 구하며 하나님의 뜻을 계획하고 이루려는 의지이며, 인내와 믿음의 결단 속에서 완성되는 하나님의 일, 곧 구원의 과정이다.

아픔의 사슬을 끊게 하소서

주여, "아무에게도 악으로 갚지 말라"
이 말씀으로 아픔의 사슬을 끊게 하소서.

주여, 저들의 죄를 용서하여 주시고,
애끓는 간구를 드리신 주님을 기억하며
긍휼의 마음을 허락하소서.

선하신 주님의 사랑을
모든 이 앞에서 원 없이 드러내게 하시고,
오직 선으로만 승리하게 하옵소서.

심지어 침묵조차도
주의 지혜로 가득 채우시며,
예수 그리스도 이름으로 기도드립니다. 아멘.

153일 모든 사람과 화목하라

주신 편지 롬12:18

할 수 있거든 너희로서는 모든 사람으로 더불어 평화하라

"너희로서는"이라 함은 그리스도와 정혼(롬7:4)한 자로서, 그분 안에서 살아가는 우리의 삶의 태도를 의미한다. 바로 온전한 산 제물로 드려지는 과정 속에서 최선을 다하며, 모든 사람과 화목하게 지내야 함을 가르친다.

화목관계는 레위기의 화목제 원리를 통해 이해할 수 있다. 이는 수직적 관계(하나님과의 관계, 거제)와 수평적 관계(성도 간의 관계, 요제)로 나뉜다.

수직적 화목은 데살로니가전서 5장 12절에서 확인된다. "너희 가운데서 수고하고 주 안에서 너희를 다스리며 권하는 자들을 너희가 알고 저의 역사로 말미암아 사랑 안에서 가장 귀히 여기며 너희끼리 화목하라" 나와 말씀을 증거하는 자와의 관계는 존경과 사랑으로 유지되어야 한다.

수평적 화목은 마가복음 9장 50절을 통해 확립된다. "소금은 좋은 것이로되 만일 소금이 그 맛을 잃으면 무엇으로 이를 짜게 하리요 너희 속에 소금을 두고 서로 화목하라" 우리는 땅의 소금(마5:13)으로서 썩지 않는 영생을 지닌 몸으로 하늘의 기쁨을 나누며 서로 화목해야 한다. 예수 안에서 영광의 소망을 바라보는 삶이 화목을 완성한다.

궁극적으로 우리의 삶은 하나님과의 화목제가 되는 삶이며, 그것이 참된 예배이다. "모든 사람"이라고 하신 것은, 구원받은 자에게든 멸망하는 자에게든, 하나님 앞에서 그리스도의 향기로 존재해야 함을 의미한다.(고후2:15)

제가 할 수 있는 만큼이라도

화평의 하나님의 음성을 듣나이다.
하나님의 나라는
의와 화평과 기쁨(롬14:17)이니이다.

이 땅의 삶은
하나님과의 참된 화목을 이루기 위한
예배의 자리이니이다.

때로는 지혜로움으로
물러설 수 있는 침묵을 허락하시고,

때로는 담대함으로
손을 내밀 수 있는 열망을 이루게 하옵소서.

제가 할 수 있는 만큼이라도
항상, 어느 곳에서나(고후2:14)
그리스도의 향기를 나타나게 하소서.

그리스도 예수의 이름으로
감사드리며 기도드립니다. 아멘.

154일 원수 갚는 것이 내게 있으니

주신 편지 롬12:19

내 사랑하는 자들아 너희가 친히 원수를 갚지 말고 진노하심에 맡기라 기록되었으되 원수 갚는 것이 내게 있으니 내가 갚으리라고 주께서 말씀하시니라

"내 사랑하는 자들아"라는 호명은 부드럽고 인격적이다. 마치 소중한 이를 곁에 두고 위로하며 건네는 따스한 눈빛과 같다. "원수를 갚지 말라"라는 말씀은 원수를 향한 분노를 인정하면서도, 그것을 더 큰 손에 맡기라는 권면이다. 이는 분노의 칼을 땅에 묻는 침묵의 한마디와 같다.

원수 갚기는 본질적으로 재판, 곧 심판을 의미하지만, 우리는 종종 그 심판을 스스로의 일로 삼는다. 그러나 복수는 하나님의 영역이며, "원수 갚는 것이 내게 있으니"라는 말씀은 공의의 저울이 오직 하나님께 있음을 분명히 보여준다.

첫째, 하나님은 최고의 재판관이시므로 우리가 미리 하나님의 자리에서 판단하지 않아야 한다. 하나님은 나와 원수 모두를 공정하게 심판하신다.

둘째, 원수 갚기는 하나님의 일이다. 요한계시록 11장 12절에서 "하늘로부터 큰 음성이 있어 이리로 올라오라 함을 저희가 듣고 구름을 타고 하늘로 올라가니 저희 원수들도 구경하더라"라는 말씀처럼, 하나님은 순교자를 세우시고 원수를 악의 도구로 사용하여 그들을 의의 병기로 삼으신다.

따라서 인간이 따로 원수를 갚을 필요가 없다.

셋째, 원수 중에서도 은혜받을 구원의 날이 있을 수 있으므로, 우리가 스스로 판단하여 심판하거나 복수하지 않아야 한다.

원수마저 주 뜻 안에

모든 존재들의 재판관이신 하나님,
주의 공의로우심에 제 마음을 맡깁니다.

제 손에 쥐었던 돌을 고스란히 내려놓고,
원수마저 주 뜻 안에 이루실 영광을 보게 하소서.

주의 때에 모든 이들을 아름답게 하시고,
구원의 날을 기다리며 기도하게 하소서.

예수 그리스도 이름으로 애통하며 기도드립니다. 아멘.

155일 사랑의 숯불로 악을 이기라

주신 편지 롬12:20-21

[20]네 원수가 주리거든 먹이고 목마르거든 마시우라 그리함으로 네가 숯불을 그 머리에 쌓아 놓으리라 [21]악에게 지지 말고 선으로 악을 이기라

잠언 25장 21-22절은 이렇게 말씀하신다.

"네 원수가 배고파하거든 식물을 먹이고 목말라하거든 물을 마시우라 그리하는 것은 핀 숯으로 그의 머리에 놓는 것과 일반이요 여호와께서는 네게 상을 주시리라"

이는 원수까지 사랑하신 하나님의 마음을 적극적으로 반영하는 행동이다. 마치 뜨거운 자비와 차가운 공의가 한 식탁에 앉는 장면과도 같다. 원수를 먹이는 행위는 원수의 양심을 회복시키는 조치이며, 우리가 하나님의 시선으로 세상을 바라보는 연습이다.

'머리에 숯불을 쌓으면 탄다'는 비유처럼, 그것은 하나님의 사랑(눅12:49)으로 회개의 기회를 주는 행위다. 하나님의 사랑으로 머리가 뜨거워서 견딜 수 없게 되면, 원수는 자신의 잘못을 깨닫고 얼굴이 붉어진다. 그 열기가 가슴으로 내려와 마음을 녹이면, 강퍅했던 마음이 수그러들고, 하나님과 단절되었던 부분이 타서 사라진다. 이는 양심을 깨우는 사랑의 숯불이다.

따라서 우리는 원수에게도 복음의 양식과 생명의 물을 전해야 한다. 원

수를 원수로 대항하면 그는 회개의 기회를 잃을 수 있지만, 영의 양식을 주면 하나님의 자녀라면 반드시 변화될 것이다. 악에게 지지 않고 선으로 이기는 길은 다만 주께서 맡기신 일을 행하는 것이다. 원수를 향한 하나님의 계획은 우리가 판단할 바가 아니다.

불꽃의 은혜로

하나님, 나의 하나님이시여!
원수를 세우신 계획이 온전히 이루어지게 하옵소서.

숯불을 쌓는 사랑을 명하시니,
하늘에서 내리는 불꽃의 은혜로
주의 사랑이 제 심령 위에 타오르게 하소서.

선으로 충만하게 하시어
악에게 불의로 대응하지 않게 하시며,
저의 힘과 방패 되시옵소서.

선으로 악을 이기신
예수 그리스도 이름으로 기도드립니다.
아멘.

성도의 생활(윤리) 13장

- 모든 권세는 하나님께서 정하신 것이라.(롬13:1)
- 사랑은 율법의 완성이다.(롬13:10)
- 구원의 때가 더 가까워졌으니 어두움의 행위를 버리고, 빛의 갑옷을 입자.(롬13:12)
- 낮에와 같이 단정히 행하고 오직 주 예수 그리스도로 옷 입고, 정욕을 위해 육신을 계획하지 말라.(롬13:14)

156일 모든 권세는 하나님께서 정하신 것

주신 편지 롬13:1-4

[1]각 사람은 위에 있는 권세들에게 굴복하라 권세는 하나님께로 나지 않음이 없나니
모든 권세는 다 하나님의 정하신바라 [2]그러므로 권세를 거스리는 자는 하나님의 명
을 거스림이니 거스리는 자들은 심판을 자취하리라 [3]관원들은 선한 일에 대하여 두려
움이 되지 않고 악한 일에 대하여 되나니 네가 권세를 두려워하지 아니하려느냐 선을
행하라 그리하면 그에게 칭찬을 받으리라 [4]그는 하나님의 사자가 되어 네게 선을 이
루는 자니라 그러나 네가 악을 행하거든 두려워하라 그가 공연히 칼을 가지지 아니하
였으니 곧 하나님의 사자가 되어 악을 행하는 자에게 진노하심을 위하여 보응하는 자
니라

권세자는 바울 시대의 로마 권력층을 가리켰으나, 오늘날에는 국가적·정치적 세력을 포함해 이해할 수 있다. 권세자에게 복종한다는 것은 단순히 명령에 따르는 것이 아니라, 재판권과 같은 권위를 인정하는 것까지 포함한다. 그러나 그 근원은 오직 하나님께 있다. 하나님께서 세상의 질서를 위해 권세자들을 세우셨기 때문이다.

하나님의 백성인 우리가 믿음을 지켜 나가려면 권세가 필요하다. 그 권세는 하나님의 '허용적 작정' 가운데 주어진 것으로, 하나님은 그들을 통해 자신의 뜻을 이루신다. 따라서 권세는 단순한 강압의 도구가 아니라, 악을 제지하고 선을 세우는 칼과 방패로 사용된다.

결국 권세는 '하나님의 일꾼'일 때 의미가 있다. 그러므로 우리는 권세자

들을 대할 때, 언제나 하나님의 뜻을 분별하는 지혜를 구해야 한다.

시간과 질서 속에

주를 위하여(벧전2:13)
인간의 법령을 세우시는 하나님,

하나님의 나라를 위해
이 나라를 세우시는 높은 뜻을 바라나이다.

주께서 세우시지 않으신 자 없음을,
허락하지 않으신 손길이
이 땅에 없음을 믿사옵니다.

하나님의 일꾼들에게 복종할 때,
저를 세우시기 위함임을 깨닫게 하소서.

시간과 질서 속에
주님의 뜻이 순종의 지표가 되게 하소서.

모든 권세의 근원이신
예수 그리스도 이름으로 기도드립니다. 아멘.

157일 양심을 인하여 할 것

주신 편지 롬13:5

그러므로 굴복하지 아니할 수 없으니 노를 인하여만 할 것이 아니요 또한 양심을 인하여 할 것이라

우리 내면 깊은 곳에 자리한 '양심'은 하나님이 새겨 넣으신 형상이자 거룩한 감각이다. 그것은 단순히 법적 순응을 넘어, 하나님이 세우신 질서 앞에서 자발적으로 책임지는 신앙의 태도를 의미한다.

하나님은 우리의 사명을 이루시기 위해 이 땅의 권세자들을 도구로 사용하시며, 그들을 통해 질서를 세우신다. 그러므로 우리는 공의의 벌을 피하기 위해서가 아니라, 하나님이 주신 양심 때문에 협조하고 순종한다. 그러나 그 순종은 하나님의 뜻에 반하는 경우라면 단호히 거절할 수 있어야 한다.

사도행전 4장에서 베드로는 권세자들의 명령에도 "하나님 앞에서 너희 말을 듣는 것이 하나님 말씀을 듣는 것보다 옳은가 판단하라"라며 담대히 증언했다. 또 베드로전서 2장 13-15절은 "인간에 세운 모든 제도를 주를 위하여 순복하라"고 증거한다. 곧, 법령에 복종하는 이유 역시 '주를 위하여'라는 사실을 강조하는 것이다.

우리 양심의 근원은 오직 하나님이시다.

주를 위한 선

진리의 양심으로 이끄시는 주여!
제 마음에 하늘나라가 임하고,
그 질서로 권능을 따르게 하옵소서.

권세 아래에서도,
인간의 모든 법령에 복종할 때에도
그저 '주를 위한 선'임을 기억하게 하소서.

진리로 내딛는 걸음마다
하나님의 왕국이 한 뼘 더 가까이 임하게 하옵시며,
예수 그리스도 이름으로 기도드립니다. 아멘.

158일 하나님께 드려진 세금은 나

주신 편지 롬13:6-7

[6]너희가 공세를 바치는 것도 이를 인함이라 저희가 하나님의 일군이 되어 바로 이 일
에 항상 힘쓰느니라 [7]모든 자에게 줄 것을 주되 공세를 받을 자에게 공세를 바치고 국
세 받을 자에게 국세를 바치고 두려워할 자를 두려워하며 존경할 자를 존경하라

하나님의 양심을 따라 사는 우리에게 국가에 세금을 내는 것은 당연한 일이다. 이는 하나님의 일꾼들이 그 사명을 온전히 감당하도록 돕는 길이기 때문이다. 그러나 여기서 멈추지 않고, 우리는 더 깊은 차원으로 나아가야 한다. 하나님의 백성인 우리는 곧 하나님께 드려진 '세금'임을 고백해야 한다.

마태복음 22장 17절에서, 헤롯 당원들과 바리새인의 제자들은 세금 문제로 예수님을 시험하였다. 그때 예수께서 동전을 보이시며 "이 형상과 글이 누구의 것이냐?" 물으셨고, 그들은 "카이사의 것"이라 대답했다. 주님은 "카이사의 것은 카이사에게, 하나님의 것은 하나님께 바치라" 하시며, 더 깊은 진리로 우리를 이끄셨다.

우리는 하나님의 형상, 곧 그리스도가 새겨진 존재다. 그러므로 땅의 백성으로서 지켜야 할 의무와, 하나님의 백성으로서 감당해야 할 거룩한 의무를 함께 자각해야 한다. 하나님께서 세우신 질서에 순종하며, 두려움과 존경으로 책임을 다하는 것, 그것이 곧 하나님의 형상을 따라 지음 받은 존재로서 마땅한 응답이다.

그리스도가 새겨진

하나님 아버지,
그리스도의 이름이 새겨진 하나님의 백성으로서
감당할 힘을 허락하심에 감사드립니다.

하나님께 드려진 세금과 같이
제게 맡겨진 몫과 권위,
목숨까지도
주저함 없이 바칠 수 있는
큰 믿음을 주시옵소서.

또한 세우신 이들을 위해
끊임없이 기도하게 하시어
하나님의 나라가 굳건히 세워짐을
잊지 않게 하옵소서.

하나님의 형상이신
예수 그리스도 이름으로 기도드립니다. 아멘.

159일 피차 사랑하며 율법을 이루다

주신 편지 롬13:8

피차 사랑의 빚 외에는 아무에게든지 아무 빚도 지지 말라 남을 사랑하는 자는 율법을 다 이루었느니라

"사랑의 빚"은 서로 사랑해야 할 의무를 일깨우지만, 갚을 수 없는 빚이다. 그러나 이는 영혼을 옭아매는 사슬이 아니다. 사랑은 하나님께서 먼저 베푸신 은혜에서 비롯되었기 때문이다.

잠언 22장 7절은 "빚진 자는 채주의 종이 되느니라"라고 말씀하지만, 사랑의 빚만은 예외다. 서로 사랑하는 일에 있어서는 빚을 져도 좋다. 마치 반드시 갚아야 할 빚처럼 형제를 사랑할 때, 우리는 율법을 이루게 된다.

'사랑은 율법의 완성'이라는 말씀은 곧 사랑이 율법의 본질이라는 뜻이다. 예수께서 십자가의 희생으로 그 사랑을 이루셨고, 율법은 그 안에서 성취되었다. 우리는 예수를 믿는 믿음 안에서 하나님의 사랑과 은혜를 누리며, 성령의 인도하심으로 교제하게 된다.

결국 그 사랑 안에서 우리는 하나님의 뜻을 이루는 삶으로 나아가야 한다.

주의 형상을 품은 자에게 주어진

생명의 아버지께 영광을 돌리나이다.

율법을 이루신 성자 하나님께 찬양을 올리나이다.

성부 하나님의 사랑을 성자께서 보이신 은혜에 감격하나이다.

정녕 성령을 통하여
삼위일체 하나님의 사랑이 온전히 이루어지게 하소서.

사랑은 주의 형상을 품은 자에게
갚을 수 없는 고귀한 빚이니,

율법의 무게로
행여 억눌리지 않게 하옵소서.

예수 그리스도 이름으로 기도드립니다.
아멘.

160일 사랑이 모든 계명의 중심

주신 편지 롬13:9

간음하지 말라, 살인하지 말라, 도적질 하지 말라, 탐내지 말라 한 것과 그 외에 다른 계명이 있을찌라도 네 이웃을 네 자신과 같이 사랑하라 하신 그 말씀 가운데 다 들었느니라

이 계명은 모세의 십계명 중 사람과 사람과의 관계를 다룬 것으로, 특히 6계명에서 10계명(신5:17-21)에 해당한다. 이 계명들을 한마디로 요약하면 "네 이웃을 네 자신과 같이 사랑하라"이다. 인간에게 나 자신보다 귀한 것은 없으므로, 그만큼의 마음으로 이웃을 사랑하라고 이 계명을 주신 것이다.

마태복음 22장 34-39절에서 예수님은 첫째 계명으로 "마음을 다하고 목숨을 다하고 뜻을 다하여 주 너의 하나님을 사랑하라"를, 둘째 계명으로 "네 이웃을 네 몸과 같이 사랑하라"를 말씀하셨다. 첫째 계명은 십계명의 1~5계명을, 둘째 계명은 6~10계명을 요약한 것이다.

십계명의 본질은 옛 계명이지만, "이웃을 네 자신과 같이 사랑하라"는 요약 계명을 실천함으로 모든 율법을 이룰 수 있다. 간음, 살인, 도둑질, 거짓 증거, 탐냄의 죄는 이웃을 사랑하지 않기 때문에 발생한다. 따라서 진정한 사랑으로 죄를 이길 수 있다.

새 계명(요13:34)은 "내가 너희를 사랑한 것 같이 너희도 서로 사랑하라"

로, 예수님의 자기 희생적 사랑을 본받으라고 가르친다. 요한1서 3장 16절에서 보여주듯, 우리도 형제를 위해 생명을 내어놓는 사랑을 실천해야 한다. '살인하지 말라'는 계명은 단순한 금지를 넘어, **죽어 가는 영혼을 살리는 진리의 사랑**을 실천하라는 의미를 담고 있다. 할렐루야!

진리가 나를 강권하여

새 계명의 진리로 인도하신 주님,
자신처럼 이웃을 사랑하는 일이 참으로 버겁사옵니다.

주께서 사랑하신 분량만큼 사랑할 수 없음에
오직 주님만을 의지하나이다.

주를 위해 생명을 내어놓는 일이
우리의 율법이 되게 하소서.

진리로 강권하시는
예수 그리스도의 이름으로 기도드립니다. 아멘.

161일 사랑은 율법의 완성이니라

주신 편지 롬13:10

사랑은 이웃에게 악을 행치 아니하나니 그러므로 사랑은 율법의 완성이니라

'사랑은 이웃에게 악을 행하지 않는다'는 말씀은, 율법이 요구하는 사랑은 본질적으로 악과 거리가 멀다는 뜻이다. 즉 하나님의 사랑이 율법을 완전히 충족시킨다는 의미이다. 로마서 13장 8절(피차 사랑의 빚 외에는 아무에게든지 아무 빚도 지지 말라 남을 사랑하는 자는 율법을 다 이루었느니라)과 10절도 같은 진리를 전하며, 우리는 자신뿐 아니라 이웃에게도 악을 행하지 않아야 한다. 사랑은 구체적 행동으로 나타나며, 상대를 존중하는 작은 실천에서부터 시작된다. 예를 들어 살인, 간음, 도적질, 거짓 증거, 탐욕을 피하고 새 계명 "내가 너희를 사랑한 것같이 너희도 서로 사랑하라"를 실천함으로 하나님의 뜻을 이루는 것이다.

하나님께서 우리를 사랑하신다는 것은 믿음으로 의롭다 칭하신 것에서 시작해, 이제 율법의 완성으로까지 나아간다는 뜻이다. 예수님은 화목제물이 되어 목숨을 바치심으로 율법을 완성하신 사랑을 보여주셨다. 하나님은 우리에게도 자신을 희생하며 형제를 위해 순교적 헌신의 사랑을 행하기를 원하신다. 형제와의 사랑은 반드시 진리의 사랑이어야 하며, 예수님의 순교적 사랑은 우리가 본받아야 할 절대적 모범이다.

그 완성의 한 조각

사랑의 하나님 아버지,
율법을 넘어 사랑으로 완성하셨나이다.

오늘 하루가 그 완성의 한 조각이 되게 하시고,
형제들을 산 제물로 세워
목숨을 바치기까지 진리를 전하게 하소서.

진리를 받는 모든 가슴이
그리스도의 편지(고후3:3)로 존재하며
하나님의 사랑으로 기록된 권능의 책이 되어,
많은 이들에게 읽히게 하소서.(고후3:2)

예수 그리스도 이름으로
간절히 기도드립니다. 아멘.

162일

처음 믿음보다 가까운 구원

주신 편지 롬13:11

또한 너희가 이 시기를 알거니와 자다가 깰 때가 벌써 되었으니 이는 이제 우리의 구원이 처음 믿을 때보다 가까왔음이니라

바울은 하나님을 섬기는 자들이 지금이 어떤 때인지 알아야 한다고 강조한다. 지금은 '영적 잠에서 깨어 있어야 할 결정적 때'이다. 당시 로마 교회가 핍박과 환란 속에서 신앙을 지켰듯, 이 말씀은 오늘날 우리에게도 적용된다. 여기서 말하는 '구원'은 최종적으로 이루실 예수 그리스도의 재림과 우리의 영광이 완성되는 때를 의미한다.

우리는 구원의 빛이 조금씩 다가오는 시대에 살며, 말씀을 통해 그때를 깨닫는다. 예수께서는 무화과나무 비유로 이스라엘 백성이 믿고 열매 맺어야 함을 말씀하시고, 이방인의 구원이 채워지기까지 믿음으로 굳건히 지키는 자들이 신랑 예수의 신부로 확정됨을 알리셨다.

그 '때'를 알기에 기쁨이 생기고 믿음의 열매를 더욱 열심히 맺게 된다. 처음 믿을 때보다 우리의 구원이 가까워졌으며, 재림으로 하나님의 구원이 완전히 성취될 것이다. 참세례를 받아 그리스도의 것이 된 자들은 성령을 통해 성화구원의 여정을 이어가며, 몸의 구속까지 포함한 마지막 구원의 날이 더욱 가까워졌다.

그러므로 우리는 경종 소리에 깨어, 영적 잠에서 벗어나 구원이 완성될 날을 사모하며 기쁘게 준비해야 한다.

기름을 준비하는

구원의 주여,
구원하심은 사명자들을 통해 시작하셨고,

선지서의 말씀과 성령을 통해
차근차근 이루어 가셨나이다.

완성은 점점 다가오고 있사오니,
내 영혼이 떨림으로 기다리고 있나이다.

그 시계의 종소리는 제 이름을 부르나이다.
남은 자의 구원을 위하여
진리 안에 굳건히 서게 하옵소서.

또한 신부의 자리를 위해
기름을 준비하는
지혜로운 자가 되게(마25:4) 하시며,

예수 그리스도의 이름으로 기도드립니다.
아멘.

163일 밤이 깊고, 낮이 가까왔으니

주신 편지 롬13:12

밤이 깊고 낮이 가까왔으니 그러므로 우리가 어두움의 일을 벗고 빛의 갑옷을 입자

'밤'과 '낮'을 대비하며 그리스도의 재림을 기다리는 신앙의 삶을 비유적으로 설명한다. 지금은 밤으로, 마귀가 세상 임금으로 주장하며 하나님과 멀어진 시간을 뜻한다. 동시에 밤의 절정은 새벽이 임박했음을 알린다. 낮은 예수님이 다시 오셔서 그의 왕국을 세우시고 통치하시는 때를 가리킨다. 밤이 깊어진 만큼 하나님의 구원이 완성될 때가 가까워짐을 보여준다.

낮이 다가오므로 우리는 어두움의 행위—죄와 정욕, 불의와 불경건—를 버리라는 강력한 요청을 받는다. 이미 빛이 되신 주께서 오신 시점에서, 세례를 받은 자는 갈라디아서 3장 27절처럼 '그리스도로 옷을 입었으므로' 어두움의 영향을 받지 않는다.

"빛의 갑옷"은 그리스도로 옷 입고 하나님의 임재의 빛으로 어두움과 싸우는 영적 전쟁을 상징한다. 재림이 가까움을 의식하며, 영으로 깨어 더욱 굳건히 결단할 것을 촉구한다.

견고한 망대를 바라보며

아버지, 밤은 한없이 깊어지고,
주의 날은 가까이 다가옵니다.

깊음의 끝자락에서
나의 영혼은 서둘러 깨어나나이다.

빛이신 그리스도시여, 오시옵소서!
다시 오실 주님은 만왕의 왕이십니다.

성령의 검(엡6:17)과
믿음의 방패(엡6:16)를 들고
그리스도의 군사(딤후2:4)로서
기쁨으로 서게 하소서.

견고한 망대(잠18:10)를 바라보며,
빛의 갑옷을 입히소서.

넉넉히 이기게 하실 것을 믿사오며,
예수 그리스도의 이름으로 기도드립니다. 아멘.

164일 낮처럼 깨어, 그리스도로 옷입다

주신 편지 롬13:13-14

[13]낮에와 같이 단정히 행하고 방탕과 술 취하지 말며 음란과 호색하지 말며 쟁투와 시기하지 말고 [14]오직 주 예수 그리스도로 옷입고 정욕을 위하여 육신의 일을 도모하지 말라

낮은 하늘나라와 같은 빛의 상태를 의미한다. 우리의 심령이 재림하실 주님과 함께 사는 것과 마찬가지로 영적인 '낮'의 상태를 나타낸다. 낮처럼 단정히 행하며, 세상 쾌락에 빠지지 않는 삶을 뜻한다. 여기서 '술'은 단순한 음료가 아니라, 세상에 취해 하늘의 영광을 보지 못하는 자들을 상징한다. 주께서 주시는 말씀은 오직 물로 된 포도주를 먹는 그리스도의 혼인 잔치(요2:1)로 인도하며, 천상의 복(엡1:3)으로 우리를 단장하신다.

음란함은 창세기 34장 1-2절의 사건처럼, 야곱의 딸 디나의 경우와 같이 부지불식간에 영적 간음으로 이어지는 결과를 낳는다. 방탕함은 누가복음 21장 34절과 연결된다. "너희는 스스로 조심하라 그렇지 않으면 방탕함과 술취함과 생활의 염려로 마음이 둔하여지고 뜻밖에 그 날이 덫과 같이 너희에게 임하리라." 방탕은 세상에 취해 진리의 말씀에 사로잡힌 자들과 다투거나 시기하게 되며, 결국 세상 속으로 들어가 타락하는 상태를 뜻한다.

오직 주 예수 그리스도로 옷 입은 자(갈3:27)는 참세례를 받은 새로운 피

조물이다. 그리스도에 의한, 그리스도를 위한 삶을 살며, 다시 오실 신랑을 사모한다. 그 길 끝에는 그리스도의 충만한 형상으로 회복된 우리의 모습이 기다린다.

주의 형상에 합한

어두움 속 빛으로 오신 주님,
주 예수 그리스도로 옷 입은 자 되어
신랑을 맞이할 진리 안에서
우리를 거룩히 성별하여 주옵소서.

흥청거림과 술 취함의 시간들,
음란과 방탕의 올무를 끊으시고
다툼과 시기의 그림자를 걷어내심은
성전 된 우리를 참으로 새롭게 하심이니,

오직 성소를 밝히는 기름으로 채우시어
주의 형상에 합한 지각의 뛰어남을 허락하소서.

주 예수 그리스도 이름으로 기도드립니다. 아멘.

하나님 나라는 성령 안에서 의와 화평과 기쁨 14장

- 남의 종을 판단하는 너는 누구냐? 그가 서거나 넘어지는 것이 자기 주인에게 있느니라. 그가 서게 되는 것은 하나님께서 하실 수 있다.(롬14:4)
- 우리가 살아도 주를 위하여 살고 죽어도 주를 위하여 죽나니, 살든지 죽든지 우리는 주의 것이다.(롬14:8)
- 형제를 판단하거나 업신여기지 말라. 그리스도의 심판석에 있는 것처럼 하라.(롬14:10)
- 음식 문제로 형제를 망가뜨리지 말라. 그리스도께서 그를 위해 죽으셨다.(롬14:15)
- 하나님 나라는 먹고 마시는 것이 아니라, 성령 안에서 의와 화평과 기쁨이다.(롬14:17)
- 하나님 나라(교회, 심령성전)는 화평과 서로를 세워주는 일들을 따라야 한다.(롬14:19)
- 음식 문제로 하나님의 일을 망치지 말라. 남을 실족게 하며 먹는 자는 악.(롬14:20)
- 믿음으로 하지 않는 것들은 모두 죄가 된다.(롬14:23)

165일 의심하는 바를 비판하지 말라

주신 편지 롬14:1-2

1믿음이 연약한 자를 너희가 받되 그의 의심하는 바를 비판하지 말라 2어떤 사람은
모든 것을 먹을만한 믿음이 있고 연약한 자는 채소를 먹느니라

하나님의 은혜는 믿음이 강한 자와 연약한 자 모두를 품으신다. 믿음이 약한 사람을 받아들이되, 그의 의견을 비판하지 말아야 한다. 말씀을 충분히 깨닫지 못한 이와 논쟁을 벌이는 것은 누구에게도 유익하지 않다. 믿음이 강한 자는 약한 자를 용납하되 다투지 말아야 하며, 이는 서로가 걸려 넘어지지 않도록 하시는 주님의 뜻이다.

율법을 지키던 유대인에게 구약의 말씀을 먼저 맡기셨듯, 아직 규례에 따라 금지된 음식을 먹지 못하는 연약한 믿음을 강요해서는 안 된다. 이를 무시하거나 배척하는 태도는 현대판 율법주의로, 과거 율법주의자들이 예수를 십자가에 내어주었던 과오를 반복할 수 있다.

참된 그리스도인은 믿음이 연약한 자를 품고, 그들이 예수를 참 구세주로 섬기도록 돕는다. 초신자도 이 과정에서 율법주의를 벗어날 수 있으며, 믿음은 강한 자가 약한 자를 돕고 기다리는 가운데 자라난다.

어찌 가볍게 여기리이까?

온전케 하시는 주여,
다시금 넘어짐 속에서도
주를 붙들게 하소서.

어떤 이는 모든 것을,
또 어떤 이는 채소만을 택하오나,
주를 위한 결심을 어찌 가볍게 여기리이까.

믿음의 완성자시여,
주를 위해 눈물을 흘렸으나,
연약한 이들에게 차갑게 대했던
저의 가증함을 용서하여 주소서.

첫사랑을 기억하며
끝까지 바르게 완성하게 하옵시고,
예수 그리스도 이름으로 기도드립니다. 아멘.

166일 세우시는 권능이 주께 있음이니

주신 편지 롬14:3-4

3먹는 자는 먹지 않는 자를 업신여기지 말고 먹지 못하는 자는 먹는 자를 판단하지 말
라 이는 하나님이 저를 받으셨음이니라 4남의 하인을 판단하는 너는 누구뇨 그 섰는
것이나 넘어지는 것이 제 주인에게 있으매 저가 세움을 받으리니 이는 저를 세우시는
권능이 주께 있음이니라

율법의 완성은 사랑(롬13:10)이며, 그 사랑은 그리스도처럼 목숨을 바치는 사랑이다. 예수 그리스도로 인해 사랑의 빚을 진 자는 그리스도의 형제를 위해 사랑을 바치는 자이다.

그러나 믿음이 강한 자일수록 아직 믿음에 미치지 못한 자를 업신여길 위험이 있으며, 고기를 먹지 못한 자는 교만해져 믿음을 비방하거나 판단할 수 있다. 하나님께서는 서로를 비방하거나 판단하지 않기를 원하신다.

하나님은 우리의 주인이시다. '남의 종(하인)'은 한쪽만을 의미하지 않는다. 우리는 모두 하나님 집, 곧 주인의 집에서 머무는 자이다. 따라서 다 먹는다고 해서 믿음이 온전히 강한 자라 단정할 수 없으며, 다 먹지 못한다고 해서 믿음이 약한 자라 단정할 수도 없다.

믿음이 강한 자는 자신이 약했던 시절과 하나님의 은혜를 떠올리며 연약한 자를 세워야 한다. 누구도 다른 이의 넘어짐으로 자신을 높일 수 없으

며, 믿음의 온전함과 연약함은 하나님 손에 달려 있음을 깨달아야 한다. 그리스도로 자유한 믿음으로 선 자가 연약한 자를 받아들이지 못하면 오히려 그들을 넘어지게 할 수 있다. 우리의 존재의 희망은 오직 하나님께서 믿음으로 세우시는 능력 안에 있다.

주의 권세 앞에 무릎 꿇어

오, 주님!
만물이 주의 뜻에 있으며(계4:11),
권세를 받으시기에 지극히 합당하신 분이시나이다.

저뿐 아니라, 허락하신 형제들도
주께서 받으셨음을 잊지 않게 하옵소서.

누가 감히 남의 종을 판단하리이까?
우리는 오직 주인의 종이오니,
서 있든 넘어지든
주의 능력으로 세우심을 믿나이다.

판단하는 이에게는 잠잠함을,
넘어지는 이에게는 소망을
주시는 예수 그리스도 이름으로 기도드립니다. 아멘.

167일 신앙의 자유와 자기 확신

주신 편지 롬14:5

혹은 이 날을 저 날보다 낫게 여기고 혹은 모든 날을 같게 여기나니 각각 자기 마음에 확정할찌니라

개인의 신앙적 자유와 태도를 존중하는 내용이다. 특히 유대인들에게 말씀하신 안식일에 관한 것이다. 이제 안식일의 개념은 '이날'과 '저날'이라는 구분에서 벗어나 변화의 길을 맞이했다. 주일은 한 주의 첫날이지만, 유대인들의 안식일은 일곱째 날인 토요일이다. 예수님은 안식일인 토요일에 무덤에 계셨고, 부활하신 주님과 연합된 우리는 부활하신 주일에 예배를 드린다. 이는 성경에 가르침에 따라 모두 올바른 신앙의 행위이다.

어떤 날을 다른 날보다 더 낫게 여길 때, 각자 주시는 믿음의 몫에 따라 정해야 한다. 주일만을 '주의 날'로 안식하는 믿음의 몫과, 모든 날을 다 '주의 날'로 여기는 믿음의 몫이 다를 수 있기 때문이다. 부활하신 주님과 연합한 우리는 주일을 귀히 여길 뿐만 아니라, 모든 날 또한 주님을 위하여 소중히 여기며 믿음으로 살아야 한다. 어떤 이는 하루를 거룩하게 지킴으로 주님을 기리고, 어떤 이는 모든 날들 속에 주님의 임재를 느낀다.

신앙의 여정에서, 교회 공동체 안에서 신앙의 태도는 서로 다를 수 있으며, 하나님의 뜻을 이해하는 방식 또한 각기 다를 수 있다. 그러므로 서로 다른 생각과 방식을 품은 이를 하나님의 은혜 안에서 받아들이고 세우는

자세가 중요하다.

주를 위한 마음은 늘 머무르게 하소서

모든 지각을 초월하시는 하나님(빌4:7),
독생자를 보게 하심으로 아버지를 알게 하시고,
성령을 주심에 감사드립니다.

어떤 이는 하루를 귀히 여기고
어떤 이는 모든 날을 같게 여기나,
주를 위한 마음은 늘 머무르게 하소서.

무엇을 먹든지 마시든지(고전10:31),
또 어떤 날을 귀하게 여기든지
오직 하나님의 영광을 위하여 행하게 하소서.

판단의 눈은 거두고
비방의 입을 가리어
서로를 믿음으로 세우며 성장하게 하소서.

나의 확신은 오직 주 앞에서만
굳건히 서게 하시고
주님의 이름, 예수 그리스도로 기도드립니다.
아멘.

168일

주를 위하여

주신 편지 롬14:6

날을 중히 여기는 자도 주를 위하여 중히 여기고 먹는 자도 주를 위하여 먹으니 이는 하나님께 감사함이요 먹지 않는 자도 주를 위하여 먹지 아니하며 하나님께 감사하느니라

믿음의 길을 걸어가는 우리에게, 각자의 신앙 표현 방식과 선택을 존중해야 함을 보여준다. 모든 것은 하나님께로부터 왔음을 깨닫게 되며, 각자의 내면 확신에 따라 신앙을 살아가는 다양성을 반영한다.

안식일뿐만 아니라 금식에 관해서도 말씀하신다. 그리스도 안에서 받은 율법과 믿음의 행위의 목적은 반드시 주를 위한 것이어야 하며, 하나님께 감사하는 마음으로 서로 하나 됨을 나타내야 한다. '왜 저 사람은 금식을 할까?'라고 의문을 갖기보다는, 금식하는 이들을 위해 격려하고 기도로 중보해야 한다.

예수님께서도 하나님의 아들로서 공식적인 사역을 시작하시며, 성령의 인도하심 속에서 40일 동안 금식하시고 시험을 이기셨다.(눅4:1-2) 우리가 금식할 때 시험받으실 것까지 예수님께서 이미 이루셨기에, 우리는 오직 주를 위하고 하나님께 감사하는 마음으로 금식할 수 있다.

먹는 자는 먹음 속에서, 먹지 않는 자는 절제 속에서, 모두 하나님께 감

사하며 주님을 위하여 살아야 한다. 다른 신전에 바친 고기까지 믿음으로 먹는 것, 율법에 매이지 않고 부정한 음식까지 자유롭게 먹는 것, 채소만 먹는 것, 금식하는 것 모두 주를 위한 것이라면, 우리는 하나가 된다.

마치 하나의 합창곡처럼, 각기 다른 목소리가 조화를 이루는 것과 같다. 음이 다르고 박자가 달라도, 모든 음표가 감사라는 동일한 화음으로 완성된다. 할렐루야!

누군가는 자유로, 누군가는 절제로

존귀하신 하나님이시여,(시21:5)
크고 작은 믿음의 행위가 모두 주를 위함이 되게 하시고,
새 양식을 더하여 주심에 감사드립니다.

누군가는 자유로, 누군가는 절제로 섬기나이다.
그 섬김의 중심이 오롯이 주님께 향하게 하소서.

주를 위해 먹게 하시고 멈추게 하시며,
그 모든 시간 위에 주를 위한 성소가 세워지게 하옵소서.

모든 날을 소중히 여기며,
흉악의 결박을 푸는(사58:6) 참된 금식에도
감사의 새 노래가 넘치게 하소서.

말씀의 양식 없는 금식은 행치 않게 하시고,
신앙의 다른 걸음에도 서로 찬사할 수 있는
은혜를 더하여 주소서.

예수 그리스도 이름으로 감사 기도 드립니다. 아멘.

169일 사나 죽으나 주의 것이라

주신 편지 롬14:7-8

[7]우리 중에 누구든지 자기를 위하여 사는 자가 없고 자기를 위하여 죽는 자도 없도다
[8]우리가 살아도 주를 위하여 살고 죽어도 주를 위하여 죽나니 그러므로 사나 죽으나
우리가 주의 것이로라

주께 속한 우리는 죄의 몸은 죽고, 오직 내 안에 그리스도가 사는 자들이다. 우리는 하나님의 아들을 믿는 믿음(갈2:20)으로 산다. 그리스도인들은 자발적으로 하나님을 위해 살아야 하며, 삶 자체가 하나님께 헌신된 것이어야 한다. 참으로, 나를 위해 자신을 주신 그리스도를 위하여만 살며, 이를 허락하신 아버지 하나님께 감사드린다.

새로운 피조물은 고린도후서 5장 15-17절에 따라 주를 위해 살고 죽는 자이다. 완전히 새롭게 창조된 자는 자신을 위해 살거나 죽지 않고, 오직 주를 위해 산다.

우리는 예수의 부활한 생명으로 새 생명을 얻었다. 육체가 죽어도 참된 죽음이 아니며, 예수와 같이 하나님께 열린 산 제물이 된다. 자신의 삶이 예수와 같이 하나님께 열려 있음을 받아들이는 것은 깊은 신앙 고백이며, 마지막 숨조차 하나님의 주권 아래 놓여 있음을 확언하는 것이다.

존재 자체가 주를 중심으로 의미를 얻는다. 그리스도 안에서 사는 것은

영원히 산 자로, 죽었다가 다시 사신 주를 위해 사는 것이며, 우리는 영원히 주의 것이다. 죽음은 예수에 대한 증거이며, 하나님의 말씀으로 인해 맞는 죽음도 사모해야 한다. 육체의 죽음은 첫째 부활의 영광을 막지 못한다.

주의 것인 그리스도의 신부(계19:7)로 영광을 더하시고, 요한계시록 20장 4절 "그리스도로 더불어 천년 동안 왕노릇 하니"의 말씀을 통해 믿음이 솟구친다. 육체의 죽음을 보지 않고 복음만 받아들인 자는 결코 주를 위해 죽지 못한다.

주를 위한 정하신 여정

영원히 산 자로 살게 하시는 하나님,
부활하신 예수를 위하여 살게 하신 저는
영원히 주의 소유임을 고백하나이다.

사는 것도 주를 위함이오,
죽는 것도 주께서 정하신 여정이오니,
사나 죽으나 모두 주의 것이옵니다.

순간순간 선택하는 일이나
삶의 모든 방식까지도
영광의 뜻대로 이끄시는 주를 신뢰하나이다.

주의 것으로 살아갈 수 있는
참된 믿음만을 간절히 구하오며,
예수 그리스도 이름으로 기도드립니다.
아멘.

170일 죽은 자와 산 자의 주

주신 편지 롬14:9

이를 위하여 그리스도께서 죽었다가(대속) 다시 살으셨으니(예수는 하나님의 생명으로 새 생명) 곧 죽은 자(마귀의 종, 죄 가운데 있는 자)와 산 자(부활하셔서 살아나신 주를 믿는 새 생명 가운데 사는 자)의 주가 되려 하심이니라

"죽은 자"는 예수를 믿지 않아 죄 가운데 있는 자이거나, 여전히 영적으로 죽어있는 자를 말한다. 반면 "산 자"는 부활하신 주를 믿는 새 생명으로 살아가는 자이다. 이들 모두에게 예수의 죽음과 부활은 하나님의 주권을 확립하신 위대한 사역이다. 본래 죄 가운데 죽었던 우리는, 부활하신 주와 연합함으로 산 자가 되었으며, 살든 죽든 주를 위해 살아야 한다.

영을 살리는 능력은 오직 하나님께 있다.(마10:28) 마귀는 육을 죽일 수 있어도 영을 죽일 수 없으며, 성도를 지옥으로 끌고 갈 수 없다. 다만 마귀의 활동조차 하나님의 영광을 위해 허락되며, 최후에는 하나님의 영적 도구로 쓰임받고 불못(계20:14)에 던져짐으로써 하나님의 영광과 의로우심이 드러난다. 믿음으로 이긴 성도는 순교자의 영광을 누린다.

또한 우리가 하나님을 위해 목숨을 바치는 것은 마땅하다. 예수의 죽음과 부활을 믿는 믿음으로 새 생명으로 살아가는 우리는, 죽은 자와 산 자 모두에게 주를 증거하며, 육의 죽음조차 두려워하지 않고 믿음의 정절을 지키며 살아야 한다.

한 분 주께서 영광으로

죽은 자와 산 자의 주님,
모두 저의 주님이시니,
한 분 주께서 영광 가운데 서 계심을 찬양합니다.

무덤의 돌문을 굴리시고 부활의 새벽을 여신 은혜로
영 안에서 새사람(엡4:23)을 입게 하소서.

죄 가운데 죽은 자들에게,
예수의 새생명을 모르는 자들에게
담대히 증거하게 하시고
믿음의 정절을 굳건히 지키게 하소서.

삶의 이편에도,
죽음이 드리우는 저편에도
주님의 손안에 있음을 기억하며,
모든 것을 절대적으로 주의 것으로 살게 하소서.

예수 그리스도 이름으로
영광 돌리며 기도드립니다. 아멘.

171일

하나님의 심판대 앞에

주신 편지 롬14:10

네가 어찌하여 네 형제를 판단하느뇨 어찌하여 네 형제를 업신여기느뇨 우리가 다 하나님의 심판대 앞에 서리라

형제를 판단하는 자는 부정한 음식을 먹는 자를 판단하거나, 믿음이 연약한 자가 채소만 먹는다고 업신여기는 자와 같다. 안식일과 금식에 대해서도 율법으로 판단하려 할 수 있다.

그러나 '판단하지 말라'는 교훈은 단순한 도덕적 권면이 아니라, 인간이 본질적으로 부패하여 올바른 비판자가 될 수 없음을 드러낸다. 모든 사람은 하나님 앞에서 스스로 의롭다 함을 얻지 못하는 전적 타락한 죄인으로, 세상 끝날에 하나님의 심판을 받는다.(롬10-12) 따라서 죄인이 죄인을 비판할 때, 그 비판은 곧 자기 자신에게도 해당된다.(롬2:1)

완전한 판단 자격을 가진 이는 오직 하나님뿐이시며(약4:11-12), 의로우신 하나님만이 세상을 공평하게 판단하실 수 있다.(고전4:5) 교회는 하늘나라의 지점이며, 하나님 나라는 의와 화평과 기쁨으로 이루어지며, 교회는 이 나라를 이 땅 가운데 이루기 위해 존재한다.

하나님의 심판석 앞에서 중요한 것은 영생 여부가 아니라, 얼마나 주를 믿고 사랑하며 믿음의 열매를 맺었는가이다. 믿음으로 드린 헌신과 그로

인한 상급과 영광이 드러날 것이며, 그날 우리는 다른 형제와 함께 하나님의 심판석 앞에 서게 된다.

그날을 바라보며 지금

공평하고 의로우신 하나님,
교회를 세워 말씀으로 다스려 주심을 감사드립니다.

우리가 '하나님 나라'로서
의와 화평과 기쁨을 드러낼 때,
서로를 판단하지 않고
그리스도의 심판석을 기억하게 하옵소서.

그날을 바라보며, 지금 이 순간
열매 맺는 삶을 살게 하옵소서.

우리는 심판자가 아니라
구원받은 자로서 기뻐하며,
모든 주의 자녀가 한 주인의 품에 있음을
담대히 증거하게 하옵소서.

그리스도 예수의 이름으로
찬양하며 기도드립니다. 아멘.

172일　자기 일을 하나님께 직고하리라

주신 편지 롬14:11-13

11기록되었으되 주께서 가라사대 내가 살았노니 모든 무릎이 내게 꿇을 것이요 모든
혀가 하나님께 자백하리라 하였느니라 12이러므로 우리 각인이 자기 일을 하나님께
직고하리라 13그런즉 우리가 다시는 서로 판단하지 말고 도리어 부딪힐 것이나 거칠
것으로 형제 앞에 두지 아니할 것을 주의하라

그리스도 안에는 남자와 여자도 없고, 종이나 자유인도 없으며 헬라인과 유대인도 차별이 없나니(갈3:28), 우리는 서로를 판단하지 않아야 한다. 믿음이 연약한 자가 강한 자를 판단하더라도, 결국 스스로 수치를 드러내고, 강한 자가 연약한 자를 업신여기면 언젠가 다시 업신여김을 당할 것이다.

"내가 나를 두고 맹세하기를 나의 입에서 의로운 말이 나갔은즉 돌아오지 아니 하나니 내게 모든 무릎이 꿇겠고 모든 혀가 맹약하리라 하였노라"(사45:23)라는 말씀은 심판의 보편성과 개인성을 엄중히 일깨운다. 언젠가는 이 모든 생명체가 하나님 앞에 진실을 드러내야 할 날이 올 것이다.

각 사람은 자기의 문제를 하나님 앞에 스스로 직면해야 한다. 회복은 오직 자신이 진실한 고백으로 나아갈 때만 가능하다. 그러므로 처음부터 자신을 하나님께서 어떻게 판단하실지 살피는 것이 중요하다.

그리스도께 속한 형제들 앞에서 다른 이를 판단하지 않는다는 것은 무관

심이 아니라, 깊은 사랑의 절제로 드러나야 한다. 먼저 자신이 형제들에게 방해가 되지 않았는지 살피는 것이 필요하다.

지성의 눈을 밝혀 주소서

주여, 은밀한 것들을 밝히시는 분이시니
모든 무릎이 주 앞에 꿇고
모든 혀가 행한 바를 고백하리이다.

그러나 자기 길조차 바로 보지 못하면서
감히 하나님 자리에 앉아
서로를 판단하였나이다.

혹 내가 형제들에게 거치는 것이나
방해물이 되지 않았는지 돌아보게 하시고,

지혜와 계시의 영을 주사
지성의 눈(엡1:18)을 밝혀 주소서.

분별할 수 있는 명철로 주를 찾게 하시고
아버지 하나님과 하나 되게 하옵소서.

예수 그리스도의 이름으로 기도드립니다.
아멘.

173일 형제를 식물로 망치지 않게 하라

주신 편지 롬14:14-15

14내가 주 예수 안에서 알고 확신하는 것은 무엇이든지 스스로 속된 것이 없으되 다
만 속되게 여기는 그 사람에게는 속되니라 15만일 식물을 인하여 네 형제가 근심하게
되면 이는 네가 사랑으로 행치 아니함이라 그리스도께서 대신하여 죽으신 형제를 네
식물로 망케 하지 말라

모든 식물을 주신 하나님을 인정하되, 주 예수 안에서 새롭게 속된 것과 정한 것을 분별해야 한다. "주 예수 안에서"라는 전제는 모든 자유의 근원이 하나님께 있음을 드러낸다.

고린도전서 3장 17절, "성전은 거룩하니 너희도 그러하니라"라는 말씀처럼, 우리는 먼저 자신의 부정함을 성찰해야 한다. 하나님의 영이 거하는 성전을 더럽히지 않듯, 몸에 독성이 있는 식물이나 교회 질서를 흔드는 음식은 견제해야 한다.

신앙 양심으로 부정하다고 여긴다면, 그것은 실제로 죄가 될 수 있다. 그러나 믿음이 강한 자가 채소만 먹는 연약한 자를 업신여긴다면 형제를 넘어지게 하고, 하나님의 일이 그르치게 된다.

어떤 음식을 먹는 자유가 형제를 근심하게 한다면, 그것은 사랑 없는 행동이다. 음식이 대속의 은혜보다 클 수 없으며, 그리스도께서 형제를 위해

죽으셨음을 깨닫는다면 결코 음식을 이유로 판단하지 않을 것이다.

이 말씀은 음식에 머물지 않는다. 신앙 안에서 서로의 자유와 양심을 어떻게 마주할 것인가에 대한 영원한 물음이며, 믿음을 굳게 붙들되 사랑을 위해 절제하는 용기를 요구한다. 진정한 그리스도인의 자유는 이웃을 세우는 거룩한 수단이 되어야 한다.

신앙의 자부심보다

주 예수 그리스도의 하나님은
미쁘신 아버지이십니다.(고전1:9)
대속의 은혜를 베푸신 주님을 찬양합니다.

주 예수 안에서 깨끗게 새롭게 된 자들을
함부로 판단하지 않도록
제 마음을 지켜주소서.

신앙의 자부심보다
그들의 화평을 더 귀히 여기게 하옵소서.

잠잠히 멈출 수 있는 용기를 주시어
믿음의 길을 걸어가게 하시고,

이 모든 것을
주 예수 그리스도 이름으로 기도드립니다. 아멘.

174일　선한 것이 비방을 받지 않게 하라

주신 편지 롬14:16

그러므로 너희의 선한 것이 비방을 받지 않게 하라

이는 선함이 선하게 느껴지게, 공감되는 옳음을 추구하라는 뜻이다. 책임감 있는 실천이 요구되며, 우리의 선한 것은 반드시 믿음에 관련되어야 한다. 이를 음식의 예로 설명할 수 있다.

첫째, 믿음이 강한 자가 고기를 먹는 경우이다. 우상에게 바친 음식이라 할지라도, 그리스도 안에서 자유를 누릴 수 있다. 그러나 그 지식으로 인해 믿음이 연약한 형제가 실족하거나 양심이 상하지 않도록 주의해야 한다.

둘째, 고기를 먹지 않는 경우이다. 이는 믿음이 약한 형제를 위해 절제하는 행위이다. 고린도전서 8장 8-9절은 말한다.

"식물(음식)은 우리를 하나님 앞에 세우지 못하나니 우리가 먹지 아니하여도 부족함이 없고 먹어도 풍성함이 없으리라 그런즉 너희 자유함이 약한 자들에게 거치는 것이 되지 않도록 조심하라"

신앙의 자유가 중요하지만, 강한 자의 자유가 약한 자에게 걸림돌이 되지 않도록 주의해야 한다. 선함조차 잘못 이해되면 오히려 구원의 걸림돌이 될 수 있다. 오늘날에도 '옳다'는 확신으로 행동하면서, 그 옳음이 다른 이에게 어둠을 드리우는지 성찰해야 한다. 선함은 믿음과 배려 속에서 지켜져야 한다.

선한 것이 선하다고 여겨져

선하신 주님,
제 뜻이 어둠 속 안개가 되지 않게 하옵소서.

제 혀는 그리스도 안에서 자유를 말하되,
제 행동은 사랑으로 덧입혀지게 하소서.

주신 자유를 누림이,
죄로 이어지지 않게 하옵소서.(고전8:12)

제 옳음이 주께 알려진 자로서
겸손히 행하게 하소서.(고전8:3)

선한 것이 참으로 선하다 여겨져
빛처럼 진실히 드러나게 하소서.

예수 그리스도 이름으로
간절히 기도드립니다. 아멘.

175일 하나님 나라는 의와 평강과 희락

주신 편지 롬14:17

하나님의 나라는 먹는 것과 마시는 것이 아니요 오직 성령 안에서 의와 평강과 희락이라

하나님 나라는 육신의 먹고 마시는 것이 아니며, 세상의 습성과 외적 규범을 초월한 삶에서 나타난다. 하나님의 나라는 천국이자 심령의 천국이며, 교회도 그 일부다. 삼위일체 하나님이 그 안에서 일하시고, 성령으로 열매 맺는 삶이 곧 하나님의 나라이다. 교회는 하나님의 말씀으로 통치되며, 이를 통해 하나님 나라가 이루어진다.

여기서 세 가지 단어가 빛나듯 나타난다. 그리스도의 것(고전3:23)이 되어 성령으로 사는 삶에서 '의와 평강(화평)과 희락(기쁨)'이 드러난다.

'의'는 하나님 나라에 속한 삶을 사는 믿음이 장성한 성도들의 옳은 행실(계19:8)로 나타나며, 그 길이 하나님과 사람 앞에서 떳떳해야 한다.

'화평'(롬5:1)은 예수를 믿는 믿음으로 하나님과 하나 되게 하며, 교회 안에서는 말씀으로 세우신 훈계하는 자를 존중하고, 성도들 간에는 소금과 같이 썩지 않는 영생의 말씀으로 서로를 세우는 것이다. 이러한 화평이 교회와 내 심령에 거룩한 안식처로 임해야 한다.

'기쁨'은 각자의 성령의 기쁨(살전1:6)으로, 교회가 세상이 주는 환란 가운데서도 더욱 주를 따르며 솟아나는 기쁨으로, 한 진리 안에서 하나 되게 한다.

참된 믿음의 삶은 우리가 어디에 있든, 무엇을 하든, 하나님의 나라가 내가 이루어져 '의와 화평과 기쁨'을 호흡하는 삶이다.

영광을 예비할 수 있는 성령으로

주여, 하나님의 나라는
그릇과 잔의 채움이 아니요,
의의 길 위에 화평이 피고,
기쁨의 찬송이 흘러나옴이니이다.

하늘의 영광은
정결한 흰 세마포를 입은
성도들의 의(계19:8)를 이루게 하심이니이다.

신랑 되신 예수와 하나 된 신부는
화평의 결정체임을 깨닫게 하옵소서.

오직 기뻐하며 어린양의 혼인식(계19:7)을 기다림으로
제 심령 안에 하나님 나라를 이루게 하소서.

그리스도 예수 이름으로
찬양하며 기도드립니다. 아멘.

176일

화평의 일과 덕을 세우는 일

주신 편지 롬14:18-19

[18]이로써 그리스도를 섬기는 자는 하나님께 기뻐하심을 받으며 사람에게도 칭찬을 받느니라 [19]이러므로 우리가 화평의 일과 서로 덕을 세우는 일을 힘쓰나니

선한 것은 믿음으로 비방받지 않는 것을 의미한다.(롬14:16) 선한 자는 성령 안에서 의와 화평과 기쁨으로 그리스도를 섬기며, 그 자체가 하나님의 기쁨이 된다.(롬14:17) 바울은 사람을 기쁘게 하려는 자는 그리스도의 종이 아니라고 경고하며,(갈1:10) 먼저 하나님의 기쁨이 되라고 권면한다.

하나님의 기쁨을 따라 살 때, 사람과 심지어 마귀조차도 그를 인정할 수밖에 없으며, 그로 인해 다른 이들도 그리스도를 섬기는 종으로 세워진다. 다니엘의 세 친구처럼 믿음으로 하나님의 이름을 높이는 자는 죽음조차 두려워하지 않는다.

교회는 믿음으로 하나님과 하나 되는 화평(롬5:1)을 위해 일하며, 연약한 자부터 강한 자까지 덕을 세워 심령교회를 굳건히 세운다.(벧후1:5) '세워주는 것'은 말씀으로 권면하여 성도를 믿음 안에 세우는 것을 의미한다.

결국 그리스도를 섬기는 자는 하나님께 기쁨이 되며, 사람들에게 인정받아 하나님 나라를 이루는 삶을 산다. 신앙은 복음의 자유를 사랑으로 다스리는 지혜이며, 다른 사람을 하나님의 기쁨이 되게 하는 삶이 바로 순종이

다. 이러한 삶은 거친 광야에서도 생수를 먹여 살리는 자처럼, 화평과 덕을 세우는 일을 결코 포기하지 않는다.

숨결 하나까지도

생명의 아버지 하나님 앞에 나아갑니다.
선지자(신18:15)이시며, 제사장(히2:17)이시고,
왕(행5:31)이신 그리스도여,
화평을 이루사 우리를 아버지와 화목하게 하셨나이다.

제자들의 발을 씻기신 예수님의 모습은
짓고 또 짓는 죄를 씻어주시는
참된 섬김의 본이 되셨나이다.

의와 화평과 기쁨으로 그리스도를 섬기는 자를
하나님께서 기쁨으로 받으시고
마귀조차 미혹할 수 없는 자로 인정받게 하소서.

숨결 하나까지도
덕을 세우는 도구가 되게 하옵시며
그리스도 예수 이름으로 기도드립니다.
아멘.

177일 믿음 없이 행함이 죄가 됨

주신 편지 롬14:20-23

[20]식물을 인하여 하나님의 사업을 무너지게 말라 만물이 다 정하되 거리낌으로 먹는
사람에게는 악하니라 [21]고기도 먹지 아니하고 포도주도 마시지 아니하고 무엇이든지
네 형제로 거리끼게 하는 일을 아니함이 아름다우니라 [22]네게 있는 믿음을 하나님 앞
에서 스스로 가지고 있으라 자기의 옳다 하는 바로 자기를 책하지 아니하는 자는 복
이 있도다 [23]의심하고 먹는 자는 정죄되었나니 이는 믿음으로 좇아 하지 아니한 연고
라 믿음으로 좇아 하지 아니하는 모든 것이 죄니라

우리가 먹고 마시는 문제로 인해 형제를 실족하게 하지 않도록 지혜를 구해야 한다. 음식 자체는 하나님께서 주신 것이므로 본래 깨끗하다. 그러나 믿음이 강한 자가 믿음이 연약한 자 앞에서 우상에게 절한 고기를 먹어 약한 자가 믿음을 잃는다면, 그것으로 인해 악이 된다.

음식뿐 아니라 만물은 모두 하나님 앞에서 선하다. 그러나 그 선함이 '타인의 양심'이라는 또 다른 성역과 맞닿을 때에는 더욱 조심스럽게 다루어져야 한다. 율법을 포함한 모든 일에서 형제를 믿음으로 세우는 일에 방해가 되지 않도록 주의하며, 자신의 자유가 다른 이들에게 걸림돌이 되지 않도록 해야 한다. 또한 자신도 하나님 앞에서 믿음으로 판단받아야 한다.

하나님께서 믿음이 강한 자에게 "네게 믿음이 있느냐?"라고 물으실 때, 그 믿음을 오직 하나님 앞에서 지니라고 권면하신다. 하나님 앞에서 믿음

이 충만한 자는 거리낌 없는 선한 신앙 양심으로 진정한 복을 누린다. 내면의 날카로운 신앙 양심으로 진실한 믿음을 유지하며 자신을 지지할 수 있는 자의 복은 찬사를 받을 만하다.

그러나 믿음이 강하든 연약하든, 자신의 믿음에 확신 없이 고기를 먹는다면 그것은 진정한 믿음이 아니다. 따라서 믿음으로 하지 않은 모든 것은 죄임을 분명히 해야 한다.

믿음의 양심을 지킬 믿음

주님,
믿음은 오직 하나님 앞에서 갖게 하시고,
믿음의 양심을 지킬 더 큰 믿음을 허락하소서.

주신 모든 것이 깨끗하나,
형제의 믿음을 흔들지 않도록
사랑으로 절제하게 하옵소서.

드러남보다 은혜가 크고
정결보다 믿음이 귀하니
형제의 눈에 선이 악이 되지 않게 하옵소서.

스스로 믿음이 강하다고 확신하지 않게 하시고,
믿음으로 하지 않는 죄에 빠지지 않게 하소서

예수 그리스도 이름으로 기도드립니다.
아멘.

연약한 사람을 위한 배려와 관심 15장

- 믿음이 약한 사람을 돌봐주고, 선을 행하며 덕을 세우라.(롬15:1-2)
- 전에 기록된 것은 성경이 주는 인내와 위로로써 소망(그리스도 예수)을 지니게 하신다.(롬15:4)
- 그리스도 예수를 따라 서로 같은 생각을 갖게 하사 한 생각과 한 입으로 우리 주 예수 그리스도의 아버지께 영광을 돌리게 하시길 원하신다.(롬15:5-6)
- 예수 그리스도께서는 하나님의 진리를 위하여 할례의 일꾼(유대인)이 되신 것은 이방인 가운데 주의 이름을 찬송케 함이다.(롬15:8-9)
- 이스라엘과 이방인에게 주의 복을 주셨으니 모두가 주를 찬양하라.(롬15:10-11)
- 소망의 하나님께서 성령의 능력으로 소망이 넘치게 하신다.(롬15:13)
- 이방인을 향한 예수 그리스도의 일꾼 바울은 하나님의 복음을 수행함으로써 이방인들을 제물로 드리는 일이 성령으로 거룩하게 받으실 수 있음을 자랑한다.(롬15:16)
- 이방인들은 유대인의 빚진 자다.(롬15:27)

178일 자기를 기쁘게 하지 아니할 것

주신 편지 롬15:1

우리 강한 자가 마땅히 연약한 자의 약점을 담당하고 자기를 기쁘게 하지 아니할 것이라

개인의 신앙을 넘어, 그리스도인의 화합과 교회 공동체의 성숙을 돌아보아야 한다. 교회 안에는 믿음이 강한 자와 약한 자, 장성한 자와 어린 자, 건강한 자와 연약한 자 등 다양한 이들이 존재한다. 바울이 말하는 참된 '강함'은 자신의 신념으로 다른 이를 밀치지 않고, 약한 자의 보폭에 맞춰 함께 짊어지는 동행자의 능력을 뜻한다.

믿음이 강한 자는 연약한 자를 배려할 때, 혹 자신의 신앙 권위를 높이려 한 것은 아닌지 돌아보아야 한다. 강한 자는 자유로운 양심으로 신앙생활을 하지만, 약한 자는 전통과 경험에 매여 있을 수 있다. 강한 자는 그들의 연약함을 품고 인내하며 도와야 하며, 받은 은혜를 자랑하며 높아지려 해서는 안 된다.

신앙생활은 하나님을 섬기고 교회를 세우는 순종으로 나아가야 한다. 믿음은 자신을 세우는 깃발이 아니라, 연약한 자의 무너진 성벽을 세우는 도구가 되어야 하며, 우리의 기쁨이 자기 만족으로 머물러서는 안 된다. 스스로 믿음이 강한 자가 되어, 자신의 기쁨을 위해 연약한 자를 담당하여 자랑하지는 않았는지, 늘 돌아보아야 한다.

강함과 약함이 함께 서서

의의 하나님, 여지없이 주를 바라봅니다.
어찌하여 아직도 옛 구습에 머무르는지요.

자유가 오만으로 변치 않게 하시고
믿음이 남의 걸음을 무겁게 하지 않게 하소서.

강함이 복이라면 그 복이 흘러넘치게 하시고,
약함이 은혜라면 그 은혜를 깊이 품게 하소서.

강함과 약함이 함께 서서
주의 나라를 이루게 하시는
예수 그리스도 이름으로 기도드립니다.
아멘.

179일 　선을 이루고 덕을 세운다

주신 편지 롬15:2

우리 각 사람이 이웃을 기쁘게 하되 선을 이루고 덕을 세우도록 할찌니라

선을 위한 말씀이다. 육하원칙으로 다음과 같이 담는다.

'누가': 각 사람 곧, 그리스도의 지체이다.
'언제': 지금, 바로 이 순간이다.
'어디서': 하나님 나라, 곧 나와 교회이다.
'무엇을': 자기 이웃과 아직 구원받지 못한 자까지 포함된다.
'어떻게': 기쁘게 하며 세우는 것이다.
'왜': 선을 위함이다.

선(막10:17) 자체는 하나님이시다. 우리에게 주께서 요구하시는 것은 육신 안에 있는 선이 아니다. 참된 선은 하나님 나라 안에서 행하는 믿음에서 비롯된다. 곧, **그리스도께서 하나님의 영광과 기쁨을 위해 모든 일을 행하셨다는 것을 믿는 것**이다.

믿음은 하나님 나라의 의와 화평과 기쁨으로 나타난다. 로마서 14장 19절 말씀처럼, 믿음은 하나님 나라의 화평을 위한 일이다. **덕을 세우는 것**은 그들을 말씀으로 권면하여 심령의 성전을 건축하고, 하나님을 위해 그리스도가 우리에게 하신 것처럼 그들을 섬기는 것이다. 단적으로, 베드로후서 1장

6절에 "믿음(화평을 위한 일)에 덕을(서로를 세워주는 일)"이라고 요약된다.

궁극적으로 이러한 행위는 하나님의 구원 역사와 연결된다. 하나님 안에 있는 형제뿐 아니라, 우리로 인해 구원에 이를 자들을 위한 것이다. 우리의 삶이 그들에게 기쁨의 이유가 되고, 믿음의 오르막길이 된다. 결국 모든 것은 하나님과의 화목을 위한 것이다.

하나님 나라가 각 사람에게

하나님,
선이신 하나님께서 주시는 것은 믿음이니이다.

하나님 사랑이 중심이 되고
선이 기둥이 되어
덕으로 가득한 삶으로
교회와 저를 인도하소서.

말과 행동으로, 심지어 침묵 속에서도
연약한 자의 밤을 밝히는 불꽃이 되게 하소서.

이웃의 구원을 위한 기쁨으로
하나님 나라가 각 사람에게 이루어지게 하소서.

하나님과의 화목을 위하여
예수 그리스도 이름으로 기도드립니다.
아멘.

180일 비방 속에 드러난 선과 영광

주신 편지 롬15:3

그리스도께서 자기를 기쁘게 하지 아니하셨나니 기록된바 주를 비방하는 자들의 비방이 내게 미쳤나이다 함과 같으니라

강한 자는 연약한 자를 세우고 이웃을 기쁘게 하는 선을 예수 그리스도의 삶을 본보기로 삼아야 한다.(롬15:1) 각자의 고난과도 깊이 연결되는 이 선은, 예수께서 받으신 비방과 고난을 대신 갚지 않고 감당하신 모습(시69:9, 벧전2:23)에서 드러난다. 그리스도께서는 오직 공의로 심판하시는 하나님께 자신을 의탁하시며, 화평과 화목제물이 되는 기쁨 속에서 사셨다.

성부를 기쁘시게 하고, 하나님의 자녀들의 영광을 이루는 삶이 바로 선이다. 예수님처럼 낮아져 고난을 감당하며 아버지의 뜻을 이루신 것을 믿는 믿음의 수혜자가 바로 우리이다. 그러므로 우리도 하나님을 위하여 그리스도께서 사신 것처럼 살아야 하며, 하나님 아버지의 사랑받는 독생자가 화목제물이 되어 아버지의 사랑을 나타내신 것처럼, 우리도 자녀로서 하나님을 위해 이웃을 기쁘게 하는 삶을 살아야 한다.

그 안에서 영혼을 살리는 것이 선한 그리스도인의 길이다. 험난하지만, 그 길 속에 하늘의 위로와 영원한 영광이 숨겨져 있다.

왕의 권세를 가지셨으나

하나님의 아들, 주 예수 그리스도시여!
왕의 권세를 가지셨으나,
스스로 가난해지사(고후8:9) 십자가를 지셨나이다.

고통 속에 기쁨을 감추시고
화목제물이 되기 위해 그 길을 걸으셨나이다.

날 선 비방을 이기신 주처럼,
불의된 말이 우리를 에워쌀지라도
진리 안에서 잠잠히 서게 하옵소서.

험난하고 외로운 길 끝에서
하나님의 눈을 마주하게 하옵소서.

예수 그리스도 이름으로 기도드립니다.
아멘.

181일 기록된 말씀의 목적: 소망

주신 편지 롬15:4

무엇이든지 전에 기록한 바는 우리의 교훈을 위하여 기록된 것이니 우리로 하여금 인내로 또는 성경의 안위로 소망을 가지게 함이니라

전에 기록된 것은 구약성경을 의미하며, 시대를 초월하여 그리스도인에게 교훈을 준다. 성경은 인내와 안위로 하나님께서 약속하신 소망을 품게 하며, 그리스도를 통한 구원과 영광을 소망하도록 이끈다. 그러나 성경은 그리스도 자신을 위해 기록된 것이 아니라, 그리스도 예수께서 하나님의 기쁨을 위하여 모든 일을 하셨음을 믿게 하기 위함이다.

그리스도인을 소망하게 하는 이유는 성경이 주는 인내와 안위에 있다. 옛날 예언자들의 말씀이 오늘날 우리를 일으키는 생명이 되기 때문이다. 그러므로 절망 속에서도 그리스도인은 실망하지 않고, 아버지께 기도하며 성령 안에서 기도할 수 있다. 더 나아가 예수 그리스도의 이름으로 드리는 기도는 역사하는 힘이 크다. 하나님의 기쁨을 위해 예수의 이름으로 기도할 때, 우리 속에 구원하신 예수님, 곧 소망이 자리 잡고 하나님과의 관계가 확실히 성립된다.(고후2:19-21)

기도를 통해 우리의 정욕은 사라지고, 하나님의 기쁨이 살아난다. 또한 구약의 욥과 같이 인내함으로 주께서 주신 결말을 배우며, 때에 따라 **다시 오실 주님으로 인해 갑절의 소망**을 지니게 된다.(약5:11)

한 줄에서 나오는 생명의 빛

생명과 호흡과 만물을 주시는(행17:25) 하나님이여,

태초부터 말씀으로 계신 주님,
말씀 위에 시간이 머물고
하늘의 숨결이 우리의 심장을 두드립니다.

손끝에서 피어나는 성경의 한 줄이
생명의 빛으로 흘러나옵니다.

그 빛을 보매,
오늘을 밝히는 등불과
내일을 비추는 태양도 주님이시나이다.

순간마다 예수 그리스도 이름으로 기도하게 하시고
진리 안에서 하나 되게 하소서.

영광 중에 다시 오실 주 예수를 소망하며
예수 그리스도 이름으로 기도드립니다. 아멘.

182일 한 마음과 한 입으로

주신 편지 롬15:5-7

5이제 인내와 안위의 하나님이 너희로 그리스도 예수를 본받아 서로 뜻이 같게 하여
주사 6한 마음과 한 입으로 하나님 곧 우리 주 예수 그리스도의 아버지께 영광을 돌리
게 하려 하노라 7이러므로 그리스도께서 우리를 받아 하나님께 영광을 돌리심과 같이
너희도 서로 받으라

하나님을 “인내와 안위의 하나님”이라 부르며, 그리스도 예수를 본받아 한 마음으로 하나님께 영광 돌리기를 소원한다.

인내와 안위는 성령(요14:16)께서 주시는 것이며, 성경이 주는 소망(롬15:4)에서 비롯되는데, 그 소망은 곧 그리스도 예수이시다. 하나님께서 그리스도를 따르게 하신 것은 “인내와 안위의 하나님”이 중심이 되어 오랜 시간을 두고 우리를 하나로 엮으시려는 섭리를 드러내심이다.

이 길은 자신을 기쁘게 하는 것이 아니라,(롬15:3) 하나님을 기쁘시게 하는 믿음으로 이웃을 세우는 일이다. 같은 말씀을 전하는 입술과 믿음으로, 강한 자나 약한 자 모두 화목제물로 드려 하나님께 영광을 돌릴 수 있다.

하나님의 기쁨을 위하여, 그리스도께서 화목제물이 되셔서 우리를 받아들이신 것같이, 우리도 서로를 받아들여야 한다. 각자의 다름은 은혜가 빛날 배경이 되며, 연약한 자는 강한 자로 인해 자라며, 강한 자는 처음 연약

할 때 받은 은혜를 기억해야 한다. 하나님께서 인내와 위로로 더 큰 소망을 주실 것을 믿는다.

그리스도께서 품으신 것처럼

우리 주 예수 그리스도의 아버지께
영광을 올려드립니다.

유대인에게서 시작하여 영적 유대인에 이르기까지,
화목제물 되신 주 예수 그리스도를 찬양합니다.

인내와 위로의 하나님,
그리스도께서 우리를 품으신 것처럼
서로를 품어 주의 온유함이 드러나게 하소서.

우리의 눈빛이 하나 되어
한 마음으로 하나님을 영화롭게 하소서.

성령의 숨결 안에서
그리스도 예수 이름으로 기도드립니다. 아멘.

183일　　할례의 수종자가 되셨으니

주신 편지 롬15:8

내가 말하노니 그리스도께서 하나님의 진실하심을 위하여 할례의 수종자가 되셨으니 이는 조상들에게 주신 약속들을 견고케 하시고

그리스도께서 "할례의 수종자"로 유대인의 전통 속에 들어오신 것은, 하나님의 진리를 위하여 육신을 입고 인간의 시간 속으로 들어오신 사건이다. 복음과 진리를 이루시며, 구약의 말씀을 기둥 삼아 하나님의 약속이 완전하게 성취되었다. 이 과정에서 이방인까지 포함한 구원의 계획이 드러났다.

복음은 우리에게 죄 사함의 구원을 주는 기쁜 소식이며, 우리는 복음으로 부르심을 받아 믿게 되었다. 하나님의 진리는 예수 그리스도 안에 있으며, 복음으로 부름받은 자들은 성령을 통해 진리를 배우고 그 안에서 영생에 이른다.

영생의 말씀은 아브라함과의 언약(창세기 17장)에서 시작되었으며, 그 언약은 예수 그리스도를 통해 성취된다. 아브라함의 씨로부터 나올 민족과 왕들의 약속은, 그리스도께서 재림하신 후 첫째 부활한 자들이 왕이 됨으로 실체가 드러난다. 또한 가나안 땅을 유업으로 주신 것은 장차 천년왕국의 기업을 예표한다.

예수님은 먼저 유대인, 곧 할례받은 자들을 위해 오셨다. 열두 제자를 택

하여 가르치시고, 부활 후 갈릴리에서 성령을 주신 120명도 모두 유대인이었다. 이는 곧 예수 그리스도께서 '할례의 일꾼'으로 교회의 기초를 세우신 것을 의미한다. 이방인 사도 바울 역시 본래 유대인으로서 '할례의 일꾼'이 되었다.

이방의 흑암 위에 태양으로

진리의 하나님,
주의 말씀은 결코 변함이 없나이다.

그리스도께서 먼저 할례의 수종자가 되시어,
아브라함에게 주신 약속들을 굳게 세우셨나이다.
이방의 흑암 위에 태양으로 비추시나이다.(시84:11)

복음은 하나님의 능력(롬1:16)의 선포니,
유대인부터 제자를 삼으심은
언약의 뿌리를 견고히 하여
이방을 향한 구원을 여신 것이라.

약속의 성취이신
예수 그리스도 이름으로 기도드립니다. 아멘.

184일 이방인의 감사와 찬송

주신 편지 롬15:9

이방인으로 그 긍휼하심을 인하여 하나님께 영광을 돌리게 하려 하심이라 기록된바 이러므로 내가 열방 중에서 주께 감사하고 주의 이름을 찬송하리로다 함과 같으니라

하나님의 자비는 부드럽고도 끈질기게 이방인들의 마음속으로 길을 찾아 들이긴다. 이미 구약에서 예언된 하나님의 구원의 길, 곧 예수 그리스도를 통한 구원이 유대인과 이방인 모두에게 열려 있음을 보여 준다. 그러므로 믿음으로 하나님의 이름을 찬양하게 되니, 이는 목적이자 종착지이다. 하나님께 영광을 돌리는 순간은 오랜 기다림 끝에 꽃봉오리가 터지는 찰나와 같으며, 난시 입술의 찬양이 아닌 존재 진체로 반응하는 생명의 춤이다.

당시 하나님의 자비는 유대인에게만 주어진 것으로 여겨졌고, 무할례자는 사람으로조차 여기지 않았다. 그러나 시편 18편 49절은 이방인들이 죄를 자백하고 주의 이름을 찬송할 것을 예언한다. 이는 예언과 성취가 시간 속에서 맞잡은 손처럼 이어지는 장면이다. 유대인의 입장에서는 쉽게 인정하기 어려웠지만, 오늘 우리는 그 말씀이 이미 이루어졌음을 믿는다.

할례자의 일꾼이신 예수 그리스도께서는 제자들을 기둥으로 세우시고, 그들을 통해 복음을 선포하셨다. 이로써 이방인 가운데서도 영의 구원을 받은 자들이 죄 사함의 구원에 이르렀다. 시편의 말씀이 실제로 성취된 것이다. 오래전 주어진 말씀은 현실이 되었고, 하나님의 약속이 여전히 살아

있음을 증명한다.

차가운 벽을 넘는 햇살처럼

차가운 벽을 넘는 햇살처럼,
마음의 깊은 골짜기까지 임하신 자비여,

하나님의 의로(롬1:17)
의인 된 은혜를 고백하나이다.

주여,
낯선 나그네였던 제게
상속의 아버지가 되어 주시고,
내 입술에는 찬양이 끊이지 않게 하시며
내 심령에는 감사를 머무르게 하셨나이다.

이방인들의 찬양은
말씀의 성취를 믿는 것이오니
주의 영광이 여지없이 피어오릅니다.

예수 그리스도 이름으로
감사드리며 기도드립니다. 아멘.

185일 주의 백성과 함께 즐거워하라

주신 편지 롬15:10-11

10또 가로되 열방들아 주의 백성과 함께 즐거워하라 하였으며 11또 모든 열방들아 주
를 찬양하며 모든 백성들아 저를 찬송하라 하였으며

또다시 모세가 전한 말씀을 전한다. 신명기 32장 43절에는 "너희 열방은 주의 백성과 즐거워하라 주께서 그 종들의 피를 갚으사 그 대적에게 보수하시고 자기 땅과 백성을 위하여 속죄하시리로다"라고 기록되어 있다. 여기서 '주의 백성'은 유대인을 가리키지만, 동시에 유대인과 이방인이 하나가 될 것을 예고한다. 시편 117편 1절도 이를 예언하며, "너희 모든 나라들아 여호와를 찬양하며…"라고 말한다. 이는 이방인과 유대인이 함께 주를 찬양하게 될 것임을 뜻한다. '즐거워하라'는 명령이자 선물이요, '찬송하라'는 자유이자 경배다.

신약에서도 같은 뜻을 전한다. 요한복음 17장 21-22절에서 예수께서는 "저희도 다 하나가 되어 … 우리 안에 있게 하사 세상으로 아버지께서 나를 보내신 것을 믿게 하옵소서 … 이는 우리가 하나가 된 것 같이 저희도 하나 되게 하려 함이니이다"라고 기도하셨다. 주님의 기도를 통해, 아버지께서 아들을 세상에 보내신 것을 믿게 하신 것이 복음이며, 그리스도께서 받으신 영광을 우리에게 주신 것은 하나님의 진리를 위함이다.

그러나 현실은 쉽지 않다. 갈라디아서 2장 12-13절에서, 베드로가 갈라

디아 교인들과 식사할 때 몇몇 유대인이 들어오자, 마치 이방인과 함께 음식을 먹지 않은 것처럼 피하였다. 이를 본 바울은 책망하며 "어찌 유대인으로서 이방인과 같이 살다가 이제 와서 유대인처럼 행세하려고 하느냐?"라고 질책했다. 베드로는 예수를 믿는 사도였음에도 유대인으로서의 체면을 먼저 생각한 것이다. 이는 먼저 믿은 그리스도인과 나중에 믿은 그리스도인이 하나 되지 못하는 우리의 모습과도 닮아 있다.

온 경배의 소리에 실려

구원의 하나님께
경배를 올려 드리나이다.

"모든 열방들아, 주의 백성과 함께 즐거워하라."
이 명령이 성령의 바람으로
내 마음 깊숙이 닿았나이다.

또한, "모든 백성들아, 주를 찬송하라."
그 자유의 외침이 온 경배의 소리에 실려
생명수의 강으로 한없이 흘러가기를 소망하나이다.

진리이신
예수 그리스도 이름으로 기도드립니다. 아멘.

186일 열방이 그에게 소망을 두리라

주신 편지 롬15:12

또 이사야가 가로되 이새의 뿌리 곧 열방을 다스리기 위하여 일어나시는 이가 있으리니 열방이 그에게 소망을 두리라 하였느니라

바울은 로마 교회, 곧 유대인과 이방인이 함께 이루는 공동체가 하나님의 구원 계획 안에서 모두 예수 그리스도를 소망할 수 있음을 기뻐한다. 이 구절은 단순한 예언 인용이 아니라, 세상의 절망 속에서 피어난 구원의 빛을 상징한다.

이사야 11장 10절에는 "그 날에 이새의 뿌리에서 한 싹이 나서 만민의 기호로 설 것이요 열방이 그에게로 돌아오리니 그 거한 곳이 영화로우리라"라고 기록되어 있다. 여기서 이새의 뿌리, 곧 예수는 다윗의 가문에서 오신다. 유대인들은 메시아의 오심을 소망했지만, 예수는 십자가와 부활, 성령 강림으로 교회 안에서 말씀과 성령으로 다스리시며, 진정한 왕국을 수립하신다.

"이방인들이 그에게 소망을 두리라"는 말씀은 복음의 핵심을 담고 있다. 예수는 이스라엘뿐 아니라 이 시대의 소망을 갈망하는 모든 이를 위한 응답이 되신다. 교회를 통해 왕국을 이루시는 그분은, 예수께서 할례의 일꾼이 되어 제자를 세우시고 이방인들의 메시아가 되셨음을 보여 주신다. 이방인들을 하나님의 나라인 교회로 부르시고 예수 그리스도를 소망하게 하

시며, 궁극적으로 하늘나라에서 영생을 소망하도록 인도하신다.

만왕의 왕 되신 그리스도로

홀로 지혜로우신 하나님을 깊이 흠모하나이다.

소망의 근원이시며 다윗의 자손이신 주여!
기다림 끝에 일어나신 주 앞에
이방 백성이 손을 들어 찬양하나이다.

찬양은 멈추지 않고
교회를 통해 하늘나라의 영생을 소망하게 하셨나이다.

만왕의 왕 되신
예수 그리스도로만 다스림받게 하옵소서.

예수 그리스도 이름으로 기도드립니다. 아멘.

187일 성령의 능력으로 넘치는 소망

주신 편지 롬15:13

소망의 하나님이 모든 기쁨과 평강을 믿음 안에서 너희에게 충만케 하사 성령의 능력으로 소망이 넘치게 하시기를 원하노라

이 구절은 하나님의 나라를 살아가는 방식을 보여 준다. 소망의 하나님은 곧 '우리 주 예수 그리스도'이심을 깨닫게 한다. 로마서 5장 1-5절에서 말씀하신 것처럼, 우리는 믿음으로 의롭다 하심을 얻고, 주 예수 그리스도로 말미암아 하나님과 화평을 누리며, 성령으로 하나님의 사랑이 마음에 부어졌음을 알게 된다.

환난 속에서도 인내와 연단을 통해 소망을 이루게 하시는 힘 역시 주 예수 그리스도를 믿는 믿음에서 온다. 믿음 안에서 주어지는 선물은 기쁨과 평강이며, 이는 예수 그리스도를 위해 목숨을 바칠 수 있는 담대한 믿음과 이어진다.

소망이 넘치는 삶은 재림하실 주 예수 그리스도를 통해 첫째 부활의 영광과 그분의 신부로서 왕의 영광에 참여하게 한다. 우리의 길은 성령의 능력 안에서 하나님의 사랑을 따라 계획된 길이며, 그 능력으로 풍성한 소망을 온전히 걸어가게 하신다. 그러므로 우리는 그 소망 안에서 존재하는 교회로 함께 부름받은 자들이다.

오 마라나타!

꺼지지 않는 촛불처럼

소망의 하나님,
다시금 우리 안에 소망이 넘치게 하소서.

시작도 예수 그리스도시요,
그 끝도 고난과 영광에 동참하게 하시는 분이옵니다.

믿음 위에 더해지는 기쁨과 평강은
성령의 능력으로 소망이 흘러넘치는 통로가 되나이다.

고난 중에도 꺼지지 않는 촛불처럼,
견고한 성소의 등불이 되게 하소서.

참소망이신
예수 그리스도 이름으로 기도드립니다. 아멘.

188일 선함과 지식으로 권하는 자들

주신 편지 롬15:14

내 형제들아 너희가 스스로 선함이 가득하고 모든 지식이 차서 능히 서로 권하는 자임을 나도 확신하노라

바울이 로마 교인들을 '형제'라 부른 것은, 그들을 신앙적으로 성숙한 공동체로 인정함을 뜻한다. 이는 지도자의 시선에서 나온 말이 아니라, 신뢰 안에서 우러나온 마음의 표현이다. 바울은 그들이 내면이 선으로 충만하고, 복음에 대한 지식이 풍부해 서로를 신앙적으로 세울 능력이 있음을 확신했다. 우리도 진리로 하나 된 공동체 안에서 서로 믿음으로 세우기 위해 선과 지식을 갖추어야 한다.

선(막10:17)은 믿음을 주신 성부 하나님 자체를 의미한다. 하나님을 믿으므로, 예수께서 하나님의 영광을 위해 모든 일을 행하셨음을 믿게 된다. 하나님의 영광을 위해 일하는 자가 선하며, 하나님은 우리의 믿음을 보고 선하다고 여기신다. 선으로 충만함은 오직 하나님의 은혜로 가능하며, 이를 실천함으로 하나님 앞에 열납된 자가 된다.

지식은 하나님께서 우리를 향한 계획, 화목하게 하는 말씀, 구원자를 체험하며 아는 생명의 말씀으로 충만해야 한다. 성령에 의해 성경 말씀이 영혼 속에 새겨지고, 진리의 말씀을 올바로 나누어 자신이 하나님 앞에 부끄럽지 않은 일꾼으로 인정받도록 공부해야 한다.(딤후2:15)

형제들은 함께 선과 지식으로 충만하여 구원자를 아는 진리로 서로를 옳은 길로 이끌어야 한다. 선과 지식은 서로를 살리는 생명의 원천이며, 믿음의 실천과 하나님에 대한 진리 지식은 반드시 함께 이루어져야 한다.

서로를 비추고 일으켜서

삼위일체 하나님이시여,
온 생애 동안 선으로 우리를 양육하신 하나님께(창48:15)
영광을 돌리옵니다.

우리에게 선함이 흐르니,
깊은 샘과 같이 하나님의 사랑과 깊이를
마음 깊이 받아들이나이다.

지식의 등불이 되어
기쁨으로 서로를 비추고 일으켜,
포도송이(민13:23)처럼 열매 맺어 능력이 되게 하옵소서.

하나님께 열납되는 믿음으로,
구원자를 옳게 아는 지식으로
나와 형제에게 풍성한 생명이 되게 하소서.

예수 그리스도 이름으로 간절히 기도드립니다. 아멘.

189일 그리스도 예수의 일꾼 된 은혜

주신 편지 롬15:15-16

15그러나 내가 너희로 다시 생각나게 하려고 하나님께서 내게 주신 은혜를 인하여 더 욱 담대히 대강 너희에게 썼노니 16이 은혜는 곧 나로 이방인을 위하여 그리스도 예수의 일군이 되어

사도 바울이 담대하게 글을 쓴 고백은 진정한 순종이 결코 쉽지 않음을 보여 준다. 바울이 받은 은혜는 '살든지 죽든지' 하나님께 자신의 삶을 드리게 하는 힘이었다. "우리가 살아도 주를 위하여 살고 죽어도 주를 위하여 죽나니 그러므로 사나 죽으나 우리가 주의 것이로라"(롬14:8)

바울은 이방인을 위한 그리스도 예수의 일꾼으로 부름받았음을 고백하며, 자신의 재산과 물질로 공적으로 섬겼다. 천막을 치며 생계를 꾸리면서도 사례비를 받지 않고 평생 하나님께 드린 그는, 사사롭게 세운 존재가 아닌 하나님의 집을 위한 참된 일꾼이었다.

하나님 나라는 우리 모두를 그리스도 예수의 일꾼으로 세우신다. 바울을 본보기로 삼으신 것은 현대의 목회자들이 삯을 좇지 않고 하나님의 기쁨과 영광을 따르게 하시려는 뜻이다. 또한 구약 레위 지파에게 허락하신 보수 역시 세상의 기업과 달리, 온전한 교회의 법으로 세워졌음을 깨닫게 한다.

바울의 사명을 통해, 이방인을 위한 그리스도 예수의 일꾼이라는 부르심이 오늘날 우리에게도 유효함을 확인할 수 있다.

생명을 일깨우는 도구

말씀의 빛, 다시금 비추사
기억 속 사명을 깨우치시는 주여,

사명의 무게가 너무나 무거워
성소에 엎드려 간구하였나이다.

그 간구 위에서, 주께서 나를 사랑의 불로 태우사
전하는 자는 그 근거를 아버지께 두게 하시고,
인도받는 자는 그 발걸음을 성령 안에 두게 하소서.

바울의 마음처럼,
하나님께서 주신 사명이 그들에게 떠오르도록
생명을 일깨우는 도구가 되게 하소서.

예수 그리스도 이름으로
영광 돌리며 기도드립니다. 아멘.

190일

이방인을 거룩한 제물로

주신 편지 롬15:16-17

[16]하나님의 복음의 제사장 직무를 하게 하사 이방인을 제물로 드리는 그것이 성령 안에서 거룩하게 되어 받으심직하게 하려 하심이라 [17]그러므로 내가 그리스도 예수 안에서 하나님의 일에 대하여 자랑하는 것이 있거니와

하나님의 복음은 선지자들을 통해 예수 그리스도의 오심을 약속하셨다. 동정녀 마리아에게 탄생한 것에서 시작해, 죽음과 부활, 승천, 재림의 복된 소식이 이 복음이다.

이 복음을 전함으로, 바울과 "하나님의 복음"으로 세운 교회를 통해 이방인과 유대인이 하나 되어 성령 안에서 하나님 아버지께 나아가게 된다. 바울은 예수 그리스도의 일꾼으로서 하나님의 복음을 수행하며 이방인을 제물로 드리는 사명을 감당한다.

여기서 '이방인'과 '제물'은 상징적으로 동일하며, 성령 안에서 거룩하게 되어 하나님께 받으실 산 제물이 되는 의미를 담고 있다.

이방인이 제물이 되는 시작은 성령으로 거룩하게 되어 예수를 주라 시인하는 데서 비롯되며, 이어 세례를 받음으로 죄로 죽었던 자가 부활하신 예수와 한 몸을 이루게 된다. 그리스도와 함께 산 제물이 된 이방인은 첫째 부활의 진리를 성령 안에 간직하며, 순교할 믿음의 힘을 얻는다.

성령의 거룩하게 하심으로 말씀이 내재하면, 하나님께 받으실 산 제물이 되어 순교 제물까지 바쳐질 수 있다. 하나님께서 바울을 통해 이방인을 구원하게 하신 것은, 화목제물 되신 예수 그리스도를 통해 이방인이 하나님께 열납될 수 있도록 하심이다. 바울의 복음 수행과 그 열매는 모든 영광을 예수 그리스도를 통해 하나님께 돌린다.

모든 것을 이루시는 하나님께

오 하나님,
바울이 이방인들을 제물로 드리는 일을
성령의 능력으로 거룩하게 하셔서
우리를 산 자 되게 하셨나이다.

예수 그리스도의 일꾼으로 보장하시고
산 제물(롬12:1)로 바쳐짐을 확신하게 하시며,
제사장 직분을 감당하는
예배의 삶으로 주께 영광 돌리게 하소서.

감히 자랑하오니,
주께서 나를 통하여 행하신 일을 자랑하나이다.

모든 것을 이루신 하나님께 경배드리며
예수 그리스도 이름으로 기도드립니다. 아멘.

191일 성령의 능력으로 역사하신 것

주신 편지 롬15:18

그리스도께서 이방인들을 순종케 하기 위하여 나로 말미암아 말과 일이며 표적과 기사의 능력이며 성령의 능력으로 역사하신 것 외에는 내가 감히 말하지 아니하노라

바울은 이방인들에게 복음을 전하며, "나는 감히 말하지 않겠다. 말할 수 있는 것은 하나님의 능력으로 이루신 일뿐이다"라며 영적 겸허함을 드러냈다. 하나님은 구약과 신약에서 표적과 이적으로 임재와 능력을 나타내셨고, 이를 통해 복음이 하나님의 권위에서 온 것임을 확신하게 하셨다. 바울은 말씀을 단지 지식이 아닌 체험되는 능력으로 증거하며, 사역의 원동력으로 성령의 인도에 의존해야 함을 보여 주었다.

우리 또한 사명을 감당할 때, 말과 행위, 표적과 이적으로 하나님의 능력을 경험한다. 그러나 우리는 때로 하나님보다 자신을 높이며, 감정과 이성을 복음의 척도로 착각한다. 육신의 생각(롬8:7)은 하나님과 원수 되어 결코 하나님의 일을 이룰 수 없다. 바울처럼, 성령의 능력으로 행한 일만이 흔적으로 남는다.

오직 성령으로 그리스도께 순종하는 것은 하나님의 영광을 드러내기 위함이다. 바울은 고린도후서 10장 5-6절에서 "모든 이론을 파하며 하나님 아는 것을 대적하여 높아진 것을 다 파하고 모든 생각을 사로잡아 그리스도에게 복종케 하니 너희의 복종이 온전히 될 때에 모든 복종치 않는 것을

벌하려고 예비하는 중에 있노라"라며 권고한다.

손끝에 영광을 거두소서

주여, 성령으로 아버지께 나아갑니다.

주께서 순종하게 하신 일만을 증거하는
저의 입술이 되게 하소서.

사람의 칭찬에 흔들리지 않게 하시고,
주의 뜻을 따르지 않는다면,
저의 행위를 멈추게 하옵소서.

주께서 저를 통하여 일하시기를 바라나이다.
그러니 저의 손끝에 영광을 거두시고,
오직 주 홀로 영광받으소서.

예수 그리스도 이름으로
기도드립니다. 아멘.

192일 예루살렘에서 일루리곤까지, 복음의 길

주신 편지 롬15:19

이 일로 인하여 내가 예루살렘으로부터 두루 행하여 일루리곤까지 그리스도의 복음을 편만하게 전하였노라

바울의 사역은 16절의 하나님의 복음으로 시작해 19절의 그리스도의 복음으로 이어진다. 그는 예루살렘에서 시작하여 마케도니아 북부, 빌립보와 데살로니가 서북쪽 일루리쿰(오늘날 알바니아·크로아티아 일대)까지 복음을 전했다. 이는 하나님의 나라를 확장하는 여정이었다.

그리스도의 복음은 곧 그분 자신에 관한 복음이며, 마가복음 1장 1-11절은 이를 선명히 보여 준다.

1. 예수 그리스도는 성육신하신 하나님의 아들이시다.
2. 예수는 죄를 사하시고, 그리스도는 기름 부음 받은 분이시다.
3. 그는 우리의 왕이시며 능력의 주로, 성령을 부어 세례를 베푸시는 갈릴리 나사렛 예수이시다.
4. 다시 말해, 그는 하나님의 사랑하시는 아들이며, 아버지께서 기뻐하시는 아들이시다.

바울과 우리에게 주어진 사명은 하나님의 복음을 전하는 일이다. 그리스도의 복음을 선포하여 회개와 죄 사함을 증거하고, 성령의 열매가 맺히게 하며, 교회와 공동체를 세워 추수의 사역이 이어지게 해야 한다.

오늘도 하나님께서는 우리에게 묻고 계신다. 우리의 예루살렘은 어디이며, 또 다른 일루리곤을 향해 나아가고 있는가?

사도의 발자국처럼

모든 것을 순서대로 이끄시는 하나님,
아들을 보내 아버지를 알게 하시고
성령으로 붙드사
마지막 구원(벧전1:5)까지 인도하시는 분이시니이다.

예루살렘에서 일루리곤까지
복음의 씨를 뿌린 사도의 발자취처럼,
우리의 순례길에도 복음이 담기게 하소서.

영원한 복음의 발자취로 남게 하시고,
구원의 날을 감당할 힘을 주소서.

예수 그리스도의 이름으로 기도드립니다. 아멘.

193일 **그리스도의 터 위에 세움**

주신 편지 롬15:20

또 내가 그리스도의 이름을 부르는 곳에는 복음을 전하지 않기로 힘썼노니 이는 남의 터 위에 건축하지 아니하려 함이라

바울은 이방인의 사도로 부르심을 받아, 그리스도의 이름이 전해지지 않은 곳에서 복음을 전하고자 힘썼다. 이는 반드시 그리스도의 기초 위에 세워야 함을 깊이 인식한 태도를 보여 준다. 복음은 한 번의 선포로 끝나는 것이 아니라, 새로 선포되어야 하며, 이방인의 구원을 채우려는 열정이 그의 사명을 이끌었다.

우리도 다른 이의 기초 위에 세우지 말고, 복음이 닿지 않은 곳에 전해야 한다. 직접 전하거나 성경과 방송 매체를 통해 증거하며, 이미 복음을 들은 자들에게는 진리와 섬김을 증거하여 주님의 재림을 준비하게 해야 한다. 은혜의 복음—목숨을 바치기까지 육의 것을 개의치 않고 감사로 받는 말씀—과 영광의 복음—예수께서 받으신 고난과 영광에 함께 동참하는 말씀—을 전하여, 성령의 충만함 안에서 다시 오실 주를 선포해야 한다.

바울은 이방인을 제물로 드리는 일을 통해 자신이 순교 제물을 바치게 될 것을 증거하며, 거두는 자의 사명을 드러냈다. 마찬가지로 오늘날 우리도 영원한 복음(계14:6-13)까지 승거하는 사명을 받았다. 이제 처음 믿을 때보다 구원이 가까워옴으로, 믿음의 정절을 지키며 더욱 믿음으로 나아가야

함을 깨닫게 하신다.

때에 따른 말씀을 주시고

하늘과 땅과 물의 원천들을 지으신 하나님께만
경배드립니다.

다른 이의 기초 위에 세우지 않게 하심은,
사명자마다 주의 뜻에 따라 사용하시려는 섭리이오니,
그 지혜 앞에 경외할 따름입니다.

때에 따른 말씀을 주시고
그리스도의 은사(엡4:7)대로 직분을 허락하셨사오니,
각 심령과 교회를 다시금 견고하게 세워주옵소서.

예수 그리스도 이름으로
영광 돌리며 기도드립니다. 아멘.

194일　듣지 못한 자들이 깨달으리라

주신 편지 롬15:21

기록된바 주의 소식을 받지 못한 자들이 볼 것이요 듣지 못한 자들이 깨달으리라 함과 같으니라

이 말씀은 복음이 닿지 않은 자들에게조차 하나님께서 친히 말씀하시고, 깨닫게 하신다는 확신을 담고 있다. 바울은 약속의 통로로 자신을 드리며 이를 붙들었다. 이사야 52장 15절 말씀처럼, "후에는 그가 열방을 놀랄 것이며 열왕은 그를 인하여 입을 봉하리니 이는 그들이 아직 전파되지 않은 것을 볼 것이요 아직 듣지 못한 것을 깨달을 것임이라"

바울은 이 말씀을 믿고, "자신의 존재를 꿰뚫는 소리를 듣지 못한 자들"에게 복음이 닿도록 힘썼다. 오늘날 우리는 거두는 자로 부르심을 받아, 뿌리는 자의 수고에 참여하며 온전케 된다. 뿌리는 사람과 거두는 사람은 역할이 다르지만, 둘 다 필요하다. 중요한 것은 듣는 데 머무르지 않고, 예언의 말씀이 우리를 통해 증거되도록 순종하며 동역하는 것이다.

요한복음 4장 34-38절 말씀처럼, "나의 양식은 나를 보내신 이의 뜻을 행하며 그의 일을 온전히 이루는 것"이기에, 눈을 들어 밭을 보고 거둘 때가 되었음을 깨달아야 한다. 뿌리는 자와 거두는 자가 함께 즐거워하며, 우리는 이미 수고한 자들의 노력에 참여하는 복을 누린다.

아버지의 일을 완성하신

하늘에 계신 아버지,
복음을 들려주시고 거두는 자로 세우시는
참으로 신실한 아버지시니이다.

아버지의 일을 완성하신
예수 그리스도의 이름으로
풍성한 열매를 거두게 하소서.

예언의 말씀 속에서 주시는 기쁨으로
제 영이 즐거워하게 하소서.

예수 그리스도 이름으로
간절히 기도드립니다. 아멘.

195일 로마로 보내줌을 바람이라

주신 편지 롬15:22-24

22그러므로 또한 내가 너희에게 가려 하던 것이 여러번 막혔더니 23이제는 이 지방에
일할 곳이 없고 또 여러 해 전부터 언제든지 서바나로 갈 때에 너희에게 가려는 원이
있었으니 24이는 지나가는 길에 너희를 보고 먼저 너희와 교제하여 약간 만족을 받은
후에 너희의 그리로 보내줌을 바람이라

바울은 로마에 있는 성도에게 복음을 전하고자 하는 마음이 간절했다.(롬1:15) 지금껏 여러 번 방해를 받았지만, 그는 이제 그리스도의 복음이 증거되지 않는 곳이 없을 정도로 사역이 이루어졌다고 보고, 비로소 로마로 갈 수 있다고 밝힌다. 이러한 방해들은 실패가 아니라, 오히려 더 깊은 사명을 준비하는 과정이었다. 주님의 시간표는 종종 우리의 시간표와 다르지만, 결코 늦지 않는다.

바울의 포부는 스페인과 포르투갈 지역까지 복음을 전하는 데 있었다. 당시 스페인은 로마의 끝자락에 위치한 지역이었기에, 그는 먼저 로마에 잠시 머물며 로마 교인들과 교제하며, 하나님의 말씀을 가르쳐 신령한 은사를 나눔으로써(롬1:11), 영적 위안과 기쁨을 주고자 했다. 또한 그들의 기도와 지지를 받아 그곳으로 보내어지기를 바랐는데, 이는 단순한 안내를 받는 일이 아니라, 복음의 사역이 더욱 빛을 발하기를 바라는 마음에서 비롯된 것이다.

오늘날 우리에게도 주님은 바울과 같은 뜨거운 열정과 성도들의 협력 속에서 이루시는 사역을 원하신다.

더딤 속에서도

생사화복을 주관하시는 하나님(삼상2:6-7),
길이 막히더라도 소망을 잃지 않게 하소서.

바울이 더딤 속에서도
주의 뜻이 드러났음을 기억하게 하소서.

소망의 기쁨은 여정에 있지 않고,
주께서 동행하심에 있나이다.

막힌 길 앞에서
혹 내 안의 어리석음이 원인이었는지
지혜의 영으로 분별하게 하옵소서.

사역의 경계선을 깨닫고
동역자들을 진심으로 알아보며
함께 걸어가는 기쁨을 누리게 하소서.

인내를 간구하오니
예수 그리스도 이름으로 기도드립니다. 아멘

196일 섬김으로 향하는 발걸음

주신 편지 롬15:25-26

25그러나 이제는 내가 성도를 섬기는 일로 예루살렘에 가노니 26이는 마게도냐와 아가
야 사람들이 예루살렘 성도 중 가난한 자들을 위하여 기쁘게 얼마를 동정하였음이라

사도의 발걸음은 사사로운 것이 아니라, 시간의 강을 따라 공동체의 아픔과 기쁨을 품고 흐른다.

바울이 예루살렘으로 향한 것은, 마케도니아와 아카야 성도들이 예루살렘의 가난한 성도들을 위해 기쁨으로 손을 모았기 때문이다. 이방인이 먼저 유대인을 돕는 모습은, 그리스도의 몸 된 교회가 하나임을 보여주는 거룩한 공김이다.

헌금은 하나님께로부터 받은 것을 돌려드리는 조용한 헌신이며, 믿음의 열매이다. 억지로나 인색함으로 드리는 것은 합당하지 않다. 하나님께서는 즐거운 마음으로 드리는 자를 사랑하시며, 마게도냐와 아가야 성도들의 기쁨은 믿음과 순종의 열매이다.(고후9:7)

이는 갈라디아서 6장 6절 말씀을 실천하는 삶이기도 하다.

"가르침을 받는 자는 말씀을 가르치는 자와 모든 좋은 것을 함께 하라."

우리의 삶과 믿음을 함께 나누며, 존재의 마음을 드릴 때 하늘의 영적 복을 누리게 된다. 공동체 속에서 우리의 발걸음은 하나님의 뜻과 기쁨 안에

서 흐르며, 온전한 믿음의 길로 인도된다.

믿음의 부요로 채워 주소서

자비를 베푸시는 하나님,
사랑을 받은 자들이 사랑을 되돌려
하나님의 무한한 긍휼을 온전히 경험하게 하소서.

마케도냐의 햇살이
차가운 마음을 움직이고,
아가야의 달빛이
머뭇거리는 발에 사랑을 더하나이다.

그들의 부족함을 믿음의 부요로 채워 주소서.
예루살렘의 고통에 닿게 하시며,
진리의 언어로 생명이 넘치게 하소서.

예수 그리스도 이름으로 기도드립니다. 아멘.

197일 이방인은 유대인에게 빚진 자니

주신 편지 롬15:27

저희가 기뻐서 하였거니와 또한 저희는 그들에게 빚진 자니 만일 이방인들이 그들의 신령한 것을 나눠 가졌으면 육신의 것으로 그들을 섬기는 것이 마땅하니라

그리스도께서는 할례의 일꾼으로 유대인 제자들을 가르치시고, 바울까지 세워 교회를 세우셨다. 이는 우리 이방인들도 추수의 일꾼으로 세우시는 역사이다. 우리는 예루살렘 복음의 터 위에 추수의 복음까지 받았다.

이방인들은 예루살렘 유대인에게 빚진 자이다. 이 빚을 갚는 첫걸음은 가난한 자를 섬기는 것이지만, 무엇보다 중요한 것은 빚진 자임을 깨닫는 것이다. 구원의 실행은 그리스도께서 나를 위해 죽으신 깊은 뜻을 깨달을 때 비로소 이루어진다. 이를 깨닫지 못하면 그리스도인으로서 자격을 갖추었다 할 수 없다.

주님께서 치르신 희생을 증거하기 위해 선교사들도 피를 흘리며 순교했고, 그 헌신 위에 우리의 신앙의 터가 세워졌다. '성령이 임하면 나의 증인 되리라'(행1:8)하신 말씀처럼, 예루살렘 유대인 120명에게 성령을 주시고 증거하게 하신 복음은 예루살렘에서 마케도니아와 아카야까지 확장되었다.

즉, 이방인은 유대인에게 빚진 자이다. 우리는 단계적으로 영광의 복음(롬5:2, 딤전1:11)과 영원한 복음(계14:6)까지 증거를 받았다. 이제 복음과 진리

를 힘써 증거하여 반드시 유대인에게 빚을 갚고, 전 세계까지 전해야 할 사명을 감당해야 한다.

기꺼이 채워 하나 되어

영광의 하나님,
은혜의 무게를 결코 잊지 않게 하소서.

빛을 먼저 비춘 유대인의 섬김 위에
오늘의 열매가 맺혔나이다.

서로에게 복음의 빚진 자임을 기억하며
기꺼이 채워 하나 되어
세상에 복음을 전하게 하소서.

마땅히 순종하신
예수 그리스도 이름으로
기도드리나이다. 아멘.

198일 로마를 거쳐 스페인으로

주신 편지 롬15:28

그러므로 내가 이 일을 마치고 이 열매를 저희에게 확증한 후에 너희에게를 지나 서바나(스페인)로 가리라

"이 일을 마치고"는 복음의 씨를 뿌렸던 바울이 익은 열매를 마주하는 장면이다. 바울은 마케도니아와 아카야 성도들의 연보를 예루살렘 교회에 전하고, 로마를 거쳐 스페인으로 가고자 계획한다. '이 일'은 단순한 일이 아닌, 사랑과 헌신의 결과이다.

"이 열매를 저희에게 확증한 후에"의 열매는 물질적 기부 이상의 의미를 지닌다. '열매를 확증한다'는 것은 말뿐이 아니라 삶으로 보여주는 흔적이며, 사랑이 물질로, 신앙이 행동으로 빚어진 결정체라 할 수 있다.

또한 바울은 연보를 다루면서 늘 신중함을 보인다. 고린도후서 8장 20-21절에서 그는 "우리가 맡은 이 거액의 연보로 인하여 아무도 우리를 훼방하지 못하게 하려 함이니, 주 앞에서도 사람 앞에서도 선한 일에 조심하려 함이라"고 전한다. 성도들의 순종한 열매가 예루살렘 교회의 가난한 자들에게 힘을 준 것은 바울의 복음 증거의 열정의 결과였다.

"너희에게를 지나"라는 표현은 바울이 로마 성도들을 동역의 자리로 여겼음을 보여 준다. 사랑의 안부를 묻고 길을 떠난 그는, 로마에서 스페인으

로 향하는 긴 여정 속에서도 하나님 나라의 확장을 바라보았다. 우리 각자가 자신의 '스페인'으로 걸어가는 길 위에서, 하나님은 충성을 다한 자를 새로운 차원의 소명으로 이끄시며, 길 끝에서 함께 걸어가시는 주를 만나게 하신다. 할렐루야!

길 위에 남기는 영광

만유의 하나님의 성호를 높여 부르나이다.
세상은 주의 것이니, 주께서 홀로 주장하옵소서.

오늘의 걸음을 마치고
사랑의 짐을 다시 꾸리나이다.
바울처럼 로마 문을 거쳐
각자가 자신의 스페인을 향하나이다.

이 길이 끝이 아님을 믿사오니,
여정의 열매로 주의 영광을 보게 하소서.

전하는 자의 발이 헛되지 않도록
주의 발자취만이 보이게 하옵소서.

예수 그리스도 이름으로 기도드립니다. 아멘.

199일 그리스도의 충만한 축복을 가지고

주신 편지 롬15:29

내가 너희에게 나갈 때에 그리스도의 충만한 축복을 가지고 갈줄을 아노라

바울은 로마에 갈 때, 그리스도의 충만한 축복을 전하고자 소망하였다. 그리스도의 충만한 복은 결함이 없는 그리스도의 복음을 의미한다.

그리스도 복음에는 먼저 예수 그리스도께서 구원하신 기쁜 소식이 담겨 있다. 에베소서 1장 13절에서는 "그 안에서 너희도 진리의 말씀 곧 너희의 **구원의 복음**을 듣고 그 안에서 믿어 약속의 성령으로 인치심을 받았으니"라고 말씀하시며, 구원의 확신을 전한다. 또한 에베소서 6장 15절은 "평안의 복음의 예비한 것으로 신을 신고"라 하여, 평안의 복음으로 충만함을 강조한다.

예수님을 알고 하나님과의 관계가 확립되면 성령 안에서 교제가 깊어지고, 사람들과의 화평도 이루어진다. 결국 하나님과 사람, 나아가 만물과의 관계까지 열리게 된다.

예수 그리스도로 인해 하나님과 화평이 이루어지면, 은혜의 복음까지 충만하게 된다. 사도행전 20장 24절에서 바울은 "나의 달려갈 길과 주 예수께 받은 사명 곧 하나님의 **은혜의 복음** 증거하는 일을 마치려 함에는 나의 생명을 조금도 귀한 것으로 여기지 아니하노라"라고 고백한다. 복음은 순

차적으로 구원, 은혜, 영광의 단계로 충만해진다.

디모데전서 1장 11절에는 "이 교훈은 내게 맡기신바 복되신 하나님의 **영광의 복음**을 좇음이니라"라고 말씀하시고, 디모데후서 3장 12절에서는 "무릇 그리스도 예수 안에서 경건하게 살고자 하는 자는 핍박을 받으리라"라며, 경건과 핍박이 불가분임을 강조하신다.

그리스도인의 경건은 영광을 깨닫는 데서 비롯되며, 복음의 충만한 축복은 주시는 영광과 함께 더해진다. 바울의 심정은 복음의 최고의 경지에 이른 충만함으로 뜨겁게 불타고 있다.

예언의 말씀의 기름으로

복의 근원이신 아버지께 온전히 높임을 드립니다.

구원의 기쁜 소식으로
화평으로 묶인 모든 자리마다
은혜의 복음이 환히 비치게 하소서.

영광의 복음으로
어떠한 환란도 이기게 하시고,
성소마다 예언의 말씀의 기름으로
가득 채워 주소서.

영광의 끝자락에서 마주하는 최고의 영광,
예수 그리스도 이름으로 기도드립니다. 아멘.

200일 기도에 나와 힘을 같이하여

주신 편지 롬15:30-32

[30]형제들아 내가 우리 주 예수 그리스도로 말미암고 성령의 사랑으로 말미암아 너희
를 권하노니 너희 기도에 나와 힘을 같이하여 나를 위하여 하나님께 빌어 [31]나로 유
대에 순종치 아니하는 자들에게서 구원을 받게 하고 또 예루살렘에 대한 나의 섬기는
일을 성도들이 받음직하게 하고 [32]나로 하나님의 뜻을 좇아 기쁨으로 너희에게 나아
가 너희와 함께 편히 쉬게 하라

이 구절들은 바울이 로마 성도들에게 기도를 부탁한 말씀이다. 그는 주 예수 그리스도와 성령의 사랑에 의탁하며 권면했고, 이는 우리가 형제들을 권할 때에도 하나님의 사랑을 힘입어 사랑으로 권해야 함을 보여준다. 바울은 기도의 연대가 필요함을 간절히 호소하며, 기도가 연합을 위한 중요한 의무임을 강조한다.

그의 권면은 세 가지로 요약된다.

첫째, 주신 사명 안에서 고난을 기꺼이 받아들이는 확신이다.

둘째, 이방 교회가 예루살렘 교회를 섬기는 일에 흔들리지 않도록 하나님의 은혜를 구하는 기도이다.

셋째, 로마 성도들과 함께 기쁨으로 새 힘을 얻는 기도이다. 이는 고난 속에서도 하나님과 성도 간의 진정한 연합을 이루고자 하는 소망이며, 분투하며 기도할 때 하나님의 뜻이 성취될 것이라는 믿음을 담고 있다.

모든 섬김 위에

오, 사랑이시여!
주 예수 그리스도의 이름으로 간구하오니,
성령의 숨결과 중보로
하나님의 뜻을 따라 걷게 하소서.

주의 일꾼들이
기도의 손으로 고난에서 건짐을 받고,
진리로 인한 핍박 속에서도
평강을 누리게 하옵소서.

전지전능하시며 무소부재하신 하나님(시139:1-6),
바울의 고백처럼 우리의 기도가
믿음을 위한 분투와 섬김에
기쁨을 더하게 하소서.

모든 섬김 위에
기도하신 예수 그리스도 이름으로
기도드립니다. 아멘.

201일 평강의 하나님께서 우리와 함께

주신 편지 롬15:33

평강의 하나님께서 너희 모든 사람과 함께 계실찌어다 아멘

바울이 로마에 있는 성도들을 축복하며, 그들에게 그리고 우리에게 동일하게 나타나신 하나님의 사랑을 차례대로 보여준다. 이는 삼위일체 하나님의 역사이시다.

첫째, **인내와 안위의 하나님**께서(롬15:5) 구원을 나타내신다. 그리스도 예수를 따라 서로 같은 생각을 품게 하시고, 우리를 하나님과 화평케 하는 화목제물로 세우셨다. 이 하나님은 시간 속에서 **오래 머무시는 사랑이시며,** 절망 속에서도 견디게 하시고, 즉시 완성을 요구하지 않으신다. 예수와 같은 영광을 이르는 날까지 새 창조를 이루어 가시며, 궁극적으로 모든 것을 감싸시는 **성부 하나님이시다**.

둘째, **소망의 하나님**께서(롬15:13) 사랑의 과정을 보여 주신다. 모든 과정은 주 예수 그리스도를 통한 믿음 안에서 이루어지며, 우리는 하나님의 영광의 소망 안에서 즐거워한다.(롬5:4) '소망'은 성령의 능력으로 우리의 마음속에 부어진 하나님의 사랑에서 비롯되며(롬5:5), 아직 오지 않은 날들에 대한 확고한 믿음이다. '소망의 하나님'은 시간의 끝 너머에 거하시며, 모든 서사의 시작과 끝을 채우시는 **성자 하나님**이시다.

마지막으로, **평강의 하나님**께서는 성도가 경건하게 살고자 할 때, 또 하나님의 영광을 깨닫고자 할 때, 환난 가운데서도 늘 함께하시며 평강으로 승리케 하신다. **성령 하나님**은 우리의 불안 속에 머무르시며, 조용한 사랑이 되어 주신다. 그분은 우리의 흔들리는 내면과 대조되는 절대적 존재의 상징이시다.

생명길의 나침반이 되어 주소서

인내와 안위의 아버지시여,
예수 그리스도를 믿게 하시고,
화목제물 되신 주와 같은 죽음으로
저를 영광으로 이끄심을 정하셨나이다.

소망의 하나님,
허락하신 소망이 한순간도 꺾이지 않게 하시며,
성령의 능력으로 예수를 향한 믿음을 굳게 지켜 주소서.

평강의 성령 하나님이여,
흔들린 자의 안식처가 되시고
생명길의 나침반이 되어 주소서.

영원히 함께하시는
예수 그리스도의 이름으로
기도드립니다. 아멘.

문안과 인사 16장

• 바울과 함께한 동역자들을 언급함으로 사랑을 표함.(롬16:1-16)

• 바울의 마지막 교훈과 권면.(롬16:17-27)

- 교리에 역행한 자들에게 주의하고 떠나라
- 신비의 계시로 보이시는 바울의 권면(롬16:26-27)

  세상이 시작되기도 전에 주 예수 그리스도의 은혜가 있었던 신비의 계시대로 구속을 계획부터 성취까지 온전히 주관하시는 하나님께서는 목적과 은혜에 따라 우리를 구원하시고 거룩한 소명으로 부르셨다.
- 이 신비의 계시는 믿음으로 순종하게 하고자 모든 민족에게 알려진 것이니, 지혜로우신 하나님께 예수 그리스도를 통하여 영광이 영원토록 있기를 바라며 로마 교인들에게 마지막 기도로 권면함.

202일 뵈뵈와 주 안에서의 섬김

주신 편지 롬16:1-2

1내가 겐그레아 교회의 일군으로 있는 우리 자매 뵈뵈를 너희에게 천거하노니 2너희
가 주 안에서 성도들의 합당한 예절로 그를 영접하고 무엇이든지 그에게 소용되는 바
를 도와줄찌니 이는 그가 여러 사람과 나의 보호자가 되었음이니라

본 장은 바울이 지금까지 동역하며 사역을 함께한 동역자들에게 받은 사랑을 전하고, 하나님의 사역이 동역자들과의 협력 속에서 완성됨을 보여준다.

먼저 바울과 함께한 자매 뵈뵈를 소개한다. 그녀는 초대 교회 안에서 공식적으로 섬김의 직분을 맡았으며, 바울은 그녀를 깊이 존중하고 교회에 추천하였다. 이는 초대 교회가 남녀 모두의 사역을 귀하게 여겼음을 보여주는 사례다.

뵈뵈는 고린도 근처 겐그레아 교회의 헌신적인 일꾼으로, 이방신을 쉽게 받아들이던 환경 속에서도 흔들림 없이 사역을 이어갔다. 사도행전 18장 18절에 등장하는 이곳은, 바울이 머리를 깎고 서원을 행하며 정결 예식을 갖춘 장소이기도 하다.

그녀의 이름은 '순결'과 '빛남'을 뜻하며, 로마서를 전달하는 중요한 역할을 수행하였다. 바울은 그녀를 "여러 사람과 나의 보호자"로 높이 평가하며, 성도들에게 기꺼이 도울 것을 권면했다. 뵈뵈는 바울의 추천인을 넘어,

하나님의 증언자로서 빛나는 존재였다.

하나님의 증언자

하늘에 계신 아버지,
주의 사랑으로 세워진 이들과
조력자를 통해 열매 맺게 하심에 감사드리나이다.

환대의 문을 활짝 연 교회처럼,
섬김의 사람과 순례자를 기억하게 하옵소서.

보이지 않는 헌신의 무늬를
기도와 손길로 맡은 자들을 존귀히 여기시고
그 위에 축복의 언어가 끊이지 않게 하소서.

교회와 종들에게 다리가 된 여인처럼
존재의 향기 되어 하늘의 편지가 되고
하나님의 증언자가 되게 하소서.

믿음의 창시자이신
예수 그리스도 이름으로(히12:2)
기도드립니다. 아멘.

203일 자기의 목이라도 내어놓았나니

주신 편지 롬16:3-4

3너희가 그리스도 예수 안에서 나의 동역자들인 브리스가와 아굴라에게 문안하라 4저
희는 내 목숨을 위하여 자기의 목이라도 내어놓았나니 나 뿐아니라 이방인의 모든 교
회도 저희에게 감사하느니라

바울이 브리스가와 아굴라를 향해 감사와 찬사를 보낸다. 그는 그들의 헌신을 통하여, 우리의 삶 속에서도 동일한 믿음과 헌신이 이어지기를 바라는 듯하다.

고린도전서 3장 9절에서 하나님은 우리를 함께 일하는 "동역자"라 부르신다. 여러 동역자의 이름을 들을 때마다 우리는 주의 사역에 어떻게 동참하였는지를 되돌아보게 된다. 그 가운데 우리가 주목해야 할 인물이 브리스가와 아굴라이다.

사도행전 18장 2절에 따르면, 총독 클라우디오의 로마 추방령으로 바울이 고린도로 옮겨 갔을 때, 이미 그곳에 와 있던 이탈리아 출신 유대인 브리스가와 그의 아내 아굴라를 만나게 된다. 이후 그들의 이름은 바울의 여러 서신 속에서 반복하여 등장한다.

그들은 바울과 함께 천막을 만들던 장인이었으나, 복음을 위해서라면 삶의 터전을 주저 없이 옮겼다. 그들의 집은 교회였고, 그들의 삶 자체가 예

배였다. 사역자를 섬기고 교회를 보호하며, 존재 전체를 주님께 드린 사람들이었다.

그들의 여정은 드러나지 않은 영웅담이며, 고요히 빛나는 순교의 길이었다. 그리스도 안에 있는 바울의 생명을 위해 죽음의 도끼 아래 목을 내어놓은 이들과 같이, 그들의 신앙은 이미 이방인 교회 가운데 널리 알려졌다. 그들은 자신의 모든 삶을 기꺼이 바친, 참된 동역자였다.

대적하는 칼날 앞에

주여, 그리스도 예수의 은혜가 깃드는 곳마다
고귀한 이름들이 피어나게 하소서.

브리스가와 아굴라처럼,
교회를 위해 복음을 위해
생명을 내어준 이들을 잊지 않게 하소서.

그들은 자신이 곧 교회였으며,
숨겨진 헌신으로 성도들의 발걸음을 머물게 하였나이다.

기록되지 않는 자들도 기억하시는 주님,
지금 우리 또한 이 시대의 브리스가와 아굴라가 되어
말씀을 대적하는 칼날 앞에서도
등을 돌리지 않게 하옵소서.

그리스도의 몸 된 교회를 위해
생명을 내어놓을 때
기꺼이 먼저 생명을 내어놓게 하소서.

오직 평강의 주를 의지하며,
예수 그리스도 이름으로 기도드립니다. 아멘.

204일 그리스도께 처음 익은 열매

주신 편지 롬16:5

또 저의 교회에게도 문안하라 나의 사랑하는 에배네도에게 문안하라 저는 아시아에서 그리스도께 처음 익은 열매니라

하나님을 예배하는 가정은 진정한 교회가 될 수 있다. 주의 영이 임하고 그 정한 자들에게 흘러 숨쉴 때, 그 자리는 더 이상 일상의 집이 아니다. 기도와 찬양이 깃들고, 말씀의 떡을 떼는 거룩한 성소가 되며, 세상에 복음을 전할 은혜와 사명을 받는다. 은혜를 사모하는 성도는 교회의 형식보다 자기 심령을 중요히 여기며, 주님의 복음을 전할 수 있다면 모든 것을 아끼지 않는다. 자기 심령이 곧 교회의 시작이며, 성도들의 가정에서 교회와 사역은 시작된다.

에배네도는 '칭찬을 받을 만하다'는 뜻으로, 바울의 동반자이자 복음 여정을 함께한 증인이다. 에베소 지역 아시아에서 얻은 '첫 열매'의 애정을 담아 그를 설명한다. 첫 열매에는 특별한 애틋함이 있다. 아버지께서 맡긴 자에게 그리스도의 복음을 전하며, 양자의 영(롬8:15)으로 온전히 길러감은 결코 쉽지 않다. 한 사람의 회심을 넘어, 열매 없던 땅에 복음이 뿌리 내린 첫 증거이기 때문이다. 열매는 감사와 환희, 때로는 눈물과 기다림의 산물이면서, 앞으로 풍성할 열매를 약속한다. 하나님께서 주신 첫 결실은 진정 하나님의 소유이며, 언제나 가슴 벌리는 시간으로 되돌아갈 이유가 된다.

첫 열매들인 자로

그리스도시여!
주의 영이 임한 곳은 영광이 머무는 성소이며
그 안에서 생명이 피어나고 있나이다.

그 시작은 한 집에서, 한 사람에게서 일어나
각자의 자리에서 교회로 이어졌나이다.

그리스도께 붙은 자를 사랑하시는 주님,
주의 사랑에 한없이 밀착되었나이다.

복음의 첫 열매로 드리는 감격을
다시금 뜨겁게 하옵소서.

첫 열매들인 자로
주께 칭찬받기를 간구하오며
예수 그리스도 이름으로 기도드립니다.
아멘.

205일 주 안에서 하나 된 이름들

주신 편지 롬16:6-15

6너희를 위하여 많이 수고한 마리아에게 문안하라 7내 친척이요 나와 함께 갇혔던 안
드로니고와 유니아에게 문안하라 저희는 사도에게 유명히 여김을 받고 또한 나보다
먼저 그리스도 안에 있는 자라 8또 주 안에서 내 사랑하는 암블리아에게 문안하라 9그
리스도 안에서 우리의 동역자인 우르바노와 나의 사랑하는 스다구에게 문안하라 10그
리스도 안에서 인정함을 받은 아벨레에게 문안하라 아리스도불로의 권속에게 문안하
라 11내 친척 헤로디온에게 문안하라 나깃수의 권속중 주 안에 있는 자들에게 문안하
라 12주 안에서 수고한 드루배나와 드루보사에게 문안하라 주 안에서 많이 수고하고
사랑하는 버시에게 문안하라 13주 안에서 택하심을 입은 루포와 그 어머니에게 문안하
라 그 어머니는 곧 내 어머니니라 14아순그리도와 블레곤과 허메와 바드로바와 허마와
저희와 함께 있는 형제들에게 문안하라 15빌롤로고와 율리아와 또 네레오와 그 자매와
올름바와 저희와 함께 있는 모든 성도에게 문안하라

많이 수고한 마리아와, 영적 전쟁을 함께한 안드로니고와 유니아에게 문안한다. 그들은 열정으로 그리스도를 섬겼으며, 바울보다 먼저 사도의 사역에 참여한 동역자들이다.

암블리아의 이름은 세상 기준으로는 노예를 떠올리게 하지만, 주 안에서는 귀천이 없음을 증거한다. 도시에서 자란 세련된 이방인 우르바노와, 과거 노예였으나 자유 안에서 섬기는 자에게도 문안한다.

스다구는 '이삭 한 알'처럼 작지만 귀한 신앙의 결실을 가진 이방인이며, 믿음으로 연단받아 인정받은 아벨레에게도 문안한다.

또한 헤롯 집안의 사람들과 클라우디오 황제의 신하였으나 주 안에서 해방된 나깃수에게도 인사를 전한다.

수고하는 드루배나와 드루보사 자매, 나이 많음에도 헌신을 이어가는 버시, 탁월한 루포와 그의 모친에게도 문안한다. 바울은 그녀를 친어머니처럼 섬겼다.

그리고 같은 직업을 가진 노예들과 가정교회 공동체, 황제 가문의 성도들과 그 가정교회 모두에게 평안과 축복을 기원한다.

주 안에 깊이 새겨져

하나님,
조용한 안부 속에 숨겨진 거룩한 관계와
은혜의 울림을 듣나이다.

이름 없는 자도, 이름이 드러난 자도
주 안에 깊이 새겨져 있음을 감사드리며,
영광의 길을 함께 걷게 하심을 감사하나이다.

바라옵건대,
제 이름이 '나의 어여쁜 신부'로 불리게 하소서.

신랑 되신 예수 그리스도의 이름으로
기도드립니다. 아멘.

206일 거룩한 입맞춤으로 문안하라

주신 편지 롬16:16

너희가 거룩하게 입맞춤으로 서로 문안하라 그리스도의 모든 교회가 다 너희에게 문안하느니라

일반적인 문안 인사와는 구별된다. 말씀의 양식이 같을 때에야 비로소 '거룩한 입맞춤'이 된다. 이는 더럽혀지지 않은 마음으로 서로를 받아들이며, 말씀 안에서 생명을 불어넣는 천상의 인사이다. 세상의 욕망과 허영을 떠나, 영혼이 영혼에게 건네는 인사이다.

로마서 16장은 바울과 동역자들을 언급하며 시작한다. 이는 로마 교회의 헌신을 기억하게 하며, 마지막에는 모든 교회가 그리스도의 교회임을 강조한다. 곧, 보혈로 하나 된 교회들이 성령의 교제로 서로 문안해야 함을 일깨운다.

에베소서 4장 32절은 말씀한다.

"서로 인자하게 하며 불쌍히 여기며 서로 용서하기를 하나님이 그리스도 안에서 너희를 용서하심과 같이 하라."

하나님께서는 그리스도께서 순종하신 것이 헛되지 않도록, 그리스도를 보시고 우리를 용서하셨다. 그러므로 우리도 서로를 용납하며 친절해야 한다. 중요한 것은 '서로'라는 말씀이다. 이는 우리를 자기 우월주의에서 지켜

주시는 하나님의 배려이다.

'그리스도의 교회들에게 문안하라'는 것은 서로 향기를 나누는 꽃들처럼, 모든 교회가 그리스도의 사랑으로 하나임을 속삭이는 것이다. 바울의 거룩한 인사는 교회마다 숨결처럼 전해지며, 결코 변치 않는다.

그러므로 하나 된 형제 교회들은 진리 안에서 예언의 말씀을 붙들고, 온 세상을 진리의 빛으로 살려야 한다.

영혼이 영혼에게 건네는

오, 거룩하신 이여.
아름다운 형제의 동거함을 어찌 저버리시리이까.
한 진리 안에서 서로를 받아들이나이다.

그리스도의 교회여,
온 교회가 드리는 문안처럼
영혼이 영혼에게 건네는 거룩함으로
서로에게 한없는 기쁨이 되게 하소서.(고전2:3)

계시의 말씀을 지식에 머물지 않게 하시고
혀 밑에 머문 예언의 말씀이
교리로 전하여 말할 수 있게 하소서.(고전14:6)

주의 사랑을 보다 깊이 아는 교제가 되게 하시며
교회의 덕을 세워 하나 되게 하옵소서.

예수 그리스도 이름으로 감사 기도 드립니다. 아멘.

207일 교훈을 거스리는 자에게서 떠나라

주신 편지 롬16:17

형제들아 내가 너희를 권하노니 너희 교훈을 거스려 분쟁을 일으키고 거치게 하는 자들을 살피고 저희에게서 떠나라

우리가 배운 첫째 교리(교훈)는, 하나님의 생명으로 낳으신 자가 바로 '나'라는 사실이다. 이것이 매우 중요한 진리로, 한 태 안에서 진리로 하나된 우리는, 예수와 함께 친아들로 받는 은혜를 배운다.

둘째 교리는, 멜기세덱의 영의 구원이다. 성자 하나님께서 죄에서 죽었던 우리를 지옥에서 건져 천국으로 옮기시어, 산 자 되게 하셨다.

셋째 교리는, 영의 구원을 받은 자가 독생자 예수께서 자기 백성을 영원한 속죄로 구원하시기 위해 이 땅에 오셨음을 믿는 것, 곧 죄 사함의 구원이다.

넷째 교리는, 그리스도 예수 안에서 성령을 부어주셔서 성화구원에 이르게 하신다는 것이다. 아담의 후손인 우리는 본래 죄인이지만, 예수를 믿어 의롭게 되고, 그리스도 예수 안에서 생명의 성령의 법을 따라 살게 된다. 원죄조차 성령을 의지하게 하시는 은혜의 섭리임을 기억할 때, 한없는 감사가 넘친다. 그러므로 성령을 주신 그리스도 예수 안에 있는 자에게는 결코 정죄함이 없다.

다섯째 교리는, 첫째 부활의 영광(계20:5)이다. 이는 남은 자의 구원이 반드시 이루어진다는 확실한 보증이며, 주의 재림 때 성취될 비밀이다.

이 모든 교리를 성취하실 소망의 하나님께서는 마지막 때에 나타낼 구원(벧전1:5)을 예비하셨고, 그 온전한 구원을 위해 하나님의 능력으로 우리를 보호해 주신다. 우리는 이를 확신한다.

그러므로 교리에 역행하며 분열을 일으키고 공박하는 자들을 주의하고, 그들에게서 떠나야 한다. '살피라'는 주의 깊게 분별하라는 뜻이고, '떠나라'는 단호히 거리를 두라는 말씀이다. 이는 개인을 양육하며 공동체 전체를 보호하기 위한 영적 분별의 행위이다.

곧은 길을 택하여

진리와 생명 되신 주 하나님, 영광받으옵소서.

하늘의 가장 크고 빛나는 영광을 보여주셨사오니
성령으로 깨달아 알수록
교리에 거슬러 행하는 자들의 악도 분별하게 하옵소서.

곧은 길, 옳은 길을 택하여
울 때에도 오른편이나 왼편으로 치우치지 않고(삼상6:12),
진리에 굳게 서서 사랑하되 타협하지 않게 하옵소서.

예수 그리스도 이름으로 기도드립니다. 아멘.

208일 자기 배만 섬기는 자들

주신 편지 롬16:18

이같은 자들은 우리 주 그리스도를 섬기지 아니하고 다만 자기의 배만 섬기나니 공교하고 아첨하는 말로 순진한 자들의 마음을 미혹하느니라

어떤 이들은 겉으로는 그리스도인인 듯하지만, 실제로는 자신의 이익을 좇으며 그리스도를 섬기지 않는다. 바울은 교회 안에서 성도들을 미혹하는 자들을 경계하라고 권면한다.

빌립보서 3장에서는 땅의 것만을 생각하는 자들이 결국 '자신들의 배를 섬기는 것'으로 드러난다고 지적한다. 골로새서 2장 또한 그들이 머리이신 그리스도를 붙들지 않고 육신의 마음을 좇아 헛되이 과장한다고 경고한다. 그 결과 그들은 말씀을 변개하며, 정중한 말과 언변으로 사람들을 꾀한다.

그들은 고난이 없다고 주장하며, 이생에서의 형통만을 약속한다. 예컨대, 하나님께서 예수님을 죽임당하게 하신 이유가 우리의 고난을 다 청산하기 위함이므로, 그리스도인에게는 결코 고난이 있을 수 없다고 말한다. 그러나 성경은 분명히, 그리스도의 고난에 참여할 때 부활의 영광에 동참한다고 가르친다. 고난 없는 신앙은 부활의 소망을 잃어버린 신앙일 뿐이다.

또한 노아의 방주를 짓는 100년은 심판을 앞둔 준비의 시간이었다. 우리의 심령도 환란을 통해 다듬어져야 하며, 이것이 참된 방주를 짓는 길이

다. 그러나 자기 욕심을 따르는 자들은 환란도, 심판도 부정하며 스스로 선 줄로 착각한다. 이에 대해 성경은 우리의 마음을 지키신다.

"그런즉 선 줄로 생각하는 자는 넘어질까 조심하라"(고전10:12)

정중한 말 속에 담긴

하늘에 계신 아버지시여,
예수의 순종이 헛되지 않도록
저의 생각과 마음을 지켜 주옵소서.

순전함을 잃지 않되
정중한 말 속에 숨은 칼날을 분별하게 하시고
진리의 영 안에서 길을 잃지 않게 하소서.

자기 배만을 섬기는 자들의
유혹과 허황된 거짓 속에서도 믿음을 굳건히 하게 하시고
정하신 때에 주신 환난과
더 큰 환란 속에서도 넉넉히 이기게 하소서.

교회의 머리이신
예수 그리스도 이름으로 기도드립니다. 아멘.

209일 순종으로 드러나는 지혜

주신 편지 롬16:19

너희 순종함이 모든 사람에게 들리는지라 그러므로 내가 너희를 인하여 기뻐하노니 너희가 선한데 지혜롭고 악한데 미련하기를 원하노라

로마 교회의 순종은 신앙과 삶이 단지 교회 안에서만 머무르지 않고 세상 가운데까지 증언됨을 의미한다. 우리의 순종은 다음과 같이 나타나야 한다.

첫째, 우리를 미리 아시고 **생명으로 낳으신 하나님을 믿는 믿음**이 모든 사람에게 드러나야 한다.

둘째, **멜기세덱 계열에 따른 대제사장이신 그리스도를 믿는 순종**이 나타나야 한다.

셋째, 예수 그리스도 안에서 의롭다 칭함을 받는 우리가, 이제 그리스도 예수 안에 있는 **생명의 성령의 법**으로 살아감을 드러내야 한다.

마지막으로, 성령의 일곱 영(계4:5)으로 역사하는 때에 따른 **예언의 말씀에 순종함**이 알려져야 한다. 이는 사도행전의 6장과 7장에서 스데반이 공회 앞에서 설교할 때 성령 충만함으로 나타난 모습을 통해 확인할 수 있다.

스데반의 성령 충만함은 믿음(행6:5)으로 시작하여, 보이지 않는 하늘만을 소망하는 충만함(롬8:24)으로 이어졌다. 그는 모든 것을 감사로 받는 은혜의 영과 하나님의 능력(행6:8)이 임하는 권능의 영으로 큰 이적과 기적을 행했다. 또한 지혜와 대언의 영(행6:10)으로 그를 대적할 자가 없었으며, 끝내 영광의 영으로 충만한(행7:55) 스데반은 하나님의 영광과 예수께서 하나님의 오른편에 계신 것을 보며 외쳤다.

박해자들은 그를 돌로 쳤으나, 스데반은 주께 자신의 영을 맡기며, 죽인 자들을 용서해 달라고 기도하고 평안히 잠들었다. 사울은 그의 겉옷을 맡았던 자로, 순교에 가담하였다.

선한 것은 믿음으로 드러나고, 악은 불순종으로 다른 이를 선에서 멀어지게 하지만, 결국 선으로 해결되어야 한다. 하나님은 악에 대한 무지를 축복으로 여기시며, 바울처럼 순종하여 믿음으로 드러나고 알려져야 한다.

순교와 생애로 드러난 영광

영광의 아버지, 오직 감사와 찬양을 올리나이다.

예수 그리스도의 생애와,
앞서간 순교자들의 삶은 이미 예정된 영광을 드러냈나이다.

세상 속 선과 악은 늘 나란히 걷나이다.
선한 일에는 눈을 열어 현명하게 하시고,
악한 일에는 무지함이 오히려 축복임을 알게 하옵소서.

다만 순종으로 증언하신
예수 그리스도 이름으로 기도드립니다. 아멘.

210일 평강은 사단을 발아래 두심으로 완성

주신 편지 롬16:20

평강의 하나님께서 속히 사단을 너희 발 아래서 상하게 하시리라 우리 주 예수의 은혜가 너희에게 있을찌어다

요한복음 20장에서 주님께서 부활하신 첫날, 제자들에게 나타나 "평강이 있으라" 하신 말씀에는 삭 난세바나 깊은 영적 동찰과 위로가 깃들어 있다.

첫 번째 평강은 **죽이는 유대인 권세자들 앞에서** 두려움에 떨던 제자들을 향한 평강이다. 사망의 권세를 이기신 주님의 평강은, 멜기세덱을 통한 영의 구원과 죄 사함을 확증하는 평강이다.

두 번째 평강은 **사역적 평강**이다. 주님께서 "내 아버지께서 나를 보내신 것같이 너희를 보내노라" 하시며 성령을 받으라 하신 말씀 속에는, 제자들이 성령을 통해 주님의 사역을 이어가도록 하신 의지가 담겨 있다. 또한 요한복음 20장 23절에서 "너희가 뉘 죄든지 사하면 사하여질 것이요 뉘 죄든지 그대로 두면 그대로 있으리라 하시니라"라는 말씀은, 제자들이 이를 전파하며, 동시에 갈라디아서 5장 24절의 말씀처럼 그리스도 안에서 애정과 정욕을 십자가에 못 박고, 오직 성령의 열매를 맺음으로써 이루어지는 평강을 보여준다. 즉, 그리스도 예수 안에 있는 생명의 성령의 법(롬8:2)으로 살아갈 때 경험하는 사역적 평강이다.

세 번째 평강은 요한복음 20장 26절의 **의심 가운데서도** 얻게 되는 평강이다. 도마는 부활하신 주님을 제3일에 직접 보지 못하고 의심했으나, 8일 후에 주님을 맞이하게 된다. 성경의 원리에 따르면 8일은 '천 년을 하루'로 계산할 때, 8천 년을 상징한다. 구약 시대 4일, 신약 시대 2일, 천년왕국 1일을 합한 7일 후, 8일은 마지막 부활과 백보좌 심판을 의미한다. 도마가 부활하신 주님을 8일 후에 본다는 것은, 주님을 배반했던 자들이 천년왕국 끝날 때까지 음부에 머물게 되며, 백보좌 심판 때에야 그리스도를 보게 됨을 계시한다. 그러나 믿지 못하는 도마에게도 주님이 찾아오셔서 손과 옆구리를 보여 주시며 믿음을 허락하셨고, 결국 도마는 순교의 죽음을 통해 그 믿음을 증명하게 된다.

네 번째 평강은 **사탄을 발아래 두심으로 완성**된다. 이는 궁극적으로 사망까지도 파멸시키는 평강이다. 창세기 3장 15절의 예언대로, 예수 그리스도는 뱀의 머리를 부수셨다. 부활하신 주님에 의해 세상의 통치자인 뱀의 머리가 부서지며, 사탄의 권세는 깨뜨려졌다. 또한 요한계시록 1장 18절의 "사망과 음부의 열쇠를 가졌노니"라는 말씀은, 음부가 멸망할 자들을 위한 열쇠임을, 사망은 사탄을 파멸케 하는 열쇠임을 보여준다.

하나님께서는 완전한 평강에 들어갈 자들을 위해 사탄의 머리를 부수셨으나, 사탄의 몸은 여전히 존재하며, 제한된 능력을 행사한다. 이를 통해 우리를 연단하시고, 궁극적으로 환란 날에는 사탄을 통해 순교하도록 사용하신다. 이후 사탄은 천 년 동안 묶였다가 천 년 후에 한 번 더 쓰임을 받지만, 최종적으로, 발아래 놓임으로써 사망까지도 파멸시킨 완전한 평강을 우리에게 허락하신다.(계20:4-7)

"우리 주 예수의 은혜"는 한 문장 안에 담을 수 없을 만큼 풍성하다. 이 은혜는 마음이 상한 자, 사로잡힌 자, 짓밟힌 자에게 더욱 풍요롭게 넘치며, '너희'라는 표현을 통해 이 편지를 읽는 우리 모두의 앞날까지도 품고 있다. 로마서를 마무리하며 신앙의 본질을 되새기는 결론은, 오직 주 예수의 온전한 은혜로 우리의 삶이 채워져야 함을 보여준다.

사망까지 파멸하시는 온전한 평강

평강의 하나님이시여!
그리스도는 죽이는 권세 앞에서 평강을 얻게 하시나이다.

성령으로 사역하게 하실 때에도 한없는 평강을 주시니,
의심 가운데서조차 평강을 여지없이 얻게 하심이니이다.

부활의 주께서 모든 평강을 주실 때,
이제 사망까지 파멸케 하실 터이니
진실로 속히 오실 주로 기뻐하나이다.

온전하신 주 예수 그리스도 이름으로 기도드립니다. 아멘.

211일

디모데, 누기오와 야손, 소시바더나 더디오

주신 편지 롬16:21-22

21나의 동역자 디모데와 나의 친척 누기오와 야손과 소시바더가 너희에게 문안하느
니라 22이 편지를 대서하는 나 더디오도 주 안에서 너희에게 문안하노라

바울의 특별한 동역자 네 명을 살펴볼 수 있다.

디모데는 '하나님을 경배하는 자'라는 뜻을 지닌 인물로, 사도행전이나 바울의 서신들에 그의 이야기를 자주 접할 수 있다. 디모데의 아버지는 이방인이었으나, 디모데를 어릴 적부터 어머니와 조모를 통해 신앙 안에서 양육되었다.(딤후1:5; 3:15) 바울은 그를 선교의 동역자로 삼아(행16:1-3) 전도 여행에 함께하며(행17, 18장), 믿음의 아들처럼 소중히 여겼다.(빌2:22) 디모데는 하나님의 신실한 종으로, 바울의 생의 마지막을 준비할 때에도 그에게 빨리 오도록 힘쓰라고 권할 만큼 특별한 존재였다.(딤후4:9)

누기오는 유대인 동족으로, 쿠레네 사람이며 안디옥 교회의 동역자였다.(행13:2) 야손은 데살로니가에서 바울과 함께 머물던 집주인으로, 바울과 사도들을 대신해 투옥되었다.(행17:5-7) 소시바더는 바울이 마지막으로 예루살렘을 방문할 때 아시아까지 동행한 동역자였다.(행20:4)

더디오는 로마서의 대필자로서 주의 이름에 권위를 더한 인물로, 바울의 편지임을 분명히 하기 위해 이름을 덧붙였다.

바울의 사역은 혼자가 아닌 기도와 협력의 공동체 안에서 이루어졌다. 이러한 문안 인사는, 하나님께서 그리스도와 성령님이 함께 합력하여 선을 이루실 때(롬8:28), 교회는 사역자와 성도들이 함께하는 동역 공동체임을 증언함을 보여 준다.(고전3:9)

서로에게 감사가 흘러

존귀하신 주여,
하나님의 동역자들과 함께 동행하게 하심에
감사드립니다.

그들의 이름이 하늘에 온전히 기록되어 있음을 굳게 믿사오니,
서로에게 감사가 흘러 평안히 문안하게 하소서.

오직 하나님을 향한 확신으로 나타나고,
그리스도를 통하여 이루어진 일을 찬양하게 하소서.

우리를 그리스도의 편지로 삼아(고후3:3)
많은 사람에게 알려지고 읽히게 하소서.

영원히 높임을 받으시는
예수 그리스도 이름으로 기도드립니다. 아멘.

212일 가이오와 에라스도, 구아도

주신 편지 롬16:23-24

23나와 온 교회 식주인 가이오도 너희에게 문안하고 이 성의 재무 에라스도와 형제 구아도도 너희에게 문안하느니라 24(없음)

교회는 개인의 신앙에 머무르지 않고, 공동체로 존재한다. 가정 또한 교회로서 함께하였다. 가이오는 자신의 집을 가정교회로 열어 예배 장소로 제공함으로, 주를 영접하게 하는 문이자 사랑과 말씀의 통로로 존재했다. 그의 이름은 열린 문, 빛의 통로를 상징한다.

가이오는 바울이 고린도에서 세례를 준 유일한 두 사람 중 한 사람으로, 마케도냐나 더베의 가이오와 구별된다.(고전1:14, 행19:29, 행20:4) 사도행전 18장 7절의 디도 유스도와 동일 인물로, 바울과 교인들이 회당에서 쫓겨났을 때 집을 열어 영접하고, 바울이 고린도에 머무는 동안 거주하게 했다. 그의 공식 이름은 '가이오 디도 유스도'였으며, 고린도 거주 로마 시민이었을 가능성이 높다.

한편 고린도 재무관 에라스도(딤후4:20)는 관세 수입을 관리하며 사회적 영향력을 지닌 인물로, 믿음을 공적 영역으로 옮긴 사례이다. "형제 구아도"는 혈연이 아닌 그리스도 안에서의 형제를 가리키며, 그리스도 안에서의 평등과 사랑을 드러낸다.

은혜의 그 처소에서

오, 성전의 주인이신 주님,
성령의 전(고전6:19)인 우리 가정이 교회임을 감사드립니다.

가이오의 집처럼 빛의 성소가 되게 하시고,
에라스도처럼 땅의 청지기였으나
성별되어 하늘을 따르게 하소서.

사도들을 바라보며,
우리 자신이 주님의 일에 쓰임받은 은혜로
높여 감사드립니다.

그 처소에서 충실히 섬기며,
서로에게 축복이 되게 하옵소서.

고요한 안부에 담긴 주의 은혜가
각 영혼에 한없이 스며들기를 바라며,

모든 것을 내어주신
우리 주 예수 그리스도의 이름으로
기도드립니다. 아멘.

213일

지혜로우신 하나님께 영광이 있을찌어다

주신 편지 롬16:25-27

[25]나의 복음과 예수 그리스도를 전파함은 영세전부터 감취었다가 [26]이제는 나타내신 바 되었으며 영원하신 하나님의 명을 좇아 선지자들의 글로 말미암아 모든 민족으로 믿어 순종케 하시려고 알게 하신바 그 비밀의 계시를 좇아 된 것이니 이 복음으로 너희를 능히 견고케 하실 [27]지혜로우신 하나님께 예수 그리스도로 말미암아 영광이 세세무궁토록 있을찌어다 아멘

바울의 서신은 영광송으로 마무리된다. 그 노래는 로마서 전체의 깊이를 응축한 고백이며, 바울은 자신이 받은 복음을 '나의 복음'이라 부른다. 이 계시는 하나님께로부터 온 참된 복음, 곧 예수 그리스도에 대한 구원의 경륜임을 확증한다.

홀로 지혜로우신 하나님께 드리는 찬양은 로마서 11장 33절의 외침과 맞닿아 있다. "깊도다 하나님의 지혜와 지식의 부요함이여, 그의 판단은 측량치 못할 것이며 그의 길은 찾지 못할 것이로다."

하나님의 길은 인간이 헤아릴 수 없으며, 오직 하나님께서 알게 하실 때에 믿음으로 깨닫고 순종할 수 있다.

세상이 시작된 이래 감추어진 신비가 바울의 복음을 통해 드러났다. 선지자들의 성경이 증거하듯, 복음의 주도권은 오직 하나님께 있다. 하나님

께서는 이 복음을 듣고 믿으며 순종하도록 우리를 부르셨으므로, 홀로 지혜로우신 하나님께 영광을 돌려야 한다.

'지혜로우신 하나님'이라는 성호는 그리스도의 신비를 계시하시고, 인간 구속의 계획과 성취까지 친히 주관하시는 하나님께 드리는 최고의 찬사다.

마지막 선언 "영광이 세세무궁토록 있을찌어다"와 '아멘'은 복음이 변치 않는 진리임을 선포하는 영원의 고백이며, 마땅한 응답이다. 이 영광의 노래는 한 사람의 고백에 머무르지 않고, 하늘과 땅, 모든 피조물이 함께 부를 영원의 합창이다. 아멘!

예수와 같은 아들로

감추어진 신비를 드러내신 주님,
홀로 영광받으소서.

창세기에서 요한계시록에 이르기까지
말씀을 밝히시어 오늘까지 전해 주셨나이다.

특별히 로마서의 말씀을 통해
거룩하게 하시려고 선택하시고, 부르시며,
의롭다 하시고, 마침내 영화롭게 하시는
주의 신성하심을
찬란한 별빛처럼 펼쳐 보여 주셨나이다.

하나님의 자녀들이 '아바, 아버지'라 부르게 하시고,
예수와 같은 아들로서
온전히 이기는 자의 찬양을 드리게 하소서.

예수 그리스도 이름으로 경배드리며 기도드립니다. 아멘.

결미

예배를 앞둔 전날이면 내 마음은 늘 요동칩니다.

그것이 평안함이 없어서가 아닙니다. 그저, 말씀이 내 안에 있다는 것만으로도 허함이 없는데, 그 양식을 쉼 없이 조목조목 살피고 깊이 채우느라 바쁘기 때문입니다.

나는 여전히 하나님께 투정 부리기를 좋아하는 길음마 단계의 교육 전도사입니다. 말씀과 기도에 전념했던 사도들의 삶과 비교하면, 나의 일상은 늘 부족합니다.

이 책은, 정녕 나를 위한 하나님의 양식을 구하는 책입니다. 로마서는 사도 바울이 더없이 복음이 복음답게 읽히기 위해서, 진리가 진리답게 들리기 위해 얼굴도, 이름도 모르는 이들에게 성령을 의지하며 덤덤하게 자신의 본심을 드러낸 편지입니다.

그 마음이 내 마음 속으로 스며들었습니다.

바울의 인생을 아는 이든 모르는 이든, 그가 하나님께 받은 명확한 양식은 로마의 성도들에게, 그리고 나에게 깊이 채워졌습니다.

그는 자신이 받은 하나님의 사랑 그대로 편지를 써 내려갔고, 나는 이 글을 쓰는 적임자가 아님을 알지만, 나 또한 양식을 먹은 대로 혀 밑에서 흘러나오는 고백처럼 조심스레 이 글을 적습니다.

말씀과 기도가 있는 삶, 그 자체가 하나님께 드리는 찬양입니다. 이 글을 쓰는 이유도 여기에 있습니다.

이 책을 통해 나는, 하루의 시간 속에서 생명의 양식을 꺼내 먹고, 조심스럽게 다시 일기처럼 마음을 내어, 하나님의 무한한 사랑을 찬양하고자 합니다.

또한 예레미야 5장 1절의 말씀을 붙들고 기도합니다.

"너희는 예루살렘 거리로 빨리 왕래하며 그 넓은 거리에서 찾아보고 알라 너희가 만일 공의를 행하며 진리를 구하는 자를 한 사람이라도 찾으면 내가 이 성을 사하리라"

진리를 구하는 그 한 사람이,
꼭 찾아지기를 간절히 소망합니다.

2025년 12월 김은혜